퀵

토익
900+
단기 완성

이미지 보카

퀵토익 이미지 보카

초판 1쇄 인쇄   2017년   8월 31일
초판 1쇄 발행   2017년   9월 10일
2판 2쇄 발행   2024년 12월 20일

글/그림	김수진
발행인	임충배
홍보/마케팅	양경자
편집	김인숙, 왕혜영
디자인	이경자, 김혜원
펴낸곳	도서출판 삼육오(PUB.365)
제작	(주)피앤엠123

출판신고 2014년 4월 3일
등록번호 제406-2014-000035호

경기도 파주시 산남로 183-25
TEL 031-946-3196 / FAX 050-4244-9979
홈페이지   www.pub365.co.kr

ISBN 979-11-92431-05-5 12740
ⓒ 2023 김수진 & PUB.365

단어가 바로 보이는

퀵

토익

900+
단기 완성

글/그림 **김수진**

이미지 보카

PUB윤오

머리말

우연히 영어교사 합숙연수에 참여하여 다른 선생님이 공부하고 있는 이상하게 생긴 책을 보게 되었다. 그 선생님은 미국 공인회계사 시험 준비 중이라고 하셨고 영어 수험서가 어려워 봤자 거기서 거기겠지 하면서 책을 열어본 순간 전혀 무슨 말을 하는지 문장 자체가 이해가 안 되어 책을 덮었던 기억이 난다. 회계라는 생소한 분야의 전문용어들이 대부분이어서 우리말로 설명이 되었더라 하더라도 잘 이해를 못 했을 것이 분명했다.

토익 어휘를 처음 접하는 수험생들도 이와 비슷한 생각을 하지 않을까라는 생각이 들었다. 언어 공부의 기초는 어휘 학습이다. 그 어휘를 어떻게 하면 쉽게 그리고 오래 기억하면서 활용할 수 있을까? 사람마다 자신에게 맞는 효과적인 어휘 학습 방법이 있겠지만 어휘의 관련된 그림과 함께 뜻을 익힌다면 단어와 뜻을 1:1로 무조건 암기하는 방식보다 훨씬 효과적이다. lotus: 연꽃이라는 단어를 실제 연꽃의 이미지를 떠올리면서 함께 외우면 더욱 기억에 오래 남는 것과 마찬가지일 것이다.

하지만 토익시험에 출제되는 어휘들은 이렇게 구체적인 사물 이미지를 떠올리기에는 다소 무리가 있다. 눈에 보이지 않는 추상적이고 개념적인 어휘들이 많기 때문이다. 그렇다면 그 어휘가 쓰일 수 있는 상황을 삽화로 넣어주면 어떨까? 이렇게 해서 탄생한 것이 〈퀵토익 이미지 보카〉이다.

첫 장의 첫 단어 acquire는 '러시아가 쓸모없는 땅이라 여겨 미국에 헐값에 매각'한 알래스카가 배경으로 나오고 돈거래를 하는 삽화가 그려져 있다. acquire는 미국 입장에서 보면 거의 횡재에 가깝게 '매입, 취득한' 셈이다. 이제 acquire, 그리고 이것의 명사형 acquisition이라는 단어를 보면 이 삽화를 떠올려 보자. 단어의 의미뿐 아니라 그 단어가 어떤 상황에 적절하게 쓰이는지 쉽게 떠 올릴 수 있을 것이다.

〈퀵토익 이미지 보카〉는 토익 시험을 준비하면서 꼭 알아야 하는 필수 어휘 900개를 관련 삽화와 예문을 통해 쉽게 익힐 수 있도록 만든 책이다. 그 어휘가 들어간 예문을 작성하는 것도 어려웠지만 삽화 아이디어를 내는 것이 훨씬 더 어려웠다. 이 책을 통해 많은 수험생이 원하는 토익 점수를 얻을 수 있기를 기대한다.

저자 김수진

목차

목차

학습 방법

MP3

무역, 상거래
Trading

QR코드 동영상
신토익 단어를 효과적으로
암기할 수 있는 신토익 보카
뇌학습 암기용 동영상을 무료
로 제공해 드립니다.
* QR코드 어플로 찍어보세요.

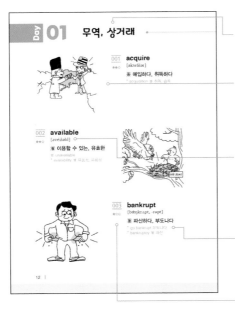

Day 01 무역, 상거래

001 **acquire**
[əkwáiər]
통 매입하다, 취득하다
* acquisition 명 취득, 습득

002 **available**
[əvéiləbl]
형 이용할 수 있는, 유효한
* unavailable
* availability 명 무효, 유효성

003 **bankrupt**
[bǽŋkrʌpt, -rəpt]
통 파산하다, 부도나다
* go bankrupt 부도나다
* bankruptcy 명 파산

12

30개 주제
신토익에 출제되는 단어를
30개 주제로 정리하였습니다.

연상 그림
신토익 단어를 효과적으로
암기하도록 모든 표제어를
연상할 수 있는 그림을
제공합니다.

미국식, 영국식 발음
신토익의 LC파트 준비를 위해
미국식과 영국식 발음을 모두
준비하였습니다.
* 홈페이지 도서자료실 무료 제공
(www.pub365.co.kr)

파생어 및 빈출표현
표제어와 관련된 신토익에
자주 출제되는 빈출표현 및
파생어까지 정리하였습니다.

신토익 단어 별점 표시
기출에 많이 나오는 단어에
대해 별 1~3개까지 중요도를
표현하였습니다.

암기한 단어에 대해 문장으로
확인 학습합니다.
그림을 떠올리며
빈칸에 단어를 넣어보세요.

퀵토익 보카
표제어 30개 이외
고득점을 위한
30개의 추가 어휘 및 빈출표현을
제공합니다.

Day

01

MP3

무역, 상거래

Trading

무역, 상거래

001 **acquire**
★★☆
[əkwáiər]

통 매입하다, 취득하다

* acquisition 명 취득, 습득

002 **available**
★★☆
[əvéiləbl]

형 이용할 수 있는, 유효한

반 unavailable
* availability 명 유효성, 유용성

003 **bankrupt**
★☆☆
[bǽŋkrʌpt, -rəpt]

통 파산하다, 부도나다

* go bankrupt 부도나다
* bankruptcy 명 파산

004 barter
★☆☆

[bá:rtər]

동 물물교환하다,
서로 주고받다
명 물물교환(구상무역)

* barter system 물물교환 체계

005 commerce
★☆☆

[kámə:rs]

명 상업, 상거래

* commercial
형 상업적인, 상업용의

006 commitment
★★★

[kəmítmənt]

명 열심, 전념, 약속, 책임

* make a commitment to
~에 전념하다
(= commit oneself to)
* commit 통 전념시키다, 열중시키다

007 compete

★★☆

[kəmpíːt]

통 경쟁하다, 참가하다

* competition 명 시합, 경쟁
* competitive
  형 경쟁력 있는, 경쟁심이 강한
* a competitive rate 경쟁률
* competitor 명 경쟁자

008 contract

★★★

[kántrækt | kɔ́n-]

통 계약하다, (병에) 걸리다
명 계약서

* make a contract   계약을 체결하다
반 break a contract
* contract a serious illness
  중병에 걸리다

009 deficit

★★☆

[défəsit]

명 적자, 부족

반 surplus

010
★☆☆

delay
[diléi]

동 연기하다, 미루다,
지체하다 (= postpone)
명 지연, 연기

011
★★☆

domestic
[dəméstik]

형 국내의, 가정의, 내수용의

* domestic market 내수시장
반 international market

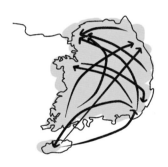

012
★★☆

elevate
[éləvèit]

동 올리다, 상승시키다

* elevation 명 상승

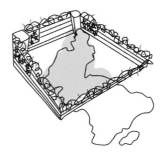

013 **embargo**
★☆☆ [imbá:rgou]

통 수출입 금지조치 하다
명 수출입 금지

* economic embargo on
  ~에 대한 경제 금수조치

014 **embark**
★☆☆ [imbá:rk]

통 승선하다

* embark on(upon)
  ~에 착수하다
  (= embark oneself in)

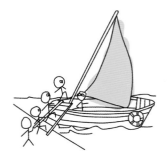

015 **expiration**
★★★ [èkspəréiʃən]

명 만료, 만기

* expiration date
  만료일, 최종일, 유통기한
* expire 통 만료되다, 만기가 되다

016 export

★★★

[ikspɔ́:rt]

몡 수출 동 수출하다

반 import
* exporter 수출국
* an export tariff 수출관세

017 fragile

★☆☆

[frǽdʒəl]

톙 깨지기 쉬운, 약한

* fragility 몡 연약함, 깨지기 쉬움

018 freight

★★☆

[freit]

몡 화물, 운송 동 운송하다

* freighter
  몡 화물수송기, 화물취급인

019 initiate
★★☆
[iníʃièit]

동 시작하다, 착수하다
명 전수받은 사람

* initiative 형 (문제 해결을 위한) 계획, 전략,진취성, 결단력, 주도권, 시민 법안 발의

020 invoice
★★★
[ínvɔis]

명 송장, 대금 청구서

021 limit
★★☆
[límit]

동 제한하다 명 한계, 제한

* limitation
명 (주로 능력에 있어서) 한계

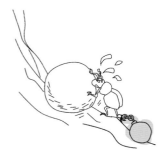

maintain
[meintéin]

동 지속하다, 유지하다

* maintain favorable relationship
  우호적인 관계를 지속하다
* maintenance 명 유지, 지속

makeshift
[méikʃift]

형 임시방편의
(= temporary)

* makeshift measures
  미봉책, 임시방편적 방법

mediate
[mí:dièit]

동 조정하다, 중재하다

* mediate a dispute
  분쟁을 조정하다
* medication 명 조정, 중재
* mediator 명 중재자

025 miscellaneous
★★☆
[mìsəléiniəs]

형 **다양한**

* miscellaneous goods 잡화
* miscellaneous expenses 잡비

026 mutual
★★☆
[mjúːtʃuəl]

형 **상호적인**

* mutual fund 상호투자용 자금
* mutual agreement 합의
* mutually 부 상호간의

027 outlook
★★★
[áutluk]

명 **예상, 전망**

* business outlook 사업전망

★★★

revenue
[révənjùː]

명 소득, 수익, 세입
* gross annual revenue
  연간 총수입

029
★★☆

quote
[kwout]

명 견적, 견적서
동 견적을 내다,
  (말을) 인용하다
* quotation 명 인용구, 견적

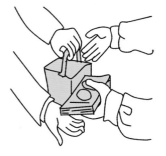

030
★★★

transaction
[trænsǽkʃən]

명 거래, 매매
* transact 동 거래하다

❑ You should hire an experienced commercial real estate broker in order to locate
001 and ▨▨▨▨▨ prime commercial real estate.

핵심 상업 부동산을 찾고 매입하기 위해서 경험이 풍부한 부동산 중개인을 고용용해야 합니다.

❑ This brand new office space has just become ▨▨▨▨▨ for rent.
002 이 완전 새 사무실 공간이 이제 막 임대할 수 있게 되었습니다.

❑ I heard that his business was on the verge of going ▨▨▨▨▨.
003 그의 사업이 파산 직전에 있다고 들었다.

❑ ▨▨▨▨▨ was a very unsatisfactory system because people's needs seldom
004 matched exactly.

사람들의 욕구가 정확하게 충족되지 않았기 때문에 물물교환은 매우 불만족스러운 체계였다.

❑ Starting an electronic ▨▨▨▨▨ business is hard work with many steps and
005 decisions that need to come together at the right time.

전자상거래 사업을 시작하는 것은 적절한 시기에 합쳐질 필요가 있는 많은 단계와 결정들을 가진
힘든 일이다.

❑ Since 2001 Mr. Hanks has kept his ▨▨▨▨▨ to raise employee salaries each year
006 by 10%.

2001년 이후로 행크스씨는 직원 봉급을 해마다 10퍼센트씩 인상하겠다는 약속을 지켰다.

❑ Many firms that ▨▨▨▨▨ in international markets hope to gain cost advantages.
007 국제시장에서 경쟁하는 많은 회사는 비용 우위를 차지하길 바란다.

❑ I will sign the ▨▨▨▨▨ provided that you offer a discount on large orders.
008 당신이 대량 주문에 대한 할인을 제공해주면 계약에 사인하겠습니다.

001. acquire	002. available	003. bankrupt
004. Barter	005. commerce	006. commitment
007. compete	008. contract	

☐ 009 The average goods and services ▮▮▮▮▮ increased by $0.3 billion to $42 billion for the three months ending in July.

7월 말까지 3개월간 상품과 서비스의 평균 적자는 3억 달러 증가하여 4백2십억 달러가 되었다.

☐ 010 Please accept my apologies for the ▮▮▮▮▮ in shipping your order.

주문 배송이 지체된 부분에 대해 사과드리니 받아주시기 바랍니다.

☐ 011 After decades of investment and export-driven growth, China aims to rebalance its economy by boosting ▮▮▮▮▮ consumption.

수십 년간의 투자와 수출 지향적 성장 이후 중국은 국내 소비를 촉진함으로써 경제균형을 다시 맞추는 것을 목표로 하고 있다.

☐ 012 The sales and marketing departments need to ▮▮▮▮▮ their plans and activities to better serve the company's bottom line.

판매와 마케팅부서는 회사의 수익을 더 증대시키기 위해 계획과 활동을 상승시킬 필요가 있다.

☐ 013 The two leaders found common ground on the topic of the economic ▮▮▮▮▮ on Cuba, which both want lifted.

두 지도자는 쿠바에 대한 금수 조치 화제에 대해서는 공통된 의견을 내놓았는데 그것은 양측이 해제하기를 원했던 것이었다.

☐ 014 The United States and the European Union have ▮▮▮▮▮ on a new round of trade talks.

미국과 유럽연합은 무역협상의 새로운 단계에 착수했다.

☐ 015 Their business relationship is due to terminate at the ▮▮▮▮▮ date of the current agreement.

그들의 사업 관계는 현재 합의가 끝나는 날에 종결될 것이다.

☐ 016 One significant aspect of international trade policy is the indirect tax levied on the import or ▮▮▮▮▮ of goods.

국제 무역 정책의 한 가지 중요한 점은 상품의 수입이나 수출에 부가되는 간접세이다.

009. deficit	010. delay	011. domestic
012. elevate	013. embargo	014. embarked
015. expiration	016. export	

☐ Please be sure that you pack the ▇▇▇▇▇ items and ship them to their final
017 destination unharmed.

깨지기 쉬운 물건은 포장한 후에 손상 없이 목적지까지 확실하게 옮기도록 하세요.

☐ Rail ▇▇▇▇▇ has a particularly large potential for the UK over the next 30 years
018 as containerized imports increasingly become the norm.

철도 화물은 컨테이너로 수송된 수입품들이 점점 더 큰 기반이 됨에 따라 향후 30년 동안 영국에서
특히 큰 잠재력을 지닌다.

☐ The negotiation process for the free trade agreement between the two countries
019 was first ▇▇▇▇▇ in 1990.

1990년에 자유무역협정을 위한 협상 절차가 두 나라 사이에서 시작되었다.

☐ This is to remind you that the above ▇▇▇▇▇ is still unpaid.
020 위의 대금 청구서가 아직 지급되지 않았다는 것을 상기시켜 드리고자 합니다.

☐ While the scope of the market opening is ▇▇▇▇▇, once ratified, the treaty will
021 create a legal and institutional framework for managing trade relations.

시장 개방의 범위가 제한적이지만 일단 비준되면 그 조약은 무역 관계를 처리하기 위한 법적 틀을
만들것이다.

☐ The first item of business for the UK's next prime minister will likely be determining
022 how to ▇▇▇▇▇ its existing relationships, including a free trade agreement with
the EU.

차기 영국 총리의 첫 번째 비즈니스 과제는 자유무역 협정을 포함한 기존의 유럽연합과의 관계를
어떻게 유지하는가를 결정하는 것이 될 것이다.

☐ ▇▇▇▇▇ export measures aimed at hiking short-term economic indicators should
023 be avoided.

단기간의 경제 지표를 높이는 것을 목표로 하는 임시방편적 수출 조치는 피해야 한다.

017. fragile	018. freight	019. initiated
020. invoice	021. limited	022. maintain
023. Makeshift		

☐ 024 Many countries use international ▨▨▨ to settle disputes on trade and commerce issues.

많은 국가가 무역과 상거래 문제에 관한 분쟁을 해결하기 위해 국제 중재를 이용한다.

☐ 025 VAT is levied on ▨▨▨ goods imported into South Korea at a standard rate of 10%.

표준 10%의 비율로 한국으로 들어오는 다양한 수입 잡화에 부가가치세가 부과된다.

☐ 026 The EU-US economic forum will include discussion of a wide range of ongoing issues of ▨▨▨ interest.

유럽연합과 미국의 경제 포럼은 상호 이익이라는 진행 중인 광범위한 문제들에 대한 토론을 포함할 것이다.

☐ 027 The ▨▨▨ for the car export market remains very pessimistic in 2017.

2017년 자동차 수출 시장 전망은 매우 부정적이다.

☐ 028 The small bakery shop generates an annual ▨▨▨ of approximately 1 million dollars.

저 작은 빵 가게는 대략 백만 달러의 연간 수업을 내고 있다.

☐ 029 To request a ▨▨▨, please complete the three-step form below. We will respond within one business day.

견적서를 요청하기 위해서는 아래의 3단계 양식을 완성해 주세요. 평일 하루 안에 답변 드리겠습니다.

☐ 030 You should familiarize yourself with how Internet ▨▨▨ work and what to look out for.

인터넷 거래가 어떻게 일어나는지 그리고 무엇을 조사해야 하는지 잘 파악하고 있어야 한다.

---

024. mediation   025. miscellaneous   026. mutual
027. outlook   028. revenue   029. quote
030. transactions

퀵 토익 보카 VOCA $^{+30}$

☐ aim [eim]   통 목표하다, 겨냥하다 명 목표, 목적

☐ business correspondence   상업 통신문

☐ cargo [káːrgou]   명 화물, 짐

☐ carrier [kǽriər]   명 (항공)운송업체

☐ convey [kənvéi]   통 (짐, 화물) 나르다, 운반하다, 전달하다

☐ customs regulations   관세규정

☐ deal [diːl]   통 거래하다, 다루다 명 합의, 거래

☐ delivery date   납품일

☐ duty-free   관세가 없는, 면세의

☐ door-to-door   문전배달 서비스

☐ electronic transaction   전자거래

☐ embargo [imbáːrgou]   명 통상금지령, 금수(禁輸)조치

☐ exchange rate   환율

☐ goods [gudz]   명 상품

☐ impose [impóuz]   통 (세금, 벌금 등을) 부가하다

☐ load [loud]　　　　　　　　　　통 ~에 짐을 싣다　명 화물, 짐

☐ margin [máːrdʒin]　　　　　　　명 가장자리, 한계, 이윤, 차이, 차액

☐ minimum order　　　　　　　　최소 주문량

☐ manufacture [mænjufǽktʃər]　통 제조하다

☐ market awareness　　　　　　시장 인지도

☐ purchase order　　　　　　　구입 주문서 (= P.O.)

☐ reimbursement [rìːimbə́ːrsmənt]　명 변상, 상환, 배상

☐ shipment [ʃípmənt]　　　　　　명 선적, 발송

☐ stipulation [stìpjuléiʃən]　　　명 조항, 조건, 약정

☐ tariff [tǽrif]　　　　　　　　　명 관세

☐ trade friction　　　　　　　　무역마찰　참 trade volume 무역 규모

☐ trade retaliation　　　　　　　보복 무역

☐ trade sanction　　　　　　　　무역 제재

☐ treaty [tríːti]　　　　　　　　　명 조약, 협의

☐ undercharge [ʌndərtʃáːrdʒ]　　통 지나치게 낮은 가격으로 팔다

Day

02

환경, 자연
Environment

031 abundant
★★☆

[əbʌ́ndənt]

형 풍부한

* abundance 명 풍부함

032 adapt
★★★

[ədǽpt]

통 적응시키다, 순응하다 (to)

* adaptation 명 적응, 개조, 개작
* adaptive 형 적응할 수 있는
cf) adopt 채택하다, 입양하다

033 conserve
★★★

[kənsə́:rv]

통 보존하다, 아껴 쓰다

* conservation 명 보존, 절약
* conservative 형 보수적인
반 progressive

034 contaminate
★★★

[kəntǽmənèit]

통 **오염시키다**

* contamination 명 오염.
* contaminant 명 오염물질

035 corrosion
★★☆

[kəróuʒən]

명 **침식, 부식**

* corrode 통 침식하다, 부식하다
* corrosive 형 침식하는

036 deplete
★★★

[díplíːt]

통 **고갈시키다**

* depletion 명 고갈

037 derive
★☆☆ [diráiv]

통 끌어내다, 얻다(=obtain)

* derived from
  ~에서 야기된, 유래한

038 deteriorate
★★★ [ditíəriərèit]

통 악화시키다,
(질을) 저하시키다

* deterioration 명 악화

039 devastate
★★☆ [dévəstèit]

통 파괴하다

* devastating 형 파괴적인

040 diminish
★★☆

[dimíniʃ]

동 줄어들다, 감소시키다

* diminish air pollution
  공기 오염을 감소시키다

041 disaster
★★★

[dizǽstər]

명 재앙, 재난, 재해

* disastrous 형 재앙의, 재난의
* natural disaster 명 자연재해
* man-made disaster 형 인재

042 disposable
★★☆

[dispóuzəbl]

형 일회용의

* dispose 통 처분하다, 폐기하다
* disposal 명 폐기, 처분

043 dormant
★☆☆
[dɔ́:rmənt]

형 활동하지 않는, 휴식하는

044 drought
★☆☆
[draut]

명 가뭄

* suffer from a severe drought
심한 가뭄을 겪다

045 emit
★★★
[imít]

동 방출하다, 내뿜다

* emission 명 방출

046 endangered

★★★

[indéindʒərd]

형 위치에 처한,
멸종될 위험에 있는

* endanger 통 위험에 빠뜨리다
* endangered species 멸종위기의 종

047 environmental

★★★

[invàiərənméntl]

형 환경의, 환경적인

* environment 명 환경
* environmentalist 명 환경운동가

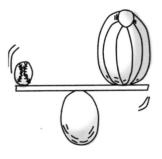

048 equilibrium

★☆☆

[ì:kwəlíbriəm]

명 균형, 평형

049 evacuation
★☆☆

[ivækjuéiʃən]

명 대피, 피난

* evacuate
  통 대피시키다, 피난시키다
* an emergency evacuation
  비상대피

050 extinction
★★★

[ikstíŋkʃən]

명 멸종

* extinct 형 멸종된, 사라진
* in danger of extinction 멸종 위기의

051 impact
★★★

[ímpækt]

명 영향, 충격
동 영향을 끼치다

an environmental impact
환경적 영향

052
★☆☆

irretrievable

[ìritríːvəbl]

형 회복할 수 없는,
돌이킬 수 없는

053
★★☆

jeopardize

[dʒépərdàiz]

동 위태롭게 하다,
위기에 빠뜨리다

* jeopardy 명 위기, 위험

054
★★☆

migration

[maigréiʃən]

명 이주, 이동

* migrate 동 이주하다

055 **pollution**
★☆☆

[pəlúːʃən]

명 오염

* pollute 통 오염시키다
* pollutant 명 오염원, 오염물질
* air pollution 대기 오염,
* water pollution 수질오염

056 **preserve**
★★★

[prizə́ːrv]

통 보존하다, 지키다

* preservative 명 방부제, 보존제
* preservation 명 보존
* preservatory 형 보존상의

057 **proliferate**
★★☆

[prəlífərèit]

통 번식하다, 증식하다

058 scarce
★☆☆
[skɛərs]

형 부족한

* scarcity 명 부족

059 sustainable
★★★
[səstéinəbl]

형 유지 가능한, 지속력 있는

* sustain[səstéin]
동 지속시키다, 유지시키다
* sustainability 명 지속성
* environmental sustainability
환경적 지속가능성

060 withstand
★★☆
[wiðstǽnd, wiθ-]

동 견뎌내다, 이기다

퀵 토익 보카 VOCA +Review

❑ 031 Coal is the single biggest contributor to the greenhouse gases that cause climate change, but we use a lot of coal because it's cheap and ________.

석탄은 기후 변화를 일으키는 온실가스의 가장 큰 주범이지만 값이 싸고 풍부하기 때문에 우리는 많은 석탄을 사용한다.

❑ 032 A reasonable man ________ himself to suit his environment, whereas an unreasonable man persists in attempting to adapt his environment to suit himself.

합리적인 사람은 자신을 환경에 적응시키지만, 비합리적인 사람은 환경을 자신에게 적응시키려 꾸준히 애쓴다.

❑ 033 Eighteen national parks have been established in Zambia to ________ different ecosystems and their wildlife.

다른 생태환경과 야생동물을 보존하기 위해 잠비아에 18개의 국립공원이 건립되었다.

❑ 034 Hundreds of people who live near the river fell ill after the local water supply became ________.

강 근처에 사는 수백 명의 사람들이 지역 물 공급원이 오염된 후 병에 걸렸다.

❑ 035 It is important that new bridges be designed to resist chloride induced ________.

새로운 교량은 부식으로 인해 야기되는 염화 물질에 견디도록 설계되는 것이 중요하다.

❑ 036 At the current rate of world use, remaining oil reserves will be ________ in approximately 100 years.

현재의 전 세계 사용량으로는 남아있는 석유 보유량은 약 100년 후에는 고갈될 것이다.

❑ 037 Energy resources ________ from natural organic materials are called fossil fuels.

천연 유기재료로부터 끌어낸 에너지 자원을 화석 연료라고 일컫는다.

❑ 038 The World Health Organization (WTO) announced that air quality has ________ in cities around the world.

세계보건기구는 공기 질이 전 세계 도시에서 악화되고 있다고 발표했다.

❑ 039 In December 2004, the coasts of Thailand and Indonesia were ________ by a powerful tsunami.

2004년 12월 태국과 인도네시아 해안은 강력한 쓰나미에 의해 파괴되었다.

031. abundant	032. adapts	033. conserve
034. contaminated	035. corrosion	036. depleted
037. derived	038. deteriorated	039. devastated

❏ 040 Due to the destructive activities of humans, the population of wild orangutans has ▩▩▩▩ in the past decade by as much as 50%.

인간의 파괴적인 활동 때문에 야생 오랑우탄의 수가 지난 10년간 50%로 줄었다.

❏ 041 The people of Belarus continue to live with the consequences of the world's worst nuclear ▩▩▩▩ at Chernobyl in 1986.

벨라루스 시민들은 1986년 체르노빌에서 있었단 세계 최악의 핵 참사의 결과물을 안고 계속 살아가고 있다.

❏ 042 It's not easy, but we have chosen not to use ▩▩▩▩ diapers for our babies; we're using washable cotton diapers instead.

쉽지는 않지만, 저희 아기들을 위해 일회용 기저귀를 쓰지 않고 그 대신 빨았을 수 있는 면 기저귀를 사용하고 있어요.

❏ 043 A volcano which has not erupted within the last 10,000 years is defined as ▩▩▩▩.

지난 만 년 동안 분출하지 않은 화산은 휴화산이라고 정의된다.

❏ 044 Climate change will likely increase the risk of ▩▩▩▩ in some areas and the risk of flooding in others.

기후변화는 어떤 지역에서 가뭄의 위험을 증가시키고 다른 지역에서는 홍수의 위험을 증가시킬 것이다.

❏ 045 Nearly 85 percent of energy in the United States comes from carbon ▩▩▩▩ fossil fuels.

미국에서 에너지의 거의 85%는 탄소를 방출하는 화석연료로부터 온다.

❏ 046 Environmentalists are pressuring the government to pass stricter laws to protect ▩▩▩▩ species.

환경운동가들은 멸종 위기의 종들을 보호하기 위한 더 엄격한 법을 통과시키도록 정부를 압박하고 있다.

040. diminished	041. disaster	042. disposable
043. dormant	044. drought	045. emitting
046. endangered		

☐
047
The ▨▨▨▨▨ organization Greenpeace has called for a boycott of lumber produced in the province to protest the logging of old growth forest.

환경 조직 그린피스는 오래된 숲의 벌목에 항의하기 위해 그 지방에서 생산되는 목재를 보이콧할 것을 요구했다.

☐
048
One of the examples of disturbances to ecological ▨▨▨▨▨ was the bombing during the Vietnam War that destroyed habitat for many species.

생태 균형을 교란한 예 중의 하나는 많은 종의 서식지를 파괴한 베트남 전쟁 기간의 폭탄 투하였다.

☐
049
Half of the buildings were damaged during the earthquake, so city officials ordered an immediate ▨▨▨▨▨ of the hardest hit area.

절반 정도의 건물이 지진으로 피해를 보았기 때문에 시 당국자들은 가장 크게 타격을 입은 지역에서 긴급히 대피할 것을 명했다.

☐
050
Looking at grizzly bear population numbers alone, biologists fear the bears are sliding rapidly toward ▨▨▨▨▨.

회색곰의 숫자를 볼 때 생물학자들은 곰들이 급속히 멸종 쪽으로 가고 있다고 두려워한다.

☐
051
The construction of roads along the stream to drive logging trucks into the forest is seriously ▨▨▨▨▨ important salmon habitat.

목재 트럭을 숲으로 몰고 가게 하려고 강가를 따라 건설된 도로가 연어 서식지에 심각한 영향을 미치고 있다.

☐
052
If we are concerned that ▨▨▨▨▨ environment damage might occur, we should take action.

우리가 돌이킬 수 없는 환경적 피해가 발생할 것을 염려한다면 행동을 취해야 한다.

☐
053
The authorities will allow people to return to their homes when their safety is not ▨▨▨▨▨.

정부 당국은 사람들의 안전이 위태롭지 않을 때 그들이 집에 돌아가도록 허락할 것이다.

047. environmental	048. equilibrium	049. evacuation
050. extinction	051. impacting	052. irretrievable
053. jeopardized		

☐ The construction of a dam on a river may block upstream fish ▓▓▓▓ and thus
054 contribute to the decline and even the extinction of species.

강의 댐 건설은 상류로 향하는 물고기의 이주를 막을 수 있고 종의 감소나 심지어 멸종의 원인이
될 수 있다.

☐ China is taking five million cars off its roads in 2017, an effort to catch up to its air
055 ▓▓▓▓ targets.

중국은 자신들이 세운 대기 오염 목표치를 따라잡기 위한 노력으로 2017년 도로에서 오백만대의
자동차를 없앨 것이다.

☐ Buying and using less consumer goods is an effective way to help ▓▓▓▓ the
056 environment.

소비재를 적게 사고 적게 쓰는 것이 환경을 보존하는 데 도움이 되는 효과적인 방법이다.

☐ Researchers at Iowa State University warn that herbicide-resistant weeds are
057 ▓▓▓▓ and may jeopardize the U.S. food supply.

아이오와 대학의 연구원들은 제초제에 내성이 강한 잡초들이 번식하고 있고 미국의 식량 공급을
위태롭게 할 수도 있다고 경고한다.

☐ Resources that are commonly accepted as being absolutely ▓▓▓▓ throughout
058 the world include water, food and forests.

흔히 전 세계적으로 절대적으로 부족하다고 인정되는 자원들은 물과 식량과 산림이다.

☐ We need to find ▓▓▓▓ energy sources to replace our fossils fuels because
059 eventually there won't be any oil or gas left.

결국 석유나 가스가 남아있지 않게 될 것이므로 화석연료를 대체할 지속할 수 있는 에너지 자원을
찾을 필요가 있다.

☐ New public infrastructure projects should be designed to minimize environmental
060 effects and ▓▓▓▓ the impacts of severe weather events.

새로운 공공 기반 시설 프로젝트는 환경적 영향을 최소화하고 혹독한 기상 이변에 견디도록 설계
되어야 한다.

054. migration　　　055. pollution　　　056. preserve
057. proliferating　　058. scarce　　　　059. sustainable
060. withstand

퀵 토익 보카 VOCA +30

- [ ] acidic [əsídik]　　　　형 산성의

- [ ] affluent [ǽfluənt]　　　형 풍족한, 부유한　부 affluently 풍부하게

- [ ] arable [ǽrəbl]　　　　　형 경작하기에 적당한

- [ ] arouse [əráuz]　　　　　통 관심을 갖게 하다, 자극하다, 불러일으키다

- [ ] coastal [kóustəl]　　　　형 해안의

- [ ] coexist [kòuigzíst]　　　통 공존하다　명 coexistence 공존

- [ ] continental [kàntənéntl]　형 대륙의

- [ ] crude [kru:d]　　　　　　형 가공하지 않은, 천연그대로의, 미숙한
　　　　　　　　　　　　　　　 crude oil 원유

- [ ] demolition [dèməlíʃən]　　명 파괴, 해체　통 demolish 파괴하다

- [ ] drench [drentʃ]　　　　　통 (물에) 흠뻑 적시다
　　　　　　　　　　　　　　　 명 (물에) 흠뻑 젖음, 호우

- [ ] ecology [ikálədʒi]　　　　명 생태학

- [ ] extent [ikstént]　　　　　명 범위, 정도, 한도

- [ ] forage [fɔ́:ridʒ]　　　　　통 먹이를 찾아 헤매다　명 (가축의) 먹이

- [ ] fossil fuel　　　　　　　　화석연료

- [ ] harsh [ha:rʃ]　　　　　　형 가혹한, 심한 (날씨 등이) 혹독한

44　|

☐ hazard [hǽzərd]
명 위험 요소, 유해 물질
형 hazardous 위험한, 유해한

☐ impending [impéndiŋ]
형 임박한, 절박한 통 impend 절박하다

☐ landfill [lǽndfil]
명 쓰레기 매립지

☐ litter [lítər]
명 쓰레기
통 쓰레기를 함부로 버리다, 어지르다

☐ meteorological [mìːtiərəládʒikəl]
형 기상학의

☐ phenomenon [finámənàn]
명 현상 복수) phenomena
형 phenomenal 현상의, 경이로운

☐ precipitation [prisìpətéiʃən]
명 강수(강우)량

☐ profusion [prəfjúːʒən]
명 풍부, 다량, 사치

☐ purify [pjúərəfài]
통 정화하다, 정제하다, 깨끗이 하다

☐ rarity [rɛ́ərəti]
명 희귀함 형 rare 희귀한, 드문

☐ remnant [rémnənt]
명 잔재, 흔적, 나머지

☐ savage [sǽvidʒ]
형 야만적인, 미개한, 맹렬한

☐ source [sɔːrs]
명 원천, 근원

☐ specimen [spésəmən]
명 표본

☐ terrestial [təréstriəl]
형 지구의, 땅의

Day

03

MP3

산업, 생산 활동

Industry

061 accompany

★★☆

[əkʌ́mpəni]

동 수반하다, 동반하다

* accompaniment
  명 수반, 부속물, (노래)반주

062 accustomed

★★★

[əkʌ́stəmd]

형 익숙한, 습관화 된

* be accustomed to
  ~에 익숙하다 (=be used to)

063 adhere

★★☆

[ədhíər]

동 지키다, 고수하다,
들러붙다

* adherence 명 고수, 충실
* adhesive 명 접착제
* adherent 명 지지자
* adhere to
  ~에 들러붙다, ~을 고수하다

064 agricultural
★★★

[æɡrikʌltʃərəl]

형 농업의

* agriculture 명 농업

065 ban
★★☆

[bæn]

동 금지하다
명 금지, 반대

066 collapse
★★★

[kəlǽps]

명 붕괴, 좌절
동 붕괴되다

* an economic collapse 경제 붕괴

067 concept
★★★
[kánsept]

명 개념, 이해, 구상

* conceive 통 (계획, 생각을)
  구상하다, 임신하다
* conception 명 개념, 구상

068 construction
★★★
[kənstrʌkʃən]

명 건설, 건축

* under construction 공사중

069 cultivate
★★☆
[kʌltəvèitid]

동 경작하다, 양성하다,
육성하다

* cultivation 명 경작, 육성, 증진
* cultivated 형 교양 있는

070 expect

★★★

[ikspékt]

통 예상하다, 기대하다

* expectation 명 예상, 기대

071 fabricate

★★☆

[fǽbrikèit]

통 (상품, 장비를) 제작하다,
(거짓 정보를) 날조하다

072 face

★☆☆

[feis]

통 직면하다, 마주보다
명 얼굴, 표면, 외관

073 feasible
★★☆
[fíːzəbl]

형 실현 가능한

* feasibility 명 실현가능성

074 fertilizer
★★☆
[fə́ːrtəlàizər]

명 비료

* fertile 형 비옥한, 다산의
* fertilize 통 비료를 주다, 수정시키다

075 halt
★★☆
[hɔːlt]

통 중단하다
명 중단, 정지

076 generate
★★☆

[dʒénərèit]

동 발생시키다, 창출하다,
야기하다

* generation 명 발생, 세대
* generator 명 발전기
* generate revenue
  수익을 창출하다

077 merchandise
★★☆

[mə́:rtʃəndàiz]

명 상품, 제품

* merchandiser 명 상인
* merchandising 명 판촉

078 numerous
★☆☆

[njú:mərəs]

형 수많은

079 obstruct
★★★
[əbstrʌ́kt]

동 방해하다, 제지하다

* obstacle 명 방해물
* obstructive 형 방해하는, 저해하는

080 prevail
★★☆
[privéil]

동 널리 퍼지다, 우세하다,
압도하다

* prevailing 형 우세한, 압도적인
* prevalent 형 일반적인, 만연한
* prevalence 명 유행, 보급

081 procrastinate
★★★
[proukrǽstənèit]

동 미루다, 꾸물거리다

* procrastination 명 지연, 미룸

082 procure
★☆☆

[proukjúər]

동 획득하다, 어렵게 구하다

* procurement 명 조달, 입수

083 productive
★★★

[prədʌktiv]

형 생산적인

* produce 동 생산하다
* production 명 생산

084 restricted
★★☆

[ristríktid]

형 제한된, 한정판의

* restrict 동 제한하다
* restriction 명 제한

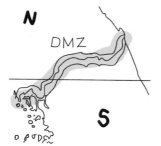

085 staple
★★☆

[stéipl]

명 기본 식료품
형 주된, 주요한, 기본적인

* staple food 주식

086 storage
★★★

[stɔ́ːridʒ]

명 보관, 창고

* store
  동 보관하다, 저장하다, 비축하다

087 skyscraper
★★☆

[skáiskrèipər]

명 고층건물

088 **surpass**

★★☆

[sərpǽs]

동 능가하다

089 **transition**

★★☆

[trænzíʃən]

명 과도기, 변화, 전환

* transit 명 수송, 통행, 통과
* transitional
　형 변화하는, 과도기의

090 **widespread**

★☆☆

[waidspred]

형 퍼진, 널리 알려진, 광범위한

❏ The secretary usually ▨▨▨▨▨ the boss on his business trips simply because he
061 hates to travel alone.

사장이 그저 혼자 여행 가는 것을 싫어해서 비서가 그의 출장에 대부분 동반한다.

❏ The restaurant provides a wholly vegan menu guaranteed to be mouth-watering for
062 everyone, even those who are ▨▨▨▨▨ to meat based cuisine.

그 식당은 모든 사람, 심지어 고기로 만든 음식에 익숙한 사람들도 확실히 입맛 다시게 만드는 완
전 비건 메뉴를 제공한다.

❏ All employees must ▨▨▨▨▨ to the safety rules and regulations; strict adherence
063 to them can significantly reduce the risk of injuries.

모든 고용인은 안전 규칙과 규정을 지켜야만 한다. 엄격한 준수가 부상의 위험을 상당히 감소시킬
수 있기 때문이다.

❏ Korea has changed from a largely ▨▨▨▨▨ economy to a mainly industrial
064 economy over the last few decades.

한국은 지난 수십 년 동안 농업이 대부분인 경제로부터 산업이 주가 된 경제로 변화되었다.

❏ The use of asbestos in the U.S. has not been completely ▨▨▨▨▨. The toxic
065 mineral is still found in many consumer products.

미국에서 석면의 사용이 완전히 금지되지는 않았다. 이 유독성 광물질은 아직도 많은 소비재에서
발견된다.

❏ Hundreds of people were injured and dozens of people were killed when the
066 buildings ▨▨▨▨▨ as a result of the earthquake.

건물들이 지진의 영향으로 붕괴했을 때, 수백 명의 사람들이 부상을 입고 수십 명이 사망했다.

❏ Home automation such as integrating home kitchen appliances with a smart phone
067 is still a relatively new ▨▨▨▨▨ for many consumers.

부엌 가전제품을 스마트 폰에 연결하는 주택 자동화는 아직도 많은 소비자들에게 상대적으로 새로
운 개념이다.

061. accompanies　　062. accustomed　　063. adhere
064. agricultural　　065. banned　　066. collapsed
067. concept

☐
068 _____ of affordable housing using low cost building materials increases home ownership rates among low income groups.

저렴한 건축자재를 사용한 알맞은 가격의 주택 건설은 저 소득층의 주택 소유를 증가시킨다.

☐
069 Because much of the soil in this area is difficult to _____, most of the land is used for cattle pasture.

이 지역의 많은 토양이 경작하기가 어렵기 때문에 대부분 땅은 소의 목축지로 사용된다.

☐
070 Almost every employee is _____ to work overtime occasionally.

거의 모든 고용인이 종종 초과근무를 할 것이 예상된다.

☐
071 The firm has been accused of _____ evidence against a former sales executive who the firm claims stole confidential information.

그 회사는 기밀 정보를 훔쳤다고 주장하는 전직 판매원에 대한 증거를 조작했다고 고발당했다.

☐
072 Environmental groups in Northern Ireland are _____ huge cuts to their budgets after the money they receive from the government was slashed.

정부로부터 받는 돈이 삭감된 이후 북아일랜드의 환경단체들은 커다란 예산 감축에 직면해 있다.

☐
073 Unfortunately, downsizing has become a part of modern-day corporate thinking, but there are some _____ alternatives.

불행히도 인원 감축은 현대 기업사고의 일부이지만 실현 가능한 대안이 몇 가지 있다.

☐
074 Increased use of nitrogen _____ can significantly increase crop yields, but it has negative impacts upon biodiversity and water quality.

질산 비료 사용의 증가는 식량 생산을 상당히 증가시킬 수 있지만, 생물다양성과 수질에 부정적인 영향을 미친다.

☐
075 All production came to _____ at the famous Jeep plant in Toledo, Ohio.

오하이오의 톨레도에 있는 유명한 지프 공장에서 모든 생산이 중단되었다.

068. Construction	069. cultivate	070. expected
071. fabricating	072. facing	073. feasible
074. fertilizers	075. halt	

☐ Researchers are looking at ways of power using the action of the ocean's tides.
076 연구원들은 바닷물의 조수 작용을 이용하여 전력을 생산하는 방법들을 찾고 있다.

☐ We guarantee our ▮▮▮▮▮▮ to be free of manufacturing defects and will accept
077 *any defective item for refund or exchange.*
저희 제품은 제품 하자가 없음을 보증하며 어떠한 결함이 있는 상품에 대해서는 환급 혹은 교환을 받아들일 것을 보증합니다.

☐ The growth of the ▮▮▮▮▮▮ service sectors has long been considered as an
078 indication that the economy is becoming more service-oriented.
수많은 서비스 분야의 성장은 경제가 더 서비스 지향적으로 되고 있다는 지표로 여겨져 왔다.

☐ The land development agencies' plans were ▮▮▮▮▮▮ by the city's new zoning laws.
079 토지 개발 업체들의 계획은 시의 새로운 토지사용제한 법에 따라 제지되었다.

☐ The boss' personal interests should not be allowed to ▮▮▮▮▮▮ over the economic
080 interests of the company.
사장 개인의 이익이 회사의 경제 이익보다 우세를 차지하게 두어서는 안 된다.

☐ Managers need to understand the underlying reasons why their employees
081 ▮▮▮▮▮▮, in order to solve the problems caused by procrastination.
소유주들과 경영자들은 꾸물거림으로써 발생하는 문제를 해결하기 위해 고용인들이 꾸물거리는 근본적인 이유를 이해할 필요가 있다.

☐ He was finally able to ▮▮▮▮▮▮ money through loans from a couple of banks by
082 granting mortgages on most of his land.
그는 마침내 자신 대부분의 땅에 대해 담보대출 승인을 통해 몇 군데 은행으로부터 돈을 구할 수 있었다.

☐ Workers in China can get bonuses for being ▮▮▮▮▮▮ and punctual, for perfect
083 attendance, and for having a positive attitude towards their work.
중국에서는 근로자들이 생산적이고, 시간 약속을 잘 지키며 완벽한 출근과 일에 대한 긍정적인 태도를 보이는 것으로 보너스를 받을 수 있다.

---

076. generating	077. merchandise	078. numerous
079. obstructed	080. prevail	081. procrastinate
082. procure	083. productive	

☐
084 Unfortunately, this mushroom is somewhat ▮▮▮▮▮▮▮ in its distribution, only breeding in one small area on the English coast.

영국 해안가의 한 지역에서만 재배되어 불행히도 이 버섯은 유통에 있어서 다소 제한적이다.

☐
085 Rice is the most important ▮▮▮▮▮▮▮ in the diet of many Asian countries.

쌀은 여러 아시아 국가의 식단에서 가장 중요한 기본 식료품이다.

☐
086 A ▮▮▮▮▮▮▮ unit rental business is not time-consuming to manage and can be operated on a part-time basis.

창고대여사업은 관리에 시간이 많이 드는 것이 아니고 부업으로 운영될 수 있다.

☐
087 New York is known for its ▮▮▮▮▮▮▮ and diverse culture.

뉴욕은 고층빌딩과 다양화된 문화로 잘 알려져 있다.

☐
088 The number of inhabitants of the city is expected to ▮▮▮▮▮▮▮ 50,000 by 2018 once new industrial zones have been implemented.

새 산업단지가 일단 시행되면 그 도시의 주민의 수는 2018년까지 5만 명이 넘을 것이라고 예상된다.

☐
089 People in former communist countries were hoping for an easy ▮▮▮▮▮▮▮ to a Western-style economy, but market economies have been very slow to develop in these places.

사람들은 이전 공산국가였던 나라에서 서양 스타일 경제로의 쉬운 전환을 바라고 있었지만, 이러한 나라들에서 시장 경제는 매우 발달이 느리다.

☐
090 In 1739, nearly 500,000 people died in Ireland due to the ▮▮▮▮▮▮▮ potato crop failure.

아일랜드에서 1739년 거의 5십만 명의 사람들이 광범위한 감자 생산의 실패로 인해 죽었다.

084. restricted	085. staple	086. storage
087. skyscrapers	088. surpass	089. transition
090. widespread		

퀵토익 보카 VOCA⁺³⁰

- ❑ **activate** [ǽktəvèit] 동 작동시키다

- ❑ **category** [kǽtəgɔ̀:ri] 명 범주, 분야, 부문
  동 categorize 분류하다, 범주화하다

- ❑ **chemical** [kémikəl] 명 화학제품 형 화학의

- ❑ **connoisseur** [kànəsə́:r] 명 감정가

- ❑ **cosmetic** [kazmétik] 형 미용의, 화장의

- ❑ **crop** [krap] 명 농작물, 수확량

- ❑ **depress** [diprés] 동 부진하게 하다, 우울하게 하다
  명 depression 침체, 우울

- ❑ **dimension** [diménʃən] 명 도면

- ❑ **disagree** [dìsəgrí:] 동 동의하지 않다, 의견이 다르다

- ❑ **disrupt** [disrʌ́pt] 동 중단하다

- ❑ **downsize** [daunsaiz] 동 (인력, 규모를) 줄이다, 축소하다

- ❑ **durable** [djúərəbl] 형 튼튼한

- ❑ **efficiency** [ifíʃənsi] 명 효율성

- ❑ **enhance** [inhǽns] 동 향상하다, 늘리다

- ❑ **evaluate** [ivǽljuèit] 동 평가하다, 가치를 검토하다

❏ fuel consumption   연료소비

❏ fulfill [fulfíl]   통 완수하다, 다하다

❏ garment [gá:rmənt]   명 의복, 의류

❏ industrial waste   산업쓰레기

❏ leisure [líːʒər]   명 여가

❏ lumber [lʌmbər]   명 목재

❏ mining [máiniŋ]   명 광산업

❏ on strike   파업 중인

❏ offset [ɔ́:fsèt]   명 상쇄하는 것, 차감 계산

❏ overall [óuvərɔ̀:l]   형 전체적인, 전반적인

❏ part [pa:rt]   명 제품, 부품, 역할

❏ retrenchment [ritréntʃmənt]   명 감소, 삭감, 인원 감축

❏ shortage [ʃɔ́:rtidʒ]   명 부족 형 short 부족한

❏ workmanship [wə́:rkmənʃip]   명 기술, 솜씨

❏ yield [ji:ld]   통 (농작물, 수익 등을) 내다, 생산하다, 항복하다, 양도하다

Day

04

MP3

탈것, 교통
Transportation

Day 04 탈것, 교통

091 accident
[æksidənt]
★★☆

명 우연, 사고
* accidental 형 우연한
* accidentally 부 우연히, 실수로

092 burst
[bəːrst]
★☆☆

명 파열, 돌발
동 파열하다, 갑자기 터지다

093 capsize
[kǽpsaiz]
★☆☆

동 전복시키다, 뒤집다

094 casualty
★★☆

[kǽʒuəlti]

명 사상자, 부상자

* the casualty figure 사상자 수

095 commute
★★★

[kəmjúːt]

명 통근, 통학
동 통근(통학)하다

* commuter 명 통근자, 통학자

096 compulsory
★★★

[kəmpʌlsəri]

형 의무적인, 강제하는

097 congestion
★★☆

[kəndʒéstʃən]

명 혼잡, 정체

* congested 형 복잡한, 혼잡한
* traffic congestion 교통 정체

098 dense
★☆☆

[dens]

형 밀집한, (안개 등이) 짙은

* density 형 밀도
* densely 부 밀집하여, 빽빽히

099 determine
★★★

[ditə́:rmin]

동 결정하다

100 develop
★★★
[divéləp]

통 개발하다

* development 명 개발
* developed 형 개발된
* a developed country 선진국

101 fine
★★★
[fain]

명 벌금
통 벌금을 부과하다

102 insult
★★★
[insʌlt]

통 모욕하다
명 모욕적 발언, 행동

103 insurance
★★☆

[inʃúərəns]

명 보험

* insure 통 보험에 가입하다
* insurance policy 보험 약관

104 intentional
★☆☆

[inténʃənl]

형 고의적인, 의도적인

* intention 명 고의, 의도

105 intersection
★☆☆

[ìntərsékʃən]

명 교차로

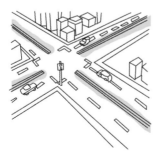

106 intoxication
★★☆
[intὰksikéiʃən]

몡 (술, 약에) 취함

* intoxicate 동 (술, 약에) 취하게 하다
* intoxicated 형 (술, 약에) 취한
* DUI(Drive Under Influence) 음주 운전

107 involve
★★★
[inválv]

동 포함시키다,
관련(연관)시키다

* involved 형 관련된, 연관된
* be involved in ~에 연관된

108 lack
★★☆
[læk]

몡 부족, 결핍
동 모자라다

observe
★★★ [əbzə́:rv]

동 (법, 규칙을) 준수하다,
관찰하다

* observance 명 준수
* observation 명 관찰
* observant 형 준수하는, 잘 지키는

pavement
★☆☆ [péivmənt]

명 포장

* pave 동 (도로를) 포장하다
* paved road 포장도로
  (반 unpaved road 비포장도로)

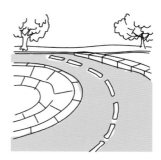

pedestrian
★★☆ [pədéstriən]

명 보행자

* pedestrian walkway 보행자 통로

112 prohibit
★★★
[prouhíbit]

동 금지하다, 금하다

* prohibition 명 금지

113 promptly
★★☆
[prámptli]

부 신속히, 즉시

* prompt 형 신속한, 즉각적인

로켓 배송

총알 배송

114 scrutinize
★★☆
[skrú:tənàiz]

동 자세히 조사하다,
유심히 살펴보다

* scrutiny 명 정밀 조사, 철저한 검토

115 significant
★★★
[signífikənt]

형 중요한, 상당한,
의미심장한

* significance 명 중요성
* significantly 부 상당히

116 sober
★☆☆
[sóubər]

형 술에 취하지 않은,
정신이 말짱한

* sobriety 명 술에 취하지 않음

117 thoroughly
★★☆
[θə́:rouli]

부 철저히, 완전히

* thorough 형 철저한

118 tow
★☆☆
[tou]

동 견인하다

119 transportation
★★★
[trǽnspərtéiʃən]

명 수송, 운송

* public transportation 대중교통

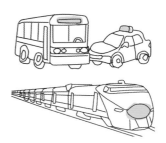

120 violate
★★★
[váiəlèit]

동 위반하다, 침입하다

* violation 동 위반, 침입

☐ Driver distractions such as texting, adjusting the radio, or slowing down to gawk at
091 another ▓▓▓▓▓ are the leading cause of traffic ▓▓▓▓▓ in the U.S.

문자를 보내거나, 라디오를 조절하고, 고개를 돌려 보거나 다른 사고를 보려고 속도를 줄이는 등의
운전자의 산만함이 미국에서 주된 사고의 원인이 된다.

☐ A car ▓▓▓▓▓ into flames on Saturday evening after a collision on Highway 15.
092 차 한 대가 토요일 저녁 15번 고속도로에서 충돌 후에 폭발해 화염에 휩싸였다.

☐ Two men struggling to keep their heads above the water were rescued by the
093 Coast Guard early Sunday morning after their boat ▓▓▓▓▓.

배가 전복된 후 물 밖으로 머리를 내밀려 애쓰던 두 남자가 일요일 아침 해안 경비대에 의해 구조
되었다.

☐ A number of the ▓▓▓▓▓ in the ferry disaster could have been saved, had the
094 crew been properly trained for an emergency.

선원들이 비상사태에 대해 적절하게 훈련을 받았더라면 선박 참사의 수많은 사상자들이 목숨을 구
할 수 있었다.

☐ Boston has added a number of new bicycle lanes to the principal ▓▓▓▓▓ routes
095 in the city.

보스턴은 시의 주된 통근길에 새로운 자전거 도로를 추가했다.

☐ In 1989, wearing rear seat belts became ▓▓▓▓▓ for children under 14.
096 1989년 14세 이하의 어린이들에게 뒷 좌석 안전띠 착용이 의무화되었다.

☐ Heavy traffic ▓▓▓▓▓ can have a tremendous impact on our personal life, career,
097 and our safety.

극심한 차량 정체는 우리의 개인적 삶, 일, 그리로 우리의 안전에까지 막대한 영향을 미칠 수 있다.

☐ The fog was so ▓▓▓▓▓ that we had to stop the car and wait for it to clear.
098 안개가 너무 짙어 우리는 차를 멈추고 안개가 걷힐 때까지 기다려야 했다.

091. accident, accidents	092. burst	093. capsized
094. casualties	095. commuting	096. compulsory
097. congestion	098. dense	

앞서 학습한 단어를 복습합니다. 빈칸에 해당하는 단어의 그림을 떠올려보세요.

099 **▨▨▨▨▨** who is at fault for a car accident is generally a matter of identifying who was careless or negligent.

차 사고에서 누구 잘못인지를 결정하는 것은 일반적으로 누가 부주의했는가 혹은 태만했는가를 밝히는 문제이다.

100 Honda Motors has **▨▨▨▨** the world's first electric motor for hybrid cars that doesn't use heavy rare earth metals.

혼다 자동차는 무겁고 희귀한 토류물질을 사용하지 않는 하이브리드 자동차를 위한 세계 최초의 전기 모터를 개발했다.

101 A driver can be charged a **▨▨▨▨** totalling $240 and two demerit points for seat belt infractions.

운전자는 안전띠 법규 위반으로 240달러에 달하는 벌금이 부과되고 벌점 2점을 받을 수 있다.

102 Drivers who shout **▨▨▨▨** or behave aggressively while driving can be fined and even sentenced a prison term.

운전 중에 모욕적인 말을 외치거나 공격적인 행동을 하는 운전자는 벌금을 내거나 감옥에 갇힐 수조차 있다.

103 When you are involved in an auto accident involving injury or property damage, you will be required to file a claim with your **▨▨▨▨** company.

부상과 재산상 손실을 포함하는 자동차 사고와 연관되어 있다면 당신의 보험회사에 요청해야 한다.

104 Several men have been **▨▨▨▨** causing fender-benders in order to coax drivers out of their cars so they can be stolen.

몇 사람이 의도적으로 가벼운 접촉 사고를 내어 운전자들을 차에서 나오게 부추기고 그들의 물건을 훔쳤다.

105 My car broke down at a busy **▨▨▨▨** right at the peak of rush hour.

내 차가 가장 혼잡한 시간대에 분주한 교차로에서 고장 나 멈췄다.

106 In the majority of cases, police only arrest DUI suspects when they have clear evidence of **▨▨▨▨**.

대부분의 경우 경찰은 분명히 술에 취했다는 증거가 있을 때만 음주 운전 용의자를 체포한다.

099. Determining	100. developed	101. fine
102. insults	103. insurance	104. intentionally
105. intersection	106. intoxication	

___

☐ About 80% of the people who are ▩▩▩▩ in a car crash and are not wearing
107 seat belts are injured or killed.

자동차 충돌에 관련되고 안전띠를 착용하지 않은 약 80퍼센트의 사람들이 부상을 입거나 사망한다.

☐ Whether he was truly asleep at the wheel or just drowsy, William found himself at
108 the center of a fatal accident due to a ▩▩▩▩ of sleep.

진짜로 운전대를 잡고 잠이 들었건 아니면 그저 졸고 있었던 간에 윌리엄은 자신이 수면 부족으로
치명적인 사고의 중심에 있다는 것을 알았다.

☐ If every driver of a motor vehicle were to ▩▩▩▩ the various traffic rules, there
109 would be a great decrease in the number of serious road accidents.

만일 모든 자동차 운전자들이 다양한 교통 법규를 준수한다면 심각한 도로 사고의 숫자는 크게 감
소할 것이라는 것이 일반적으로 인정된다.

☐ This year hundreds of miles of ▩▩▩▩ in Eastern Oregon will be repaired and
110 resurfaced.

올해에 동부 오리건의 수백 마일의 포장도로가 수리되고 표면처리가 다시 될 것이다.

☐ Current highway works include building ▩▩▩▩ overpasses and adding an extra
111 lane to improve safety and ease congestion.

현재 고속도로 작업은 안전을 보강하고 교통체증을 줄이기 위해서 보행자 육교와 여분의 차선을
만드는 것을 포함하고 있다.

☐ Texting while driving increases the risks of crashes, but no laws currently ▩▩▩▩
112 drivers from texting while driving in Alabama.

운전 중 문자를 주고받는 것은 충돌의 위험을 증가시키지만, 앨라배마에서 현재 운전 중에 운전자
들이 문자를 주고받는 것을 금지하는 법은 없다.

☐ It's always worth double-checking that you're allowed to park where you've just left
113 your car, as any illegally parked vehicle will be ▩▩▩▩ towed.

불법으로 주차된 것은 어떤 차량이라도 신속하게 견인되므로 당신이 방금 차를 두고 온 곳에 주차
가 허락되는지 한 번 더 확인해 볼 필요가 있다.

107. involved	108. lack	109. observe
110. pavement	111. pedestrian	112. prohibit
113. promptly		

❏ Before you purchase a used car, you should take it for a test drive and even hire
114 an independent mechanic to ▮▮▮▮▮▮▮ the vehicle carefully.

중고차를 사기 전에, 차량 시험 운전을 해야 하며 그 차량을 주의 깊게 점검하기 위해서 독립적인
차량 정비사를 고용해야 할 수도 있다.

❏ Despite the ▮▮▮▮▮▮▮ advancements in modern transmissions and so-called "fill-
115 for-life" fluids, experts say that even these fluids should be periodically changed.

현대적인 자동 변속기와 "한 번 주입으로 평생 가는" 윤활유의 상당한 발전에도 불구하고, 전문가
들은 이런 윤활유도 정기적으로 교체되어야 한다고 말한다.

❏ You should cooperate and perform the breathalyzer test properly in order to prove
116 that you are ▮▮▮▮▮▮▮.

취하지 않았다는 것을 증명하기 위해 음주 테스트에 적절하게 협조해 주셔야 합니다.

❏ Customs officials searched the trucks ▮▮▮▮▮▮▮ before allowing them to proceed
117 to their destination in New Mexico.

세관 직원들은 그 트럭들이 뉴멕시코의 목적지로 가도록 허락하기 전에 철저하게 차들을 조사했다.

❏ You'd better not park there because you may receive a fine or your vehicle could
118 be ▮▮▮▮▮▮▮.

벌금을 내거나, 차가 견인되어 갈 수도 있으니 거기 주차하지 않는 것이 좋겠다.

❏ Almost all forms of public ▮▮▮▮▮▮▮ are on strike today, so we'd better ride our
119 bicycles to work.

거의 모든 대중교통 수단이 오늘 파업을 하므로 우리 출근하려면 자전거를 꺼내는 것이 좋겠다.

❏ The police say they'll start handing out tickets for ▮▮▮▮▮▮▮ the 30 km/h school
120 zone speed limit one week before the school semester begins.

경찰은 학기가 시작되기 일주일 전에 시속 30km의 학교 지역 속도 제한 위반에 대해 위반 딱지를
발부하기 시작할 것이라고 말한다.

---

114. scrutinize	115. significant	116. sober
117. thoroughly	118. towed	119. transportation
120. violating		

퀵 토익 보카 VOCA +30

□ amid [əmíd]   전 ~의 한가운데, ~으로 에워싸인

□ back seat   명 자동차 뒷좌석

□ bicycle rack   자전거 거치대

□ compel [kəmpél]   통 강요하다

□ conductor [kəndʌ́ktər]   명 (버스, 기차) 차장

□ cover [kʌ́vər]   통 포함하다, 덮다,
(보험으로) 보장하다, 대신하다

□ designate [dézignèit]   통 지정하다   명 designation 지정

□ damage [dǽmidʒ]   명 피해, 손상   통 손상을 입히다

□ detour [díːtuər]   명 우회로   통 우회하다

□ distance [dístəns]   명 거리

□ driver's license   운전면허증

□ driveway [draivwei]   명 (주택의) 차 진입로

□ fare [fɛər]   명 (버스, 택시, 기차 등) 요금

□ fee [fiː]   명 (서비스 등) 요금, 수수료

□ fender bender   접촉사고

☐ flat [flæt]　　　　　　　　　형 평평한, (타이어가) 펑크 난

☐ fume [fju:m]　　　　　　　　동 연기를 내뿜다

☐ lane [lein]　　　　　　　　　명 차선

☐ mileage [máilidʒ]　　　　　　명 주행거리

☐ mobility [moubíləti]　　　　명 이동성

☐ parking lot　　　　　　　　주차장

☐ pass [pæs]　　　　　　　　　동 추월하다

☐ rear [riər]　　　　　　　　　명 뒤 cf) rear view mirror 백미러

☐ seat belt　　　　　　　　　명 안전띠

☐ shortcut　　　　　　　　　　명 지름길

☐ spare [spɛər]　　　　　　　형 여분의, 예비의　동 할애하다

☐ suffocated [sʌfəkèitid]　　　형 숨이 막히는

☐ traffic jam　　　　　　　　차량 정체

☐ toll [toul]　　　　　　　　　명 통행료, 요금

☐ warn [wɔ:rn]　　　　　　　　동 경고하다 warning sign 경고 안내문

Day

05

MP3

경영 1

Management

재랑
같이요…

121 affiliate
★★☆

[əfílièit]

⑤ (다른 기관을) 연계시키다,
제휴하다

⑲ 제휴, 계열사, 지부

* affiliate company 자매회사

122 cautious
★★★

[kɔ́ːʃəs]

⑲ 조심스러운, 신중한

* caution 영 조심, 경고

123 circulate
★☆☆

[sə́ːrkjulèit]

⑤ 배부하다, 유포하다

* circulation 영 회람, 유통, 순환
* blood circulation 혈액순환

124 competitive
★★★

[kəmpétətiv]

형 경쟁적인

* compete 동 경쟁하다
* competition 명 경쟁

125 comprehensive
★★☆

[kàmprihénsiv]

형 포괄적인, 종합적인

* comprehend 동 이해하다
* comprehension 명 이해

126 counterpart
★☆☆

[káuntərpà:rt]

명 상대방, 상대측

127 conglomerate
★☆☆
[kənglámərit]

명 대기업

128 delegate
★★☆
[déligət]

동 위임하다,
대표를 선출하다
명 대리자, 대표자

* delegation 명 위임단, 대표단

129 eligible
★★☆
[élidʒəbl]

형 적격의, 적임의 (for)

130 eliminate
★★★
[ilímənèit]

동 제거하다, 없애다
* elimination 명 제거, 박탈

131 execute
★★☆
[éksikjù:t]

동 수행하다, 실행하다
* execution
  명 수행, 실행, 처형, 사형
* execute a plan 계획을 수행하다

132 expand
★★☆
[éksikjù:t]

동 넓히다, 확대하다
* expansion 명 확장, 넓힘
* expansive 형 광범위한, 확대된

133 improvise
★★☆
[ímprəvàiz]

동 임시변통하다, 급조하다

134 integral
★★★
[íntigrəl]

형 통합적인, 필수적인

* integrity 명 진실성, 완전함
* integration 명 통합, 완성
* integrate 동 통합하다, 완성하다

135 invest
★★☆
[invést]

동 투자하다

* investor 명 투자자
* investment 명 투자

136 lengthy
★☆☆

[léŋkθi]

형 장시간의, 장황한

137 logical
★★★

[ládʒikəl]

형 논리적인, 이치에 맞는
(반 illogical)

* logic 명 논리

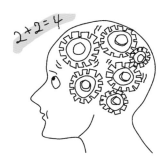

138 merge
★★☆

[məːrdʒ]

통 합병하다. 합체시키다

* merger 명 합병

139 morale
★★☆
[mərǽl]

명 사기, 의욕

140 nomination
★★☆
[nàmənéiʃən]

명 임명, 지명

* nominate 통 임명하다, 지명하다
* nominee 명 지명된 사람, 후보자

141 objective
★★★
[əbdʒéktiv]

명 목적, 목표
형 객관적인 (반 subjective)

* objectivity 명 객관성
* object 통 반대하다, 명 물건
* objection 명 반대

142 offshoring
★☆☆

[ɔːffɔ́ːriŋ]

명 해외업무위탁

143 oversee
★★★

[óuvərsiː]

동 감독하다, 감시하다

* overseer 명 감독

144 pending
★★☆

[péndiŋ]

형 임박한, 결정이 안 된,
미결의

* pend 동 미결상태로 두다

145 perceptive

★★★

[pərséptiv]

형 통찰력 있는, 잘 인지하는

* perceive 통 인지하다, 감지하다
* perception 명 인지, 통찰

146 plunge

★★☆

[plʌndʒ]

통 뛰어들다, 급락하다
명 급락, 뛰어듦

147 predict

★★★

[pridíkt]

통 예측하다, 예상하다

* prediction 명 예측, 예상
* predictive 형 예측하다, 예언하는

148 privatize

★★☆

[práivətàiz]

통 민영화하다

* privatization 명 민영화
* private 형 사적인, 개인적인
* privately 부 사적으로

149 promotion

★★★

[prəmóuʃən]

명 승진, 판매 촉진

* promote 통 승진시키다, 홍보하다, 판매를 촉진하다

150 raise

★★★

[reiz]

명 (임금, 급여) 인상
통 인상시키다,
(의문, 안건을) 제기하다,
(액수를) 올리다

* a pay raise 봉급 인상

☐ This charity is an entirely non-profit, volunteer organization and is not ▮▮▮▮▮▮
121 with any government agency or business enterprise.

이 자선단체는 전적으로 비영리 자원봉사 단체이고 어떠한 정부기관이나 사업체와도 연관되지 않았다.

☐ Because of the recent stock market crash, foreign investors are ▮▮▮▮▮▮ about
122 investing in Argentina.

최근의 주식시장 폭락 때문에 해외 투자자들이 아르헨티나에 투자하는 것에 대해 신중히 처리하고
있다.

☐ Please ensure that the memo showing the latest profit figures for the month is
123 ▮▮▮▮▮▮ to all the salesmen.

월별 최근 수익률 수치를 보여주는 쪽지를 모든 판매직원에게 회람시켜 주세요.

☐ ▮▮▮▮▮▮ and dynamic markets have increased productivity and promoted
124 economic growth across the globe.

경쟁적이고 역동적인 시장은 전 세계적으로 생산성을 향상하고 경제성장을 촉진했다.

☐ The chairman will give a ▮▮▮▮▮▮ report to shareholders on the company's
125 activities and financial performance over the past year.

회장이 곧 작년 한 해 동안 회사 활동과 재정적 성과에 대해 주주들에게 종합적인 보고를 할 것이다.

☐ According to recent reports from South Korea, the President will soon be meeting
126 with his ▮▮▮▮▮▮ in North Korea to discuss economical cooperation issues.

한국에서의 최근 보도에 따르면 대통령은 경제 협력 사안들을 논의하기 위해 북한 상대측과 곧 만
날 것이다.

☐ German ▮▮▮▮▮▮ JAB Holdings has agreed to purchase the North Carolina-
127 based company for $1.35 billion.

독일 대기업 JAB 홀딩스는 북 캐롤라이나에 본거지를 둔 회사를 10억 3천5백만 달러에 사기로 합
의했다.

☐ The best tasks to ▮▮▮▮▮▮ are those for which your staff members have more
128 expertise or information than you do.

위임하기에 가장 좋은 업무는 당신의 직원들이 보다 더 전문지식과 정보를 갖추고 있는 그런 일이다.

---

121. affiliated	122. cautious	123. circulated
124. Competitive	125. comprehensive	126. counterpart
127. conglomerate	128. delegate	

❏ You will be ▨▨▨▨▨ for a permanent position in this company once you have
129 completed the six-month training period.

6개월간의 교육 기간을 마치면 이 회사의 정규직으로 적합하게 될 것이다.

❏ ▨▨▨▨▨ waste is one of the most effective ways to increase the profitability of
130 any business.

쓰레기를 제거하는 것이 어느 사업에서도 수익률을 증가시키는 가장 효과적인 방법의 하나다.

❏ When it comes to ▨▨▨▨▨ strategy, many executives place more emphasis on
131 preparing plans than actually carrying them out.

전략을 수행하는 것과 관련하여 많은 경영진은 계획을 준비하는 것을 실제로 그것들을 실행하는
것보다 더 강조한다.

❏ It's not surprising that larger companies appear to be better prepared to manage
132 the risks that come with ▨▨▨▨▨ their business overseas.

더 큰 회사들이 사업을 해외로 확장하는 것에 따른 위험들을 처리하기에 더 준비가 잘 되어 있는
것처럼 보이는 것이 놀랍지 않다.

❏ There are parking lots that are open throughout the year, but additional ▨▨▨▨▨
133 parking lots will be made available during special events.

연중 개방된 주차장이 있지만, 특별 행사 기간 동안 추가된 임시 주차장이 이용 가능하게 될 것이다.

❏ The promotion of health and wellbeing among staff is an ▨▨▨▨▨ part of
134 operating a successful business.

직원들의 건강과 복지 증진은 성공적인 사업을 운영하는데 필수적인 부분이다.

❏ The company should seriously consider ▨▨▨▨▨ in new machinery if it wants to
135 survive.

회사는 살아남기를 원한다면 새로운 기계에 투자할 것을 심각하게 고려해 봐야 한다.

❏ After a ▨▨▨▨▨ period of negotiation, an agreement was finally reached between
136 management and the employees.

장시간의 협상 끝에 마침내 경영진과 고용인들 사이에 합의가 이루어졌다.

129. eligible	130. Eliminating	131. executing
132. expanding	133. improvised	134. integral
135. investing	136. lengthy	

❏ Demanding more money because of how hard you work seems ▓▓▓▓▓▓▓, but it's
137 unlikely to turn out in your favor.

당신이 열심히 일했기 때문에 더 많은 돈을 요구하는 것은 논리적인 것 같지만, 여러분에게 유리하게 되지는 않는 것 같다.

❏ A merger extinguishes the ▓▓▓▓▓▓▓ corporation, and the surviving corporation
138 assumes all the rights, privileges, and liabilities of the corporation.

합병은 합병된 회사를 없애고 살아남은 회사는 합병된 회사의 모든 권리, 특권, 그리고 법적 책임을 떠맡는다.

❏ Employee ▓▓▓▓▓▓▓ problems can quickly affect a team's quality of work, so they
139 should be taken seriously and solved quickly.

직원들의 사기 문제는 팀의 업무의 질에 재빨리 영향을 미치므로 심각하게 취급되어야 하고 재빨리 해결 되어야 한다.

❏ We are now accepting ▓▓▓▓▓▓▓ for CEO of the Year. Please provide us with
140 the names of the CEOs whom you feel are outstanding in business and the
community.

저희는 올해의 최고 경영자 지명을 받고 있습니다. 회사나 지역에서 뛰어나다고 생각하는 최고 경영자의 이름을 저희에게 제공해 주시기 바랍니다.

❏ It's hard to be ▓▓▓▓▓▓▓ when you are trying to hire someone for a job, and you
141 know one of the applicants personally.

누군가를 어떤 일자리에 고용하려고 하는데 지원자 중의 한 명을 개인적으로 알고 있다면 객관적이 되기 어렵다.

❏ ▓▓▓▓▓▓▓ has become a popular yet controversial means for trying to reduce costs.
142 해외 업무 위탁은 비용을 줄이기 위한 노력에 있어서 일반적이지만 논란의 여지가 있는 수단이 되었다.

❏ The company that has been hired to ▓▓▓▓▓▓▓ construction of the new shopping
143 mall in Seoul has recently taken on 100 new employees for the project.

서울에 새로 생긴 쇼핑몰 건설을 감독하기 위해 고용된 그 회사가 그 프로젝트를 위해 100명의 새로운 직원들을 최근에 고용했다.

137. logical	138. merged	139. morale
140. nominations	141. objective	142. Offshoring
143. oversee		

❏ European regulators have pushed back the deadline for their decision on the
144   merger of the two banks to December.

유럽 조정기관들은 두 은행의 미결상태에 있는 합병에 대한 최종 결정 기한을 12월로 연기했다.

❏ Managers must be   and empathetic to their employees; they must listen
145 to what their needs are and try to fulfill them.

경영자들은 직원들을 잘 인지하고 공감해야 한다. 즉 직원들이 필요로 하는 것이 무엇인지를 듣고
그것을 충족시키기 위해 노력해야 한다.

❏ The company reported earnings of $1.7 billion in 2016, a 59 percent
146 compared to last year, due to lower oil and gas prices.

그 회사는 석유와 가스 가격의 인하로 인해 2016년 수입을 작년보다 59%가 급락한 10억 7천만 달
러라고 보고했다.

❏ The report   that more oil and gas related jobs will be lost in Alberta.
147 그 보고서는 알버타 주에서 더 많은 석유와 가스에 관련된 일자리를 잃게 될 것이라고 예측한다.

❏ Railroads, airports, energy companies, and postal services have been
148 due to the government's large deficits.

철도와 항공, 에너지 회사와 우편 사업이 정부의 커다란 적자로 인해 민영화되었다.

❏ He turned down the   offered by his boss because he didn't want to deal
149 with the added responsibilities and stress.

그는 부가된 책임과 더 많은 스트레스를 처리하고 싶지 않아서 사장이 제의한 승진을 거절했다.

❏ The government has just announced that it is going to   the minimum
150 wage to $15 an hour by the end of this year.

정부는 올해 말까지 최저 임금을 시간당 15달러로 인상할 것이라고 발표했다.

144. pending	145. perceptive	146. plunge
147. predicts	148. privatized	149. promotion
150. raise		

퀵 토익 보카 VOCA ⁺³⁰

❏ appeal [əpíːl] 　명 매력, 간청, 항소, 상고

❏ appropriate [əpróupriət] 　형 적당한, 적절한
　　부 appropriately 적절하게

❏ arbitrary [áːrbətrèri] 　형 임의의, 멋대로인
　　부 arbitrarily 멋대로, 임의대로

❏ assist [əsíst] 　동 돕다, 조력하다 명 원조, 조력

❏ attain [ətéin] 　동 달성하다 명 attainment 달성, 성취

❏ branch [bræntʃ] 　명 지사, 지점

❏ breakthrough [breikθruː] 　명 돌파구

❏ capitalize [kǽpətəlàiz] 　동 자본화하다, 이용하다, 대문자로 쓰다

❏ consequence [kánsəkwèns] 　명 결과, 중요성 형 consequent 결과의

❏ circumstance [sɔ́ːrkəmstæns] 　명 환경, 상황, 사정

❏ diverse [divɔ́ːrs] 　형 다양한

❏ disparate [díspərit] 　형 다른, 상이한, 이질적인

❏ draft [dræft] 　명 초안, 지불 청구서 동 초안을 잡다

❏ efficient [ifíʃənt] 　형 능률적인, 효과적인 명 efficiency 효율성

❏ entrepreneur [àːntrəprənɔ́ːr] 　명 기업가, 사업가

- ❏ **exclusive** [iksklúːsiv]
  혱 독창적인, 배타적인
  冃 exclusively 독창적으로

- ❏ **forerunner** [fɔ́ːrʌ̀nər]
  몡 선구자

- ❏ **headquarter** [hedkwɔ́ːrtər]
  몡 본부, 본사, 사령부, 본부직원들

- ❏ **humane** [hjuːméin]
  혱 인도적인, 잔인하지 않은

- ❏ **impractical** [impræktikəl]
  혱 비현실적인

- ❏ **in lieu of**
  ～ 대신에

- ❏ **incorporate** [inkɔ́ːrpərèit]
  통 법인화하다 혱 법인의
  몡 incorporation 법인

- ❏ **incidental** [ìnsədéntl]
  혱 부수적인 몡 부수적인 일

- ❏ **launch** [lɔːntʃ]
  통 (신제품) 출시하다, (계획에) 착수하다
  몡 출시

- ❏ **means** [miːnz]
  몡 방법, 수단

- ❏ **merit** [mérit]
  몡 장점, 강점

- ❏ **monopoly** [mənápəli]
  몡 독점, 전매 통 monopolize 독점하다

- ❏ **premise** [prémis]
  몡 토지, 구내, 점포

- ❏ **stream** [striːm]
  몡 개울, 시내, 기류, 흐름

- ❏ **vested** [véstid]
  혱 소유권이 정해진, 기득의
  vested right 소유권

Day

06

MP3

경영 2

Management

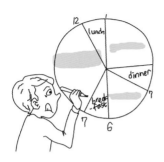

<table>
<tr><td>151
★★☆</td><td>

allot
[əlát]

동 할당하다
* allotment 명 할당, 분배
</td></tr>
</table>

<table>
<tr><td>152
★★☆</td><td>

ascertain
[æsərtéin]

동 확인하다
</td></tr>
</table>

<table>
<tr><td>153
★★★</td><td>

benefit
[bénəfit]

명 이득, 수당, 혜택
동 이득(혜택)을 얻다
</td></tr>
</table>

154 broaden

★☆☆

[brɔ́:dn]

동 넓히다, 확대하다

* broad 형 넓은 (반 narrow)

155 characteristic

★★☆

[kæriktərístik]

명 특징, 특성
형 독특한

156 compel

★★☆

[kəmpél]

동 강요하다,
억지로 ~시키다

* compelling 형 강제적인

157 **consolidate**
★☆☆ [kənsálədèit]

동 합병하다, 강화시키다

* consolidation 명 통합, 강화

158 **coordinate**
★★☆ [kouɔ́ːrdənət]

동 조직하다, 조정하다
형 대등한, 동등한

159 **deserve**
★☆☆ [dizə́ːrv]

동 **자격이 있다**

* deserved 형 ~할 자격이 있는

160 devise

★★☆

[diváiz]

통 고안하다, 발명하다

* device 명 장치, 발명품

161 efficient

★★★

[ifíʃənt]

형 능률적인, 효과적인

* efficiency 명 효율성

162 establish

★★★

[istǽbliʃ]

통 설립하다, 확립하다,
(제도, 규칙을)만들다

* establishment
명 설립, 확립, 기관

163 experience
★★★
[ikspíəriəns]

통 경험하다
명 경험
* experienced 형 경험이 풍부한

164 firm
★★☆
[fə:rm]

명 회사
형 확고한, 단단한
* firmly 부 확고하게
* law firm 법률회사

165 franchise
★☆☆
[frǽntʃaiz]

명 가맹업체, 독점 판매권

166 headquarter
★☆☆
[hédkwɔ́:rtər]

명 본부, 본사, 사령부,
본부직원들

cf) branch 지사

167 hesitant
★★★
[hézətənt]

형 꺼려하는, 머뭇거리는,
망설이는

* hesitate 통 망설이다, 머뭇거리다

168 incentive
★☆☆
[inséntiv]

명 혜택, 장려금, 성과급

169 influence
★★★

[ínfluəns]

명 영향력
동 영향을 끼치다

* influential 형 영향력 있는
* influenced 형 영향을 받은

170 loyal
★★☆

[lɔ́iəl]

형 충실한, 충성을 다하는

충성!

171 lucrative
★★★

[lúːkrətiv]

형 수익이 좋은

172 massive
★★☆

[mǽsiv]

형 막대한, 대 규모의

173 negotiation
★★★

[nigòuʃiéiʃən]

명 교섭, 협상

* negotiate 통 협상하다
* negotiable 형 협상할 여지가 있는

174 obvious
★★★

[ábviəs]

형 명백한, 분명한

* obviously 부 명백히, 분명히

175 practice
★★☆

[præktis]

명 영법, 개업, 관행

통 (의료, 법률)행위를 하다,
직업으로 삼다

* practitioner 명 전문의
* put ~ into practice ~을 실행하다

176 procedure
★☆☆

[prəsí:dʒər]

명 절차, 순서

* proceed 통 나아가다, 진행하다
* process 명 진행, 과정

177 simplify
★☆☆

[símpləfài]

통 단순화하다

* simplification 명 단순화

★★☆

surplus
[sə́:rplʌs]

명 나머지, 잉여, 흑자

179
★★☆

takeover
[teikóuvər]

명 인수, 접수, 경영권 취득
* take over 통 인수하다, 접수하다

짠~~!

180
★★☆

unveil
[ʌnveil]

통 드러내다, 발표하다,
선보이다
* unveiled 형 가려지지 않은, 드러난

❏
151 When planning a workshop, remember to ▆▆▆▆▆ extra time to help participants get to know each other at the start of the event.

워크숍을 계획할 때는 행사가 시작할 때 참가자들이 서로를 알게 하도록 여분의 시간을 할당하는 것을 기억해라.

❏
152 The purpose for performing a follow-up review on the recent audit report is to ▆▆▆▆▆ whether appropriate action was taken on reported findings.

최근 감사 보고서에 대한 후속 검토를 실행하는 것의 의도는 보고된 결과들에 대한 적절한 조치가 취해졌는지를 확인하는 것이다.

❏
153 As finding and keeping highly qualified staff is difficult, employers are challenged to provide their employees with a comprehensive ▆▆▆▆▆ plan.

고도의 자격을 갖춘 직원을 찾고 유지하는 것이 어렵기 때문에, 고용주들은 직원들에게 포괄적인 수당 계획을 제공할 과제를 받는다.

❏
154 Through this mentorship program, new staff members are partnered with more senior staff to ▆▆▆▆▆ their skills and knowledge for success in the organization.

멘토 프로그램을 통해 신입사원들은 조직에서의 성공을 위해서 지식과 기술을 넓히기 위해 선배 직원들과 짝을 이룬다.

❏
155 Reliability is one of the most important ▆▆▆▆▆ that employers look for in employees.

신뢰성이 고용주들이 고용인들에게서 찾는 가장 중요한 특징들 중의 하나이다.

❏
156 Employees shouldn't be ▆▆▆▆▆ to work overtime, and if they legitimately work overtime, they are entitled to the appropriate pay or time off in lieu of.

고용인들은 억지로 초과근무를 강요받아서는 안 되고 합법적으로 초과근무를 한다면 적당한 보수나 그 대신의 휴가를 받을 권리가 있다.

❏
157 The company has announced plans to ▆▆▆▆▆ its manufacturing and sales subsidiaries in an attempt to increase overall business efficiency.

그 회사는 해외 사업 효율성을 증진하기 위한 노력으로 제조와 판매 자회사들을 합병한다는 계획을 발표했다.

❏
158 Planning and managing the workplace well enables companies to achieve high productivity by ▆▆▆▆▆ effort and time effectively.

계획을 세우고 직장을 잘 관리하는 것은 회사가 시간과 노력을 효과적으로 조정함으로써 높은 생산성을 얻을 수 있게 한다.

151. allot	152. ascertain	153. benefit
154. broaden	155. characteristics	156. compelled
157. consolidate	158. coordinating	

❏ One of the questions all of you should prepare an answer for is "Why do you
159 _____ a promotion?"

여러분들 모두가 답변을 준비해야 하는 질문 중 하나는 "왜 당신이 승진할 자격이 있습니까?" 이다.

❏ Once you have _____ a sales plan, you should evaluate whether it is likely to
160 succeed based on cost and number to prevent unwanted consequences.

판매 계획을 세웠다면 원하지 않는 결과를 예방하기 위해서 비용과 숫자에 근거하여 그것이 성공
할 것인지를 평가해야 한다.

❏ A 2013 Harvard Business School study found that giving gifts to employees is roughly
161 as _____ as hiring more workers, and therefore it leads to higher productivity.

2013년 하버드 경영대 연구는 직원들에게 선물을 주는 것이 더 많은 직원을 고용하는 것과 거의
같이 효과적이고 더 생산성을 높인다는 것을 알아냈다.

❏ When you bring a policy, a workplace rule, into force, you are _____ a standard
162 that will apply broadly across the organization, not just to a few individuals.

당신이 직장의 규칙 즉 정책을 발효시킬 때는 몇몇 개인에게만이 아닌 조직 전체에 넓게 적용되는
기준을 설립하는 것이다.

❏ Certain duties are not to be delegated to less senior staff members who do not
163 have enough _____.

어떤 임무는 충분한 경험이 없는 상급 직원이 아닌 직원들에게 위임되어서는 안 된다.

❏ The _____ where my friends work hands out generous bonuses to all its
164 employees at Christmas time.

내 친구들이 일하는 그 회사는 크리스마스에 전 직원들에게 풍족한 보너스를 지급한다.

❏ Before opening a _____, you should do a considerable amount of research and
165 evaluate which franchise business is right for you.

가맹업체를 개업하기 전에 충분한 조사를 해야 하고 어떤 가맹업종이 당신에게 맞는지를 평가해야 한다.

❏ The company has branches in most of major cities in Korea, but their _____
166 are located in Japan.

그 회사의 지점들은 한국의 대부분의 주 도시에 있지만 본사는 일본에 위치해 있다.

159. deserve	160. devised	161. efficient
162. establishing	163. experience	164. firm
165. franchise	166. headquarters	

☐ When employees work under an oppressive manager, they become ████████ to
167 speak up when a problem arises.

고용인들이 억압적인 관리자 아래에서 일한다면 그들은 문제가 발생할 때 소리 내어 말하기를 꺼리게 된다.

☐ He's already at the top of his pay scale at work, so he doesn't really have any
168 economic ████████ to work harder.

그는 이미 직장에서 급여 체계의 최상위에 있어서, 더 열심히 일할 어떤 경제적 혜택도 가지고 있지 않다.

☐ A hostile work atmosphere isn't just difficult for employees, it also ████████ the
169 company's image, impairs employee performance and eats away at the company's profits.

적대적인 직장 분위기는 직원들에게 어려울 뿐만 아니라 회사의 이미지에도 영향을 미치고 직원들 수행력을 저해하고 회사의 이익을 갉아먹는다.

☐ Enhancing employee loyalty is vital because ████████ employees create the value
170 required to put a business on the path to success.

충실한 직원은 사업을 성공의 길에 올려놓는데 필요한 가치를 만들어 내므로 직원들의 충실함을 높이는 것이 필수적이다.

☐ Health care and real estate dominate a list of the country's 15 most ████████
171 privately-held businesses.

의료와 부동산이 그 나라의 가장 수익이 높은 개인 소유 사업 15개의 목록을 장악했다.

☐ More than 260,000 tech workers across the nation may witness a ████████ pink
172 slip parade this year.

전국의 2십 6만 명 이상의 전문 기술직 근로자들이 올해에 대규모의 해고통지 행진을 목격할 수도 있다.

☐ The labor union and the administration have been engaged in ████████ in an
173 effort to avoid a strike.

노동조합과 관리직원들은 파업을 피하기 위한 노력으로 교섭에 들어갔다.

167. hesitant	168. incentive	169. influences
170. loyal	171. lucrative	172. massive
173. negotiations		

앞서 학습한 단어를 복습합니다. 빈칸에 해당하는 단어의 그림을 떠올려보세요.

□ I agree that she is ▨▨▨▨▨ the best person for the job; she has the most
174 experience and is the most competent.

그녀는 가장 경험이 풍부하고 능력이 있기 때문에 그 일에 분명히 최고라는 것에 동의합니다.

□ Putting a new approach or program into ▨▨▨▨▨, changing the way an
175 organization operates, or how services are delivered, is easier said than done.

새로운 접근법이나 프로그램을 실행하는 것, 조직체의 수행하는 방법 혹은 서비스가 어떻게 제공
되어야 하는지를 바꾸는 것은 말이 쉽지 사실은 어렵다.

□ Employee theft is a highly demotivating event in the workplace, so you must have
176 a policy in place that outlines ▨▨▨▨▨ to be followed.

직원에 의한 도난은 직장에서 매우 사기를 저하하는 일이므로 따라야 하는 절차를 서술하는 정책
을 마련해야 한다.

□ When you present your idea to your staff members, focus on ▨▨▨▨▨ because if you
177 distill an idea down to its essence, the idea can spread without being corrupted easily.

아이디어를 핵심만 남게 증류한다면 그 아이디어는 쉽게 방해받지 않고 퍼져 나갈 수 있기 때문에
당신의 생각을 동료 직원들에게 발표할 때는 단순성에 집중하라.

□ If you have a cash ▨▨▨▨▨ built up in your company and want to earn additional
178 income for the company, you can invest the spare cash in stocks or shares.

만일 회사에 쌓여있는 남는 현금이 있고 회사를 위한 추가적인 수입을 얻고 싶다면 그 여윳돈을 주
식에 투자할 수도 있다.

□ Legal statutes regulating the business practice in relation to ▨▨▨▨▨ try to
179 discourage instances where ▨▨▨▨▨ may create monopolies.

인수와 관련된 사업 운영을 규제하는 법률은 인수가 독점을 만들어 낼 수 있는 경우를 막으려 한다.

□ The new plant manager quickly ▨▨▨▨▨ a plan to reduce workforce wages by six
180 percent, but the major flaw with this plan was that it applied to the hourly work force
only.

새 공장 경영자는 재빨리 직원들의 임금을 6% 삭감하는 계획을 발표했는데 이 계획의 가장 큰 단
점은 그것이 시간제 근로자들에게만 적용된다는 것이었다.

174. obviously	175. practice	176. procedures
177. simplicity	178. surplus	179. takeovers
180. unveiled		

퀵 토익 보카 VOCA⁺³⁰

☐ abide by   ~을 준수하다

☐ appendix [əpéndiks]   명 별지, 부록, 맹장

☐ bicker [bíkər]   동 (사소한 일로) 다투다, 말다툼하다

☐ diversify [divə́ːrsəfài]   동 다양화하다, 변화시키다
형 diversified 다양한

☐ consult [kənsʌ́lt]   동 상담하다, 상의하다

☐ correlation [kɔ̀ːrəléiʃən]   명 상호관계

☐ joint [dʒɔint]   형 공동의, 합동의

☐ mandate [mǽndeit]   명 (정부나 조직에 부여되는) 권한, 통치기간, (과제 수행) 지시

☐ merry [méri]   형 즐거운, 유쾌한

☐ partnership [páːrtnərʃip]   명 제휴, 협력

☐ partial [páːrʃəl]   형 부분적인, 불공평한
부 partially 부분으로, 불공평하게

☐ pertinent [pə́ːrtənənt]   형 적절한, 타당한, 올바른

☐ premier [primjíərpríːmiər]   형 최고의

☐ profitable [práfitəbl]   형 이익이 되는, 유익한 명 profit 이득, 이익

☐ promising [prámisiŋ]   형 전도유망한, 장래성이 보이는
동 promise 약속하다, ~의 가망이 있다

☐ retail [rí:teil]　　　　　　　　　　명 소매, 소매상 형 소매의 동 소매하다

☐ run [rʌn]　　　　　　　　　　　　동 경영하다

☐ start-up [sta:rtʌp]　　　　　　　명 신규업체

☐ status [stéitəs]　　　　　　　　 명 상태, 신분, 지위 cf) status quo 현 상태

☐ strategy [strǽtədʒi]　　　　　　명 전략, 전술 형 strategic 전략적인

☐ successive [səksésiv]　　　　　 형 연속적인, 잇따른
　　　　　　　　　　　　　　　　동 succeed ~의 뒤를 잇다, 승계하다

☐ subject to　　　　　　　　　　 ~을 필요로 하는, ~의 지배를 받는

☐ subcontract [sʌbkántrækt]　　 동 하청을 주다 명 하청계약 subcontractor
　　　　　　　　　　　　　　　　명 하청 업자

☐ supervisor [sú:pərvàizər]　　　명 감독자, 통제자 동 supervise 감독하다

☐ tedious [tí:diəs]　　　　　　　　형 지루한

☐ term [tə:rm]　　　　　　　　　　명 용어, 기한, 조건

☐ tentative [téntətiv]　　　　　　 형 잠정적인, 자신이 없는

☐ time-consuming [taimkənsjú:miŋ]　형 시간이 소모되는

☐ turnover [tə:rnóuvər]　　　　　 명 이직률, 전복, 총 매상고, (자금 등의) 회전율

☐ undergo [ʌndərgou]　　　　　　동 겪다, 경험하다, ~을 받다

Day

07

MP3

직장생활 1
Work-life

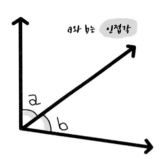

θ와 b는 **인접각**

181 adjacent
★★☆
[ədʒéisnt]

형 인접한, 근처의,
가까운 (to)

182 anxious
★★★
[æŋkʃəs]

형 불안한, 염려하는
* anxiety 명 불안, 염려

Umm...

첫눈이다!

헉! 발모제!

183 apply
★★★
[əplái]

동 신청하다, 적용하다,
응용하다, 바르다
* application
  명 신청서, 응용프로그램, 바르기
* appliant 명 지원자, 신청자
* appliance 명 (가정용) 기기

184 apprehension
★★☆

[æprihénʃən]

명 걱정, 염려

* apprehend 통 염려하다
* apprehensive
형 염려하는, 걱정하는

185 assign
★★☆

[əsáin]

동 배정하다, 할당하다

* assignment 명 과제, 할당된 일

186 commensurate
★☆☆

[kəménsərət]

형 비례하는, 상응하는 (with)

나 여기 있소~

187 compatible
★☆☆
[kəmpǽtəbl]

형 호환되는

188 compensate
★★★
[kámpənsèit]

동 보상하다
* compensation 명 보상

189 convenient
★★★
[kənvíːnjənt]

형 편리한
* convenience 명 편리함

190 cooperate
★★☆

[kouápərèit]

동 협력하다, 힘을 보태다

* cooperation 명 협력, 협동
* cooperative 형 협력하는

191 duplicate
★☆☆

[djú:plikət]

동 복사하다, 사본을 만들다
명 복사물, 사본
형 복제의

192 employ
★★★

[implɔ́i]

동 고용하다

* employer 명 고용주
* employee 명 고용인
* employment 명 고용

193 extension
★★★
[iksténʃən]

몡 내선, 연장, 연기
* extend 동 연장하다

194 flexible
★★☆
[fléksəbl]

혱 탄력 있는, 유연한,
융통성 있는
* flexibility 몡 유연성, 융통성

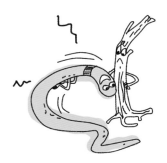

195 ignore
★★★
[ignɔ́ːr]

동 무시하다
* ignorance 몡 무시, 무지
* ignorant 혱 무지한, 무식한

196 **interfere**
★★☆

[ìntərfíər]

동 방해하다, 개입하다

* interference 명 방해
* interfere with ~을 방해하다

197 **motivation**
★★★

[mòutəvéiʃən]

명 동기, 자극

* motivate
　동 동기를 주다, 자극을 주다
* a lack of motivation 동기부족

198 **multiple**
★☆☆

[mʌltəpl]

형 많은, 다수의

* multiply 동 증가시키다, 배가하다

199 narrow
★☆☆

[nǽrou]

형 좁은, 협소한

* narrow minded 속이 좁은

200 negligent
★★☆

[néɡlidʒənt]

형 근무태만한, 부주의한,
방치하는

* negligence 형 근무 태만, 부주의

반대차선이라구~

201 novice
★★☆

[návis]

명 초보, 신참

202 occupy
★★☆

[ákjupài]

동 점령하다, 차지하다

* occupation 명 직업, 점유
* occupant 명 거주자, 점령자
* occupational 형 직업상의

203 preliminary
★★☆

[prilímənèri]

형 예비의
명 예선전, 예비 행위

204 proficient
★★☆

[prəfíʃənt]

형 능숙한, 숙달된

* proficiency 명 능숙, 숙달

205 qualified
★★★

[kwáləfàid]

형 자격을 갖춘, 적임의

* qualification 명 자격, 자질

206 remind
★★★

[rimáind]

동 상기시키다, 일깨우다

* reminder 명 상기시키는 것

207 specific
★★☆

[spisífik]

동 구체화하다, 명시하다
형 특정한, 구체적인

* specification 명 구체화
* specified
　형 명시된, 구체적인, 분명한

208 submit

★★★

[səbmít]

동 제출하다, 항복하다

* submission 명 제출, 항복
* submissive
  형 순종적인, 고분고분한

209 temporary

★★☆

[témpərèri]

형 임시의, 일시적인
명 임시직

* temporarily
  부 임시로, 일시적으로
* temp 명 임시직 직원

210 valid

★★★

[vǽlid]

형 정당한, 타당한

* validity 명 정당성, 타당성

☐ The work space ▨▨▨▨▨ to the CEO's office was cluttered with papers, boxes,
181 and equipment.

최고경영자의 사무실에 근접해 있는 사무공간은 종이, 상자, 그리고 장비들로 어수선했다.

☐ Starting a new job can be scary and daunting; most people feel ▨▨▨▨▨ on their
182 first day in a new job.

새로운 일을 시작하는 것은 겁나고 주눅 들게 하는 것일 수 있고 대부분의 사람이 새 직장에서의
첫날 불안해 한다.

☐ The most common mistake that job seekers make is mass ▨▨▨▨▨ to a myriad
183 of jobs using one generic resume.

구직자들의 가장 흔한 실수는 하나의 포괄적인 이력서를 사용해서 수많은 직업에 대량 신청을 하
는 것이다.

☐ Most employees respond to internal changes in their work environment with ▨▨▨▨▨
184 and resistance because they feel changes at work are among the top life stressors.

대부분의 직원이 일에 있어서 변화는 최고의 스트레스 원인이라고 느끼기 때문에 직장 환경의 내
부 변화에 걱정과 반항으로 반응을 보인다.

☐ ▨▨▨▨▨ group members roles can help alleviate uncertainty about expected
185 responsibilities and make working in groups more enjoyable and effective.

그룹 구성원들에게 일을 배정하는 것은 예상된 책임감에 대한 불확실성을 덜어주고 그룹으로 일하
는 것이 더욱 즐겁고 효과적이게 만들 수 있다.

☐ In my opinion, our salary should be ▨▨▨▨▨ with the number of years we have worked.
186 내 의견은 우리 봉급은 우리가 일한 햇수에 비례해야 한다는 것이야.

☐ Some older programs might run poorly because they are not ▨▨▨▨▨ with this
187 software. Try to fix the compatibility problem first.

몇몇 오래된 프로그램은 이 소프트웨어하고 호환이 되지 않아서 작동이 잘 안 될 수 있다. 먼저 호
환 문제를 해결하려고 노력해 봐.

☐ Any one who works more than eight hours in any workday and over 40 hours in the
188 workweek should be ▨▨▨▨▨ for all hours worked overtime.

평일에 8시간, 일주일에 40시간 이상 일한 사람은 누구나 초과하여 근무한 모든 시간에 대해 보상
을 받아야 한다.

181.	adjacent	182.	anxious	183.	applying
184.	apprehension	185.	Assigning	186.	commensurate
187.	compatible	188.	compensated		

❏ 189 I would like to schedule a meeting sometime this week to discuss the social media marketing campaign. Would this Thursday at 2pm be ▨▨▨▨▨ for you?

소셜 미디어 캠페인에 대해 논의하기 위해 이번 주 언제쯤 회의 일정을 잡고 싶습니다. 목요일 오후 2시가 당신에게 편리할까요?

❏ 190 If we all ▨▨▨▨▨, I'm sure we'll be able to implement this project successfully.

우리가 모두 협력한다면 이 사업을 성공적으로 실행할 수 있을 것이라 확신합니다.

❏ 191 Occasionally the files you select may accidentally ▨▨▨▨▨ in the folder.

가끔 네가 선택한 파일들이 실수로 폴더 안에 복사본을 만들 수도 있어.

❏ 192 Every year, through the Temporary Foreign Worker Program, Canadian companies ▨▨▨▨▨ thousands of foreign workers to fill immediate skills and labour shortages.

해마다 임시 외국 인력 프로그램을 통해 캐나다 회사들은 시급한 기술과 노동력 부족을 채우기 위해 수 천 명의 외국 근로자들을 채용합니다.

❏ 193 If you know the ▨▨▨▨▨ of the person you wish to reach, please enter it now. For sales, please press 1, for service, press 2, for our company directory, press #.

통화하고 싶으신 분의 내선 번호를 알고 계시면 지금 눌러주십시오. 판매부는 1번을, 서비스 부서는 2번을, 우리 회사 부서목록은 #을 눌러주세요.

❏ 194 One of the most common job interview questions is "What days/hours are you available to work?" Employers want to know how ▨▨▨▨▨ you are.

가장 흔한 직업 면접의 질문 중 하나는 "일을 하기에 무슨 요일/시간이 가능하세요?"이다. 고용주는 당신이 얼마나 시간에 있어 융통성이 있는지 알고 싶어 한다.

❏ 195 ▨▨▨▨▨ the fact that you are being nagged by your boss. You are the best at what you are doing and there is no one who can stop you from doing it.

사장에게 잔소리를 들은 사실은 무시해라. 지금 하고 있는 일에 있어서 당신이 최고이고 아무도 그 일을 못하게 막을 수 있는 사람은 없다.

❏ 196 The constant noise coming from the traffic outside was one of the distractions that ▨▨▨▨▨ with their work.

외부의 차량들로부터 오는 끊임없는 소음이 그들의 일을 방해하는 집중력을 방해하는 것의 일부였다.

189. convenient	190. cooperate	191. duplicate
192. employ	193. extension	194. flexible
195. Ignore	196. interfered	

☐ A drop in staff ▮▮▮▮▮▮ can become contagious if the cause is not identified and
197 addressed by management.

직원들 사기의 저하는 경영진들에 의해 그 원인이 밝혀지고 처리되지 않으면 전염될 수가 있다.

☐ Promotions to the top levels in a corporation require ▮▮▮▮▮▮ steps you should take.
198 회사에서 최고 레벨로의 승진은 여러분이 거쳐야 하는 많은 단계를 요구한다.

☐ A ▮▮▮▮▮▮ minded boss limits the creative thinking process and self expression of
199 his or her employees.

속이 좁은 상사는 직원들의 창의적 사고 과정과 자기표현을 제한한다.

☐ Consultation with specialists is the first step to prevent employee crime and protect
200 the company from punishment or lawsuits for ▮▮▮▮▮▮ hiring.

전문가와의 컨설팅이 고용인 범죄를 예방하고 부주의한 직원 채용으로 인한 처벌 혹은 소송으로부
터 회사를 보호하는 첫 번째 단계이다.

☐ Self-advocacy is not only helpful to the training of ▮▮▮▮▮▮ in the workplace but it
201 also has direct benefits for experienced workers as well.

자기주장은 직장에서 새내기들의 훈련에 도움이 될 뿐 아니라 경험 많은 근로자들에게도 직접적인
이점을 가질 수 있다.

☐ Since the meeting room is ▮▮▮▮▮▮ at the moment, we will try to find another
202 space which is available.

회의실이 지금 사용 중이기 때문에 저희가 다른 이용 가능한 공간을 찾아보려 노력하겠습니다.

☐ An expert panel reviewing the company's financial status released a ▮▮▮▮▮▮
203 report outlining initial conclusions and tentative recommendations.

회사의 재정적 상태를 점검하던 전문가 패널이 최초 결론과 잠정적인 권고사항의 윤곽을 나타내는
예비보고서를 발표했다.

197. motivation	198. multiple	199. narrow
200. negligent	201. novices	202. occupied
203. preliminary		

☐ The receptionist is [____] with computers and other technology. When the copy
204 machine has issues, the staff ask her to fix it instead of calling a repairman.

접수원은 컴퓨터와 다른 기계 장비에 능숙하다. 복사기가 문제가 있을 때는 직원들이 수리 기사를
부르는 대신 그녀에게 그것을 고치도록 부탁한다.

☐ Considering that she got promoted to the position even when she was not
205 [____] at all, she must have some sort of a good connection.

그 자리에 전혀 자격이 미달인데도 승진이 된 것을 고려해 볼 때, 그녀는 무슨 훌륭한 연줄이 있는
것임이 분명해.

☐ No one can keep all their appointments in mind, so [____] employees of
206 monthly meetings with text messages.

모든 약속을 기억할 수 있는 사람은 없으니, 직원들에게 문자로 매월 있는 회의를 상기시켜 주세요.

☐ Our company spends a lot of time and money training staff, not in job [____]
207 areas but basic skills and attitudes that enable them to become ambassadors for
the organization.

우리 회사는 직업에 특정한 분야에서가 아니라 조직의 홍보대사가 될 수 있도록 직원들에게 기본
기술과 태도를 훈련하는데 많은 돈과 시간을 들이고 있습니다.

☐ Remember that [____] a team proposal without all the required information is
208 not worth the trouble.

모든 요구되는 정보가 없는 팀 제안서를 제출하는 것은 헛수고하는 것이라는 걸 기억해라.

☐ We may need to hire [____] employees to manage a flood of orders.
209 밀려드는 주문을 처리하기 위해서 임시직원들을 고용해야 할 필요가 있을 수도 있다.

☐ When employers dismiss their employees, they must provide a [____] reason
210 that they can justify.

고용주가 고용인을 해고할 때, 그들이 정당화할 수 있는 타당한 이유를 제공해야 한다.

---

204. proficient   205. qualified   206. remind
207. specific   208. submitting   209. temporary
210. valid

퀵 토익 보카 VOCA⁺³⁰

❏ **address** [ədrés]   통 문제 제기하다, 다루다 명 주소, 연설

❏ **astute** [əstjúːt]   형 민첩한, 약삭빠른

❏ **beforehand** [bifɔ́ːrhænd]   부 미리

❏ **boardroom** [bɔ́ːrdrùːm]   명 회의실

❏ **client** [kláiənt]   명 고객, 의뢰인

❏ **creative** [kriéitiv]   형 창의적인 명 creation 창조, 창의

❏ **degrade** [digréid]   통 비하하다, 모멸하다
                       명 degradation 비하, 수모

❏ **department** [dipáːrtmənt]   명 (회사, 조직의) 부서

❏ **director** [diréktər]   명 관리자, 이사

❏ **early retirement**   조기 퇴직

❏ **fix** [fiks]   통 고정시키다, 결정하다, 고치다, 수리하다

❏ **inexperienced** [ìnikspíəriənst]   형 경험이 없는

❏ **internal** [intə́ːrnl]   형 내부의, 국내의

❏ **neglect** [niglékt]   통 무시하다, 소홀히 하다

❏ **newcomer** [nuːkʌ́mər]   명 신입사원

☐ night duty · 야간 근무

☐ office supplies · 사무 용품

☐ oval [óuvəl] · 형 타원형의

☐ overtime [óuvərtaim] · 명 초과근무

☐ on hand · 도움을 얻을 수 있는

☐ on track · 제대로 진행되고 있는, 본 궤도에 오른

☐ pay [pei] · 명 급료, 보수 동 보수를 지급하다

☐ pension [pénʃən] · 명 연금

☐ personnel [pə̀:rsənél] · 명 직원, 임원

☐ resign [rizáin] · 동 사임하다, 사직하다 명 resignation 사직서

☐ responsible [rispánsəbl] · 형 책임 있는

☐ secretary [sékrətèri] · 명 비서

☐ shift [ʃift] · 명 교대 근무, 교체, 변화 동 방향을 바꾸다

☐ succinct [səksíŋkt] · 형 간결한, 간단명료한

☐ workplace [wə:rkpleis] · 명 직장, 일터

Day

08

직장생활 2
Work-life

211 **accounting**
[əkáuntiŋ]

★☆☆

명 회계

* accountant 명 회계사

212 **accurate**
[ǽkjurət]

★★☆

형 정확한 (반 inaccurate)

* accuracy 명 정확성
* accurately 부 정확하게

213 **appoint**
[əpɔ́int]

★★☆

동 지명하다, 임명하다

* appointment 명 임명, 지명, 약속
* make an appointment
  약속을 정하다

214 **apprentice**
★☆☆

[əpréntis]

명 견습생, 수습생

* apprenticeship 명 수습

215 **assume**
★★★

[əsúːm]

통 (일을) 떠맡다, 추정하다

216 **attend**
★★★

[əténd]

통 참석하다, ~에 다니다,
주의를 기울이다

* attention 명 주의, 집중
* pay attention to
  ~에 주의를 기울이다

217 burden
★★☆
[bə́:rdn]

명 짐, 부담
동 부담을 주다

* burdensome
  형 짐이 되는, 부담이 되는

218 collaborate
★★☆
[kəlǽbərèit]

동 협력하다, 협동하다

* collaboration 명 협력

219 contain
★★★
[kəntéin]

동 포함하다, 함유하다

* container 명 그릇

220

crucial

[krúːʃəl]

형 중대한, 결정적인

221

demanding

[dimǽndiŋ]

형 요구가 많은

* demand 동 요구하다

222

demonstrate

[démənstrèit]

동 시연하다, 시범을 보이다

* demonstration 명 시연

223 inform

★★★

[infɔ́:rm]

동 알리다, 정보를 주다

* informed 형 정보에 근거한
* information 명 정보

224 interpersonal

★☆☆

[intə́:rpə́rsənl]

형 사람간의, 대인관계의

225 labor

★★★

[léibər]

명 노동

* laborious 형 힘든, 노동의
* labor union 노동조합

226 lethargic
★★☆

[ləθáːrdʒik]

형 무기력한

227 notice
★★★

[nóutis]

명 공지, 알림
동 알아채다, 주목하다

228 opportunity
★★★

[àpərtjúːnəti]

명 기회, 호기

<u>229</u>
★★★

optional

[ápʃənl]

형 선택적인, 선택사항의
(반 obligatory)

* option 명 선택

<u>230</u>
★★☆

present

[préznt]

동 제공하다, 제출하다
형 현재의
명 선물

* presentation 명 발표

신랑 후보

<u>231</u>
★★☆

prospective

[prəspéktiv]

형 예상된, 잠재적인

* prospect 명 전망, 예상

232

recognize
★★★

[rékəgnàiz]

통 깨닫다, 인식하다,
알아보다

* recognition 명 인식, 인정
* recognizable 형 인식할 수 있는

233

retire
★★☆

[ritáiər]

통 퇴직하다, 은퇴하다

* retirement 명 은퇴, 퇴직
* retiree 명 은퇴자

234

subordinate
★★☆

[səbɔ́:rdənət]

형 종속된, 부수적인
명 부하직원

* subordination 명 복종

235 substitute
★★★

[sʌ́bstətjùːt]

통 대신하다, 대체하다

명 대체인, 대용품

* substitution 명 대체, 대용

236 terminate
★☆☆

[tə́ːrmənèit]

통 끝내다, 종결하다, 퇴사하다

* termination 명 종결

237 unwilling
★★☆

[ʌnwíliŋ]

형 마음이 내키지 않는

* unwillingly 부 마지못해

238 vacancy
★★☆

[véikənsi]

명 공석, 결원

* vacant 형 빈, 공허한

239 verbally
★★☆

[və́:rbəli]

부 말로, 언어적으로

* verbal
형 구두의, 말로 하는 (↔ nonverbal)

240 wage
★☆☆

[weidʒ]

명 임금

❑ Small business owners must set up an ▨▨▨▨▨ system before they open their
211 doors to manage and record financial data.

소기업 소유주들은 경영의 문을 열고 재정 자료를 기록하기 전에 회계 시스템을 세워야 한다.

❑ It's obvious that maintaining ▨▨▨▨▨ stock balances is critical to achieving
212 effective inventory management.

정확한 재고 잔액을 유지하는 것은 효과적인 물품 목록 관리를 얻는데 필수적이다.

❑ David Jenkins has been ▨▨▨▨▨ vice-president and controller for Southern
213 Telecom Systems Corp.

데이빗 젠킨스는 서던 텔레콤 시스템 회사의 부사장 겸 관리자로 임명되었다.

❑ I'm interested in becoming an ▨▨▨▨▨ in the sales department of your company.
214

저는 당신 회사의 영업부서의 수습생이 되는 데 관심이 있습니다.

❑ Brent will ▨▨▨▨▨ the role of chief executive officer as the result of the sudden
215 departure of the company's previous CEO.

브렌트는 회사의 이전 CEO가 갑작스럽게 떠난 결과로 최고 경영자의 역할을 맡을 것이다.

❑ We hold regularly scheduled meetings on Mondays and everybody is supposed to
216 ▨▨▨▨▨ them.

우리는 월요일마다 정기적으로 일정이 정해진 회의를 하고 있으며 모두가 참석해야 합니다.

❑ Since I don't want to ▨▨▨▨▨ anyone with my work, I will try to complete this task
217 by myself.

내 일로 다른 누구에게도 부담을 주기 싫기 때문에 나 혼자 이 일을 완성하려고 노력할 것이다.

❑ Two heads are better than one. ▨▨▨▨▨ on projects creates higher quality work
218 compared to projects completed individually.

백지장도 맞들면 낫다. 협력하여 사업을 하는 것이 개인적으로 사업을 끝내는 것에 비교해 볼 때
더 높은 질의 일을 해낸다.

211. accounting	212. accurate	213. appointed
214. apprentice	215. assume	216. attend
217. burden	218. Collaborating	

☐ Make sure the documents that ▨▨▨▨ confidential information such as customer
219 lists and sales statistics are shredded.

고객 리스트와 판매 통계와 같은 기밀 정보를 가지고 있는 문서들은 확실하게 파쇄되어야 한다.

☐ Knowing how to use computers is a very basic and ▨▨▨▨ skill in today's
220 professional job market.

컴퓨터 사용법을 아는 것이 오늘날 전문직 인력시장에서 가장 기본적이고도 중요한 기술이다.

☐ My job is quite boring, but it's a steady paycheck and it's not ▨▨▨▨ at all.
221
제 직업은 꽤 지루하지만, 꾸준히 봉급이 나오고 전혀 요구사항이 많지 않아요.

☐ Every staff member had the opportunity to observe the instructor ▨▨▨▨ CPR
222 techniques.

모든 직원이 강사가 심폐소생술을 시연하는 동안 지켜볼 기회를 가졌다.

☐ Managers have to ▨▨▨▨ employees as soon as possible if any lay-offs are
223 going to be part of their down-sizing plans.

경영자들은 일시 해고가 인원 감축 계획의 일부라면 가능한 한 빨리 고용인들에게 알려야 한다.

☐ Employers tend to hire people with strong ▨▨▨▨ skills because they will work well
224 in a team and be able to communicate effectively with colleagues and customers.

고용주들은 팀에서 일을 잘하고 동료와 고객들과 효과적으로 의사소통을 할 수 있는 강한 대인관
계 기술을 가진 사람들을 고용하는 경향이 있다.

☐ Immigrants come here mainly to fill manual ▨▨▨▨ positions in factories or on
225 farms and they are often vulnerable to exploitation due to their lack of language
skills.

이민자들은 공장이나 농장에 육체노동직을 채우기 위해 주로 여기에 오고 언어 기술이 부족해서
가끔 착취를 당하기 쉽습니다.

☐ Employees lacking motivation may appear ▨▨▨▨ or frustrated and they can
226 affect not only their team's output, but also their colleagues' attitudes towards work.

동기가 부족한 직원들은 무기력하고 짜증 난 것처럼 보일 수 있고 그들은 팀의 결과뿐만 아니라 동
료들의 일에 대한 태도에도 영향을 미칠 수 있다.

219. contain	220. crucial	221. demanding
222. demonstrating	223. inform	224. interpersonal
225. labor	226. lethargic	

☐
227 There is a ▨▨▨▨ on the bulletin board saying that today's management meeting has been canceled.

오늘 경영진 회의가 취소되었다는 공지가 게시판에 붙어 있다.

☐
228 Volunteering gives you the ▨▨▨▨ to practice and develop your social skills, since you are meeting regularly with a group of people with common interests.

자원봉사활동은 공통된 관심을 가진 그룹의 사람들과 정기적으로 만나기 때문에 당신의 사교 기술을 연습하고 발달시키는 기회를 제공해 준다.

☐
229 They can't force us to work overtime because the contract states that it is ▨▨▨▨.

계약서에 초과근무는 선택사항이라고 되어 있으므로 그들이 우리에게 억지로 초과근무를 하게 시킬 수는 없다.

☐
230 Whether you're selling a product, or looking for investors for your small business, you'll have to ▨▨▨▨ your ideas to a group of people at some point in your career.

상품을 팔든지 아니면 당신의 작은 사업에 투자자를 찾든지 일을 하면서 어떤 순간에는 사람들에게 여러분의 아이디어를 제공해야 할 것이다.

☐
231 First of all, put a portfolio of your work on the web for ▨▨▨▨ employers to look at when you apply for a job.

우선 구직 신청을 할 때 앞으로의 고용주들이 보도록 여러분들의 일에 대한 포트폴리오를 웹사이트에 올려라.

☐
232 TOEIC is ▨▨▨▨ as the world's most popular Business English test. It's used by organizations to help determine whether an employee is suitable for a particular position.

TOEIC은 세계에서 가장 인기 있는 비즈니스 영어 시험으로 인식되고 있다. 이 시험은 조직들이 특정한 지위에 고용인이 적합한지 아닌지를 결정하는 데 도움을 주는 데 사용되고 있다.

☐
233 My parents are planning to move to Florida after they ▨▨▨▨ because the weather there is so nice.

우리 부모님은 플로리다의 날씨가 너무 좋아서 은퇴 후에 거기로 이사 갈 계획을 세우고 계신다.

227. notice	228. opportunity	229. optional
230. present	231. prospective	232. recognized
233. retire		

☐ Corporate profits must sometimes be ▇▇▇▇ to employee satisfaction in order
234 to create a positive working environment.

긍정적인 작업 환경을 조성하기 위해서 기업의 이익은 때로는 직원들 만족보다 부수적인 것이 되어야 한다.

☐ The substitution effect states that consumers will seek a ▇▇▇▇ for a product if
235 that particular good becomes too expensive.

대체 효과란 소비자들이 특정한 상품이 너무 비싸지면 한 상품에 대한 대용품을 찾으리라는 것을 말한다.

☐ In most cases, both employees and employers have the responsibility of providing
236 notice of intention prior to ▇▇▇▇ an employment contract.

대부분의 경우 고용인과 고용주들은 고용 계약을 종결하기 전에 그 의도에 대한 고지 제공의 책임을 진다.

☐ Having an employee or colleague in your small business who is uncooperative or
237 ▇▇▇▇ to commit to teamwork can be a frustration.

작은 사업체에서 비협조적이거나 마지못해 팀 일에 참여하는 고용인이나 동료를 둔다는 것은 짜증나는 일일 수 있다.

☐ There's a list of job ▇▇▇▇ on our website. Check it out if you enjoy challenging
238 work and have what it takes to be part of our team.

저희 웹 사이트에 구인 리스트가 있어요. 당신이 도전적인 일을 즐기는지 그리고 우리 팀의 일원이 되는데 필요한 것을 가졌는지 확인해 보세요.

☐ I know the boss is ▇▇▇▇ abusive. I hear her fowl language and constant
239 yelling, too, but we can't quit our jobs. We just have to deal with it.

상사가 언어적인 폭력을 한다는 것 안다. 그녀가 욕을 하고 항상 소리를 지르는 것을 듣지만, 우리가 직장을 그만둘 수는 없어. 그저 감당할 수밖에 없지.

☐ Unions and labor activists are cheering the minimum ▇▇▇▇ hike, but some
240 small business groups are expressing concern.

노동조합과 활동가들은 최저 임금 상승에 대해 환영하고 있지만 몇몇 중소사업그룹들은 우려를 표현하고 있다.

---

234. subordinated	235. substitute	236. terminating
237. unwilling	238. vacancies	239. verbally
240. wage		

퀵 토익 보카 VOCA⁺³⁰

- ☐ agenda [ədʒéndə]
  명 회의, 안건, 의제, 비망록
  meeting agenda 회의 안건

- ☐ agreement [əgríːmənt]
  명 합의

- ☐ appreciate [əpríːʃièit]
  동 헤아리다, 감사하다
  명 appreciation 감사, 헤아림

- ☐ arrange [əréindʒ]
  동 배치하다   명 arrangement 배치

- ☐ assurance [əʃúərəns]
  명 보증

- ☐ audit [ɔ́ːdit]
  명 회계 감사, 심사   동 감사하다

- ☐ authorize [ɔ́ːθəràiz]
  동 권한을 부여하다
  명 authorization 권한 부여

- ☐ bulletin [búlitən]
  명 게시, 회보

- ☐ clarity [klǽrəti]
  명 투명함, 명백함

- ☐ code [koud]
  동 방침

- ☐ committee [kəmíti]
  명 위원회

- ☐ competent [kámpətənt]
  형 능력있는, 유능한
  부 competently 유능하게

- ☐ comprise [kəmpráiz]
  동 구성하다, 포함하다

- ☐ conduct [kándʌkt]
  동 이끌다, 안내하다   명 행동

- ☐ constant [kánstənt]
  형 지속적인, 끊임없는
  부 constantly 끊임없이

☐ **dedication** [dèdikéiʃən] 명 헌신, 전념, 바침

☐ **dismissal** [dismísəl] 명 면직, 해고 동 dismiss 해고하다

☐ **division** [divíʒən] 명 부서, 부문
동 divide 나누다, 분류하다, 분할하다

☐ **effortless** [éfərtlis] 형 노력이 필요 없는, 손 쉬운

☐ **enthusiasm** [inθúːziæzm] 명 열광, 감격

☐ **equality** [ikwáləti] 명 평등, 대등함 형 equal 동등한

☐ **exceptional** [iksépʃənl] 형 예외적인, 뛰어난

☐ **exemplary** [igzémpləri] 형 모범적인, 전형적인

☐ **increment** [ínkrəmənt] 명 증가, 인상 형 incremental 증가하는

☐ **in charge of** ~책임을 맡다

☐ **observant** [əbzə́ːrvənt] 형 엄수하는, 관찰력이 뛰어난, 주의 깊은

☐ **pertain** [pərtéin] 동 속하다, 관계하다 명 ertinence 적절함
형 pertinent ~에 적절한

☐ **precondition** [prikəndíʃən] 명 전제조건, 선결조건

☐ **rebuke** [ribjúːk] 동 꾸짖다, 야단치다, 비난하다
명 비난, 꾸짖음

☐ **repetitious** [rèpətíʃəs] 형 반복적인, 지루한 동 repeat 반복하다
명 repetition 반복

Day

09

MP3

정치

Politics

241 aggravate
★★★
[ǽgrəvèit]

동 악화시키다

* aggravation 명 악화시킴

242 alliance
★★☆
[əláiəns]

명 동맹

243 alter
★★☆
[ɔ́:ltər]

동 바꾸다, 고치다

* alteration 명 변경, 개조

244 arbitration
★★★
[à:rbətréiʃən]

명 중재, 조정
* arbitrate 통 중재하다, 조정하다
* arbitrator 명 중재자

245 blame
★★☆
[bleim]

동 비난하다
명 비난

246 candidate
★★☆
[kǽndidèit]

명 후보자, 지원자
* presidential candidate
대통령 후보

247 convince
★★★

[kənvíns]

동 설득하다, 납득시키다
* convincing 형 설득력 있는
* convinced 형 확신을 가진
* conviction 명 확신, 유죄판결

248 defy
★★☆

[difái]

동 반항하다, 저항하다
* defiance 명 반항, 무시, 저항
* defiant 형 무시하는, 저항하는

249 denounce
★★☆

[dináuns]

동 비난하다, 탄핵하다

250 deterrent
★★☆

[ditə́:rənt]

명 제지시키는 것

* deter 통 제지하다, 멈추게 하다

251 elect
★★★

[ilékt]

통 선출하다, 선거하다

* election 명 선거

252 eradicate
★★☆

[irǽdəkèit]

통 근절하다, 뿌리 뽑다

* eradication 명 근절

253 exploitation
★★★

[èksplɔitéiʃən]

명 착취, 개발, 부당한 이용

* exploit 통 착취하다, 개발하다

254 fortify
★★☆

[fɔ́:rtəfài]

통 강화하다, 요새화하다

* fortification 명 강화, 방어 시설

255 hostile
★★☆

[hástl]

형 적대적인

* hostility 명 적대감

256 impeachment
★☆☆
[impíːtʃmənt]

명 탄핵

* impeach
  통 탄핵하다, 의문을 제기하다

257 invoke
★★☆
[invóuk]

동 (법을) 발동시키다, 선포하다,
(혼을) 불러내다,
(법, 규칙, 이론, 인물 등을)
들먹이다

Che Guevara = revolution

258 official
★☆☆
[[əfíʃəl]]

형 공식적인
명 공무원, 직원

* officially 부 공식적으로

259 persistence
★★★
[pərsístəns]

명 지속성, 집요함

* persist 통 고집하다
* persistence 형 고집하는

260 persuade
★★★
[pərswéid]

통 설득하다

* persuasive 형 설득력 있는
* persuasion 명 설득

261 provoke
★★☆
[prəvóuk]

통 화나게 하다, 유발하다

262 ratify
★★☆

[rǽtəfài]

통 비준하다, 승인하다

* ratification 명 비준, 승인

263 reliable
★★★

[riláiəbl]

형 믿을만한, 신뢰할 수 있는

* rely 통 믿다, 신뢰하다, 의지하다
* reliability 명 신뢰성

264 reputation
★★☆

[rèpjutéiʃən]

명 명성, 평판

* repute 통 ~라고 평하다
* reputable 형 평판이 좋은

265 resistance
★☆☆

[rizístəns]

명 반대, 발발, 저항세력

* resist 통 저항하다, 반대하다
* resistant 형 반대하는, 저항하는

266 retaliation
★★☆

[ritæliéiʃən]

명 보복, 앙갚음

* retaliate 통 보복하다

워낙 엄격한
집안에서 자라

나자!

267 rigid
★★☆

[rídʒid]

형 완고한, 엄격한

* rigidity 명 강도
* rigidly 부 완고하게, 엄격하게

268 strengthen
★☆☆

[stréŋkθən]

통 강화하다 (반 weaken)

* strength 명 힘, 장점

269 subtle
★☆☆

[sʌtl]

형 절묘한, 미묘한

* subtlety 명 절묘함, 미묘함
* subtlely 부 절묘하게

270 unanimous
★★☆

[juːnǽnəməs]

형 만장일치의,
전원 동의하는

* unanimously 부 만장일치로

☐ The dispute surrounding the treatment of comfort women during and after World
241 War II has ▮▮▮▮▮ the relationship between the two countries.

제2차 세계 대전 중 혹은 그 이후의 위안부 처리를 둘러싼 분쟁이 두 나라 사이의 상황을 악화시켰다.

☐ U.S.-Israeli security cooperation dates back to the height of the Cold War. Although the
242 world has changed since then, the strategic logic for the U.S.-Israeli ▮▮▮▮▮ has not.

미국과 이스라엘 안보 협력은 냉전의 절정기로 거슬러 올라간다. 그 이후 세계는 변화했지만, 미
국-이스라엘 동맹의 전략적 논리는 그렇지 않다.

☐ Politicians frequently ▮▮▮▮▮ their policies by the force of public opinion and pressure.
243 자주 정치가들은 대중의 의견과 압력의 힘으로 그들의 정책을 바꾼다.

☐ ▮▮▮▮▮ is an effective means of producing long-lasting settlements on contentious
244 issues, but states are reluctant to use it, especially in resolving issues of national security.

중재는 논쟁을 초래하는 문제에 대한 지속력 있는 해결책을 만드는 효과적인 수단이지만 정부는
특히 국가 안보 문제를 해결하는 사안에서는 그것의 사용을 꺼린다.

☐ Wall Street bankers, regulators, government officials and even homeowners all
245 share the ▮▮▮▮▮ for the 2008 financial crisis.

월스트리트의 은행가들, 규제기관들, 정부 관리들, 심지어 주택 소유자들 모두 2008년 경제 위기
에 대한 책임을 공유한다.

☐ Although two-thirds of Americans held a strongly unfavorable impression of him, he
246 was nominated as a presidential ▮▮▮▮▮.

비록 미국인의 3분의 2가 그에 대해 강한 비호감을 가졌다 해도 그는 대통령 후보로 지명되었다.

☐ Firmly ▮▮▮▮▮ that the candidate would bring back economic prosperity, the
247 majority of voters elected him as president.

그 후보가 경제 발전을 가져올 것이라고 강하게 확신하며 대부분의 사람은 그를 대통령으로 선출했다.

☐ Refusing to be silenced, countless farmers from all around the country continued
248 to ▮▮▮▮▮ the government in order to express their disagreement on opening the
rice market.

침묵을 거부하며 전국 각지의 수많은 농부가 쌀 시장 개방에 대한 반대를 표현하기 위해 정부에 대
한 저항을 계속했다.

241. aggravated	242. alliance	243. alter
244. Arbitration	245. blame	246. candidate
247. convinced	248. defy	

❏ 249 Every public official ought to ▨▨▨▨▨ any discrimination based on age, race, gender, or national origin.

모든 공직자는 나이, 인종, 성, 그리고 국적에 근거한 어떠한 차별도 비난해야 한다.

❏ 250 America's margin of superiority in producing and maintaining atomic weapons will become less effective as a ▨▨▨▨▨ capable of keeping Russia from making war.

미국이 원자 폭탄을 제조하고 보유하는 데 있어서 차지하는 우위가 러시아로 하여금 전쟁을 일으키지 못하게 막는 제지 능력으로서 점점 효과가 떨어지게 될 것이다.

❏ 251 The candidate promised that if he was ▨▨▨▨▨, he would lower taxes, eliminate energy regulations, and rebuild infrastructure.

그가 선출된다면 세금을 낮추고, 에너지 규제를 없애고, 기반시설을 다시 건설한다고 약속했다.

❏ 252 In most developing countries, ▨▨▨▨▨ of mass poverty has been the major development policy objective throughout the post-war era.

대부분의 개발도상국에서 집단빈곤의 근절은 전쟁 이후 시기 내내 주된 개발 정책의 목표가 되었다.

❏ 253 The ▨▨▨▨▨ of children in developing countries is a very broad and unfortunate reality that ranges from child labour, child trafficking and child abuse.

개발도상국의 아동 착취는 아동 노동력, 아동 인신매매, 그리고 아동 학대에 걸친 매우 광범위하고 불행한 현실이다.

❏ 254 Governments are looking for ways to ▨▨▨▨▨ their borders further, fearing an unmanageable number of incoming refugees from the Middle East, Asia or Africa.

중동, 아시아, 혹은 아프리카에서 오는 감당할 수 없는 수의 난민들을 두려워하여 정부는 국경을 보다 더 강화할 방법을 찾고 있다.

❏ 255 In addition to screening out all members or sympathizers of terrorist groups, we must also screen out any who have ▨▨▨▨▨ attitudes towards our country or its principles.

테러 그룹에 속한 모든 이 혹은 동조자들을 찾아서 걸러내는 것에 덧붙여서 우리는 우리 국가와 그 원칙에 적대적인 태도를 가진 누구라도 걸러내야 한다.

❏ 256 The ▨▨▨▨▨ process against Dilma Rousseff, the 36th President of Brazil, began in late 2015 and continued through 2016.

브라질의 36대 대통령인 지우마 호세프에 대한 탄핵 진행이 2015년 말에 시작해서 2016년까지 계속되었다.

249. denounce	250. deterrent	251. elected
252. eradication	253. exploitation	254. fortify
255. hostile	256. impeachment	

257 ☐ A state of emergency was ▮▮▮▮▮▮ in France following terrorist attacks in Paris on November 13, 2015, in which 130 were killed and 350 injured.

비상사태는 130명이 사망하고 350명이 부상을 입은 2015년 11월 13일 파리에서 테러리스트 공격이 있은 이후 프랑스에서 선포되었다.

258 ☐ The ▮▮▮▮▮▮ reason given for the president's vacancy in times of national emergency is not convincing at all.

국가 비상사태에 대통령의 부재에 대해 주어진 공식적 이유는 전혀 설득력이 없다.

259 ☐ Government layoffs are a major cause of unemployment ▮▮▮▮▮▮; approximately 0.7 private sector jobs are lost with every public employee laid-off.

해고된 공무원 한 명당 약 0.7개 민영직업이 없어지기 때문에 정부직의 해고가 실업 지속성의 주된 원인이 된다.

260 ☐ Voter turnout in the 2012 U.S. presidential election was only slightly over 50 percent. This trend is very worrisome, but it can be difficult to ▮▮▮▮▮▮ someone to vote.

2012년 미국 대통령 선거에서 투표율은 50%를 가까스로 넘었다. 이런 흐름은 매우 우려되지만, 누군가를 투표하도록 설득하는 것은 어려울 수 있다.

261 ☐ Police brutality ▮▮▮▮▮▮ the inner city poor to react by destroying property and causing chaos.

경찰의 무자비함이 도시 안에 사는 가난한 사람들이 재산을 파괴하고 혼란을 일으킴으로써 반응을 하도록 부추겼다.

262 ☐ One of the biggest problems with the Kyoto Protocol is the fact that it has not been ▮▮▮▮▮▮ by the United States, a country that emits 35% of the world's greenhouse gases.

교토 협약이 가진 가장 큰 문제 중의 하나는 전 세계 온실 가스의 35%를 배출하는 국가인 미국에 의해 비준이 되지 않았다는 사실이다.

263 ☐ A televised candidate forum this month will help you determine which candidate is more ▮▮▮▮▮▮.

이번 달의 TV 후보 토론이 어떤 후보자가 더 믿을 만한가를 결정하는 데 도움을 줄 것이다.

---

257. invoked	258. official	259. persistence
260. persuade	261. provoked	262. ratified
263. reliable		

❏ Former U.S. Secretary of State Henry Kissinger is credited with saying "Ninety
264 percent of the politicians give the other ten percent a bad ▮▮▮▮▮▮▮."

전 국무장관 헨리 키신저는 "90%의 정치가들이 다른 10%의 정치가들에게 나쁜 평판을 준다." 라
고 말한 것으로 유명하다.

❏ In April, Michigan governor Rick Snyder unveiled his new vision for public
265 education but his attempts have met strong ▮▮▮▮▮▮▮.

4월에 미시건의 주지사 Rick Snyder는 공교육에 대한 그의 새로운 비전을 발표했지만, 그의 노력
은 강한 반발에 부딪혔다.

❏ Discouraging an opponent from taking an unwelcome action can be achieved
266 through the threat of ▮▮▮▮▮▮▮ or by denying the opponent's war aims.

적이 원하지 않는 행동을 취하지 못하게 하는 것은 보복의 위협을 통해서 혹은 적의 전쟁 목적을
무시함으로써 얻어질 수 있다.

❏ The small nation's political process since its independence has taken different
267 turns, and, under ▮▮▮▮▮▮▮ military dictatorships for most of the period, it's
minorities have suffered brutally.

독립 이후 그 작은 나라의 정치 과정은 다른 방향을 택하게 되고 대부분의 그 기간 엄격한 군사 독
재아래 소수민족들은 잔인하게 고통을 겪었다.

❏ Defense leaders will remain focused on efforts to ▮▮▮▮▮▮▮ relationships with U.S.
268 allies in the Asia-Pacific region.

국방 지도자들은 아시아 태평양 지역에서 미국 우방국들과의 관계를 강화하려는 노력에 계속 중점
을 둘 것이다.

❏ Kennedy was dealing with a ▮▮▮▮▮▮▮ diplomatic equation that involved issues of
269 alliance politics, arms control, and an increasingly dangerous China.

케네디는 동맹 정책, 무기 통제, 그리고 점점 더 위험해지는 중국과 관련된 문제를 포함한 민감한
외교 방정식을 다루고 있었다.

❏ The international community has been virtually ▮▮▮▮▮▮▮ in its condemnation of
270 North Korea's launch of a long-range rocket.

국제단체는 북한의 장거리 로켓 발사 규탄에 사실상 전원 동의를 했다.

264. reputation	265. resistance	266. retaliation
267. rigid	268. strengthen	269. subtle
270. unanimous		

퀵 토익 보카 VOCA⁺³⁰

☐ **amendment** [əméndmənt]   명 수정, 수정사항 통 amend 수정하다

☐ **confidence** [kánfədəns]   명 확신 형 confident 확신하는
         부 confidently 확신에 차서

☐ **conservative** [kənsə́:rvətiv]   형 보수적인 (반 progressive, radical)

☐ **debate** [dibéit]   명 토론, 논쟁 통 논쟁하다, 토론하다

☐ **defer** [difə́:r]   통 연기하다

☐ **different** [dífərənt]   형 다른, 상이한 통 differ 다르다

☐ **diplomatic** [dìpləmǽtik]   형 외교상의

☐ **discourage** [diskə́:ridʒ]   통 방해하다, 억제하다, 낙담하게 하다
         명 discouragement 낙담

☐ **disorient** [disɔ́:riènt]   통 혼란시키다

☐ **government** [gʌ́vərnmənt]   명 정부 통 govern 통치하다, 지배하다

☐ **hamper** [hǽmpər]   통 방해하다

☐ **inaugurate** [inɔ́:gjurèit]   통 취임시키다 명 inauguration 취임

☐ **instant** [ínstənt]   형 즉각적인, 즉석의 명 순간, 찰나
         부 instantly 즉시

☐ **momentum** [mouméntəm]   명 추진력, 힘

☐ **parliament** [pá:rləmənt]   명 의회, 국회

- ❏ **political** [pəlítikəl]   형 정치적인   명 politician 정치가

- ❏ **prerequisite** [pɛːrkwait]   명 선행조건   형 필수적인

- ❏ **propone** [prəpóun]   동 제안하다, 제의하다

- ❏ **purpose** [pɔ́ːrpəs]   명 목적   부 purposely 의도적으로

- ❏ **reconcile** [rékənsàil]   동 화해시키다, 조화를 이루게 하다
 명 reconciliation 화해

- ❏ **reinstate** [rìːinstéit]   동 복직시키다

- ❏ **reluctant** [rilʌ́ktənt]   형 내키지 않는, 꺼리는
 부 reluctantly 주저하며

- ❏ **resolve** [rizálv]   동 해결하다, 풀다   명 resolution 해결, 결심
 형 resolute 단호한

- ❏ **stance** [stæns]   명 입장, 태도

- ❏ **subsidize** [sʌ́bsədàiz]   동 보조금을 지급하다   명 subsidy 보조금

- ❏ **summit** [sʌ́mit]   명 정상회담, 산 정상

- ❏ **transparency** [trænspɛ́ərənsi]   명 투명도   형 transparent 투명한

- ❏ **uncover** [ʌnkʌ́vər]   동 폭로하다

- ❏ **wane** [wein]   동 쇠약해지다, 작아지다   명 쇠퇴

- ❏ **waiver** [wéivər]   명 (권리 등의) 포기, 포기서류

Day

10

MP3

건강, 질병

Health & illness

271 addict
★☆☆ [ǽdikt]

명 중독, 중독자

* addictive 형 중독성의
* addiction 명 중독
* drug addict 약물 중독, 약물 중독자

272 ailing
★★☆ [éiliŋ]

형 병든, 악화된

273 antibiotic
★★☆ [æ̀ntibaiátik]

명 항생제

274 asthma

★★☆

[ǽzmə]

명 천식

* asthmatic 명 천식환자

275 chiropractor

★★☆

[káirəpræktər]

명 지압사

우두둑!

276 dehydration

★★★

[dì:haidréiʃən]

명 탈수증

* dehydrate
  통 탈수 되게 하다, 건조시키다

277 dementia
★★☆

[diménʃə]

명 치매

cf) Alzheimer's disease
퇴행성 뇌질환

278 diabetes
★★☆

[dàiəbíːtis]

명 당뇨병

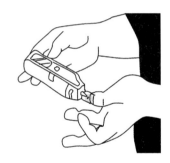

279 dietary
★☆☆

[dáiətèri]

형 음식물의, 식이요법의

280 deficiency
★★★
[difíʃənsi]

몡 부족, 결함

* deficient 혱 부족한, 결함이 있는
* deficit 몡 부족, 결핍, 결손
* ADHD : Attention Deficit
  Hyperactivity Disorder
  집중력 결핍 과잉행동 장애

281 disorder
★★★
[disɔ́:rdər]

몡 장애, 질환

282 examine
★★★
[igzǽmin]

동 검사하다, 조사하다

* examination 몡 검사, 조사
* exam 몡 검사, 시험

283 incurable

★★☆

[inkjúərəbl]

형 치료 불가능한

* an incurable disease 불치병

284 inordinate

★☆☆

[inɔ́:rdənət]

형 과도한, 지나친

* inordinately 부 지나치게

285 intoxication

★★★

[intàksikéiʃən]

명 중독

* intoxicate 통 중독 시키다
* toxic 형 유독한, 독의

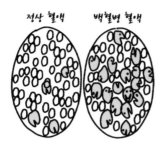

정상 혈색 　백혈병 혈색

286 leukemia
★★☆
[ljukí:miə]

명 백혈병

287 limb
★★☆
[lim]

명 팔다리, 사지, 나뭇가지

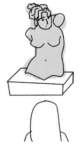

288 longevity
★★☆
[landʒévəti]

명 장수

289 ★★☆

measles

[míːzlz]

명 홍역

* German measles 풍진

290 ★★★

nutrition

[njuːtríʃən]

명 영양

* nutritional 형 영양의
* nutritionist 명 영양사

291 ★★★

paralysis

[pərǽləsis]

명 마비

* paralyze 동 마비시키다

292 pneumonia
★★☆

[njumóunjə]

명 폐렴

293 positive
★★☆

[pázətiv]

형 양성의, 긍정적인
(반 negative)

* positively 부 긍정적으로

294 practitioner
★☆☆

[præktíʃənər]

명 의사, 전문의

* general practitioner 일반의

295 psychological
★★★

[sàikəládʒikəl]

형 정신적인

* psychologist 명 정신과 의사

296 recur
★★★

[rikə́:r]

동 재발하다

* ecurring 형 재발하는, 재발성의
* recurrence 명 재발, 되풀이

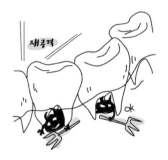

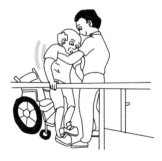

297 rehabilitation
★☆☆

[rì:həbìlətéiʃən]

명 재활치료

* rehabilitate 동 재활치료하다

298 repetitive
★★★

[ripétətiv]

형 반복적인

* repeat 통 반복하다
* repeatedly 부 반복적으로

299 side-effect
★★☆

[said-ifékt]

명 부작용

300 susceptible
★★☆

[səséptəbl]

형 영향 받기 쉬운,
~에 감염되기 쉬운

* susceptibility
형 영향 받기 쉬움, 감염되기 쉬움

퀵 토익 보카 VOCA +Review

❑ The doctor gave the heroin ▢▢▢▢ medicine called methadone to prevent
271 symptoms of withdrawal.

의사는 헤로인 중독자에게 금단증상을 예방하기 위해 메타돈이라고 불리는 약을 주었다.

❑ Caring for an ▢▢▢▢ loved one can be so stressful that it affects your own
272 health and quality of your relationships with others.

병든 사랑하는 사람을 간호하는 것은 너무 스트레스가 심해서 당신 자신의 건강과 당신이 갖는 다른 사람과의 관계에도 영향을 미친다.

❑ We need to discover and develop new ▢▢▢▢ to beat superbugs, bacteria that
273 are resistant to current ▢▢▢▢.

우리는 현재 항생제에 내성이 있는 슈퍼 버그를 물리치기 위해 새로운 박테리아를 발견하고 개발할 필요가 있다.

❑ A common antibiotic can improve breathing and lung function in some people with
274 ▢▢▢▢, but researchers say they don't recommend widespread use of antibiotics
to treat ▢▢▢▢.

보통 항생제가 천식이 있는 어떤 사람들의 호흡과 폐 기능을 개선할 수는 있지만, 연구원들은 천식 치료를 위해 항생제의 광범위한 사용을 권하지 않고 있다.

❑ ▢▢▢▢ treat a broad range of complaints, from back and neck pain to headaches,
275 arthritis and more.

지압사들은 등과 목의 통증부터 두통, 관절염 등의 폭넓은 통증을 치료한다.

❑ We lose water each day when we go to the bathroom, sweat, and even when we
276 breathe. If we don't replace the water we lose, we can become ▢▢▢▢.

화장실에 가거나 땀을 흘리거나 심지어 숨을 쉴 때도 우리는 매일 수분을 잃는다. 우리가 잃어버리는 수분을 대체하지 않는다면 탈수상태가 될 수 있다.

❑ The best way to reduce your risk of ▢▢▢▢ is to maintain a healthy lifestyle,
277 including eating nutritious foods, exercising regularly, and keeping normal blood
pressure and cholesterol levels.

치매의 위험을 줄이는 가장 좋은 방법은 건강에 좋은 음식을 먹고 규칙적인 운동을 하며 정상적인 혈압과 콜레스테롤 수치를 지키는 것을 포함한 다양한 생활양식을 유지하는 것이다.

❑ High levels of antioxidants from the intake of fruits and vegetables may help to
278 alleviate symptoms of type 2 ▢▢▢▢.

과일과 채소를 많이 섭취하는 데서 오는 높은 수준의 항산화제가 제2형 당뇨 증상을 완화하는데 도움을 줄 수 있다.

---

271. addict
274. asthma
277. dementia

272. ailing
275. Chiropractors
278. diabetes

273. antibiotics
276. dehydrated

279 In spite of the great advances in the development of new drugs for the treatment of rheumatoid arthritis, many patients are interested in alternative treatments like ▓▓▓▓▓ therapy.

류마티즘 성 관절염 치료의 신약 개발의 큰 진전에도 불구하고 많은 환자는 식이요법과 같은 대체 치료에 관심을 가지고 있다.

280 A nutritional ▓▓▓▓▓ can lead to a variety of health problems including indigestion, skin problems, defective bone growth, and even dementia.

영양 부족은 소화 불량, 피부병, 뼈 성장 결함, 혹은 치매까지 포함하는 다양한 건강문제를 일으킬 수 있다.

281 Many people report having sleep ▓▓▓▓▓ due to stress, hectic schedules, and other outside influences.

많은 사람이 스트레스, 바쁜 스케줄과 다른 외부 영향으로 인해 수면 장애를 가지고 있다고 보고한다.

282 When it comes to intimate medical examinations, most women prefer a female doctor to ▓▓▓▓▓ them.

밀접한 의료 검사에 관해서는 대부분의 여성이 여성 의사들이 자신들을 검사하기를 더 선호한다.

283 Being diagnosed with disease can be a traumatizing experience, especially when the doctors say it's ▓▓▓▓▓.

질병에 걸렸다고 진단을 받는 것은, 특히 의사가 치료 불가능하다고 말할 때는 엄청난 충격을 주는 경험이 될 수 있다.

284 The length of disease, the level of care, and the slow rate of recovery put ▓▓▓▓▓ financial and psychological pressures on the patient and family.

병의 기간, 치료의 수준, 그리고 회복의 느린 속도는 환자와 가족에게 과도한 재정적, 정신적 압박을 준다.

285 Over 29 celebrities including Michael Jackson, Elvis Presley, and Jimi Hendrix have died from Combined Drug ▓▓▓▓▓ (CDI).

마이클 잭슨, 엘비스 프레슬리, 그리고 지미 헨드릭스를 포함한 29명의 유명인이 복합 약물 중독으로 인해 사망했다.

286 Last month she was checked into the hospital, underwent a battery of tests and was diagnosed with acute myeloid ▓▓▓▓▓.

지난 달에 그녀는 병원에 입원했고 수많은 검사를 받았으며 급성 골수성 백혈병이라는 진단을 받았다.

279. dietary	280. deficiency	281. disorders
282. examine	283. incurable	284. inordinate
285. Intoxication	286. leukemia	

❑ When people have a stroke, they notice changes in sensation, particularly
287 numbness, in the ▮▮▮▮▮ on one side of the body or one side of the face.

사람들은 뇌졸중이 일어나면 특히 몸의 한쪽에 있는 사지나 얼굴 한쪽에 마비가 오는 감각의 변화를 감지한다.

❑ The average life expectancy of the people of Okinawa is more than 81 years. A
288 vast body of evidence suggests that diet is one of the important contributors to their ▮▮▮▮▮ and health.

오키나와 사람들의 평균 수명은 81세 이상이다. 많은 양의 증거는 식단이 장수와 건강에 가장 중요한 기여가 되는 것 중의 하나라는 것을 시사한다.

❑ ▮▮▮▮▮ is a very contagious disease. An infected person can release the virus
289 into the air when they cough or sneeze.

홍역은 매우 전염성이 강한 질병이다. 감염된 사람은 기침이나 재채기를 할 때 공기 중으로 바이러스를 내보낼 수 있다.

❑ Most ▮▮▮▮▮ professionals agree that a good diet for everyone, including cancer
290 survivors, is a varied, balanced diet of nutrient-rich fruits and vegetables.

대부분의 영양 전문가들은 암 투병 자들을 포함하여 모든 사람에게 다양하고 균형 잡힌 영양가가 풍부한 과일과 채소가 좋다는 것에 동의한다.

❑ A 40-year-old paralyzed man from Poland can walk again after the cells injected
291 from his nose into his spinal cord reversed ▮▮▮▮▮.

폴란드의 40세 남자가 코에서 척수로 주입된 세포가 마비를 거꾸로 반전시킨 후에 다시 걸을 수 있게 되었다.

❑ ▮▮▮▮▮ is a common complication of a respiratory infection, especially the flu,
292 but there are more than 30 different causes of the illness.

폐렴은 특히 독감과 같은 호흡기 감염의 흔한 합병증이지만 이 질병을 일으키는 원인은 30개 이상이다.

❑ A ▮▮▮▮▮ genetic test result does not always mean you will get the disease. The
293 test can tell what might happen, but it cannot tell what will happen.

양성의 유전자 검사 결과가 항상 그 질병을 갖게 될 것을 의미하지는 않는다. 검사는 일어날 수도 있는 것을 말해주는 것이지만 무엇이 일어날지 말해 줄 수는 없다.

---

287. limbs	288. longevity	289. Measles
290. nutrition	291. paralysis	292. Pneumonia
293. positive		

☐
294　The ▮▮▮▮▮ used plastic cups and a suction method on the Olympic athletes in Rio de Janeiro to relieve their muscle pain.

그 의사는 플라스틱 컵과 흡입법을 근육통을 완화하기 위해 리우데자네이로의 올림픽 선수들에게 사용했다.

☐
295　It can be difficult to know how to help a loved one who has suffered ▮▮▮▮▮ trauma, but your support can be a crucial factor in their recovery.

정신적 충격으로 인해 고통을 당하고 있는 사랑하는 사람을 돕는 방법을 아는 것은 어려울 수 있지만, 당신의 도움이 회복에 결정적인 요소가 될 수 있다.

☐
296　Cancer ▮▮▮▮▮ because small numbers of cancer cells can remain in the body after treatment.

적은 수의 암세포들이 치료 이후에 몸에 남아있을 수 있기 때문에 암은 재발한다.

☐
297　Once you find an addiction ▮▮▮▮▮ program which matches your needs, stick with the program and see it through to its end.

당신의 필요에 맞는 중독 재활 프로그램을 일단 찾았다면 그 프로그램을 고수하고 끝까지 해봐라.

☐
298　▮▮▮▮▮ strain injury (RSI) is a condition where pain and other symptoms occur in over-stressed areas of the body, especially the arms and hands.

반복적 긴장성 손상 증후군은 특히 팔이나 손과 같은 지나치게 긴장이 가해진 부분에 일어나는 통증이나 다른 증세를 가진 상태를 말한다.

☐
299　Patients who eat well and maintain a healthy body weight often tolerate treatment ▮▮▮▮▮ better.

잘 먹고 건강한 체중을 유지하는 환자들은 흔히 치료 부작용을 더 잘 견뎌낸다.

☐
300　Older adults, children, and people with chronic disease are more ▮▮▮▮▮ to viral infections.

노인들, 어린이들, 그리고 만성 질환자들은 바이러스성 감염에 더 영향을 받기 쉽다.

294. practitioner	295. psychological	296. recurs
297. rehabilitation	298. Repetitive	299. side effects
300. susceptible		

퀵 토익 보카 VOCA⁺³⁰

☐ **anaesthetic** [ænəsθétik]　　형 마취의, 무감각한 명 마취제

☐ **coherent** [kouhíərənt]　　형 일관된 부 coherently 일관되게

☐ **comment** [kámənt]　　통 ~에 대해 언급하다 명 언급

☐ **contingent** [kəntíndʒənt]　　형 ~에 따라 결정되는 (upon)

☐ **current** [ká:rənt]　　형 현재의

☐ **discharge** [distʃá:rdʒ]　　통 해고하다, 퇴원시키다

☐ **drug abuse**　　약의 남용

☐ **extraordinary** [ikstrɔ́:rdənèri]　　형 특이한, 평범하지 않은

☐ **hospitalize** [háspitəlàiz]　　통 병원에 입원시키다

☐ **immediately** [imí:diətli]　　부 즉시 형 immediate 즉각적인

☐ **impair** [impɛ́ər]　　통 해치다, 손상시키다

☐ **influenza** [ìnfluénzə]　　명 유행성 감기

☐ **intensive care unit**　　중환자실

☐ **malnutrition** [mælnju:tríʃən]　　명 영양부족

☐ **osteoporosis** [àstiəpəróusis]　　명 골다공증

☐ **operation** [àpəréiʃən]
　　명 수술, 작동
　　동 operate 수술하다, 작동시키다

☐ **patient** [péiʃənt]
　　형 환자, 인내심 있는

☐ **particular** [pərtíkjulər]
　　형 특별한, 특정한

☐ **recover** [rikʌ́vər]
　　동 회복하다 명 recovery 회복

☐ **regular** [régjulər]
　　형 규칙적인
　　부 regularly 정기적으로, 규칙적으로

☐ **rejuvenate** [ridʒúːvənèit]
　　동 다시 젊어지게 하다, 활기를 찾게 하다

☐ **requirement** [rikwáiərmənt]
　　명 요구사항 동 require 요구하다

☐ **respiratory** [réspərətɔ̀ːri]
　　형 호흡기의 동 respire 호흡하다, 휴식하다

☐ **specialty** [spéʃəlti]
　　명 전공, 전문
　　동 specialize 전공하다, 전문으로 하다

☐ **symptom** [símptəm]
　　명 증세, 증상

☐ **suspect** [səspékt]
　　동 의심하다 형 suspicious 의심스러운

☐ **terminal stage**
　　말기

☐ **voluntarily** [vàləntérəli]
　　부 자발적으로 형 voluntary 자발적인

☐ **wart** [wɔːrt]
　　명 사마귀

☐ **weaken** [wíːkən]
　　동 약하게 하다, 약하게 되다

Day

11

MP3

의료

Medical Treatment

수영황제

301 alleviate

★★★

[əlíːvièit]

⑧ 완화시키다

* alleviation 몡 완화

302 alternative

★★☆

[ɔːltə́ːrnətiv]

몡 대안

휑 대안적인

* alternative medicine 대체의학

이 약 꼭 잡쉐바!

침술원

예약

303 appointment

★★★

[əpɔ́intmənt]

몡 예약, 약속

* appoint 통 예약하다, 약속을 잡다
* make an appointment
  예약하다

304 chronic
★★☆
[kránik]

혱 만성의 (반 acute)

* a chronic disease 만성질환

305 claim
★★★
[kleim]

동 (권리 등을) 요구하다
명 요구, 청구

306 concern
★★★
[kənsə́ːrn]

동 걱정하다, 염려하다
명 걱정, 염려

* concerning 전 ~과 관한

307 conclude

★★★

[kənklúːd]

동 **결론을 내리다**

* conclusion 명 결론
* reach a conclusion
  결론에 도달하다

308 consult

★★★

[kənsʌ́lt]

동 **상의하다, 상담하다,
찾아보다**

* consultation 명 (의사와) 상담, 진찰

309 contagious

★★☆

[kəntéidʒəs]

형 **전염성의**

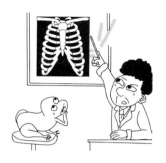

310 diagnose
★★★

[dáiəgnòus]

동 진단하다

* diagnosis 명 진단

311 donate
★★★

[dóuneit]

동 기부하다, 기증하다

* donation 명 기부, 기증
* donor 명 기증자
* an organ donor 장기 기증자

312 epidemic
★★☆

[èpədémik]

명 전염병
형 유행성의

313 essential

★★★ [isénʃəl]

[형] 필수적인, 필수의

* essence 명 핵심, 정수

314 exhausted

★★★ [igzɔ́:stid]

[형] 지친, 녹초가 된

* exhaust 통 지치게 하다
* exhausting 형 피곤하게 하는
* exhaustion 명 지침, 피로

315 fatigue

★★☆ [fətí:g]

[명] 피로

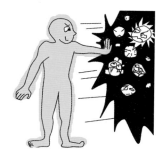

316 immune
★★★

[imjúːn]

형 면역의

* immunize 통 면역성을 갖게 하다
* immunity 명 면역
* the immune system 면역 체계

317 infect
★★★

[infékt]

통 감염시키다

* infection 명 감염
* infectious 형 감염성의

무좀균

318 innate
★★☆

[inéit]

형 타고한, 선천적인
(반 acquired)

319 inquiry

★★★

[inkwáiəri]

명 문의, 질의, 조사

* inquire 통 질문하다, 문의하다

320 intricate

★★☆

[íntrikət]

형 복잡한

* intricacy 명 복잡함

정교한 수술은…

321 medicine

★★★

[médəsin]

명 약, 약품

* medicinal
  형 약용의, 치유력이 있는
cf) medication 명 약물, 약제,
  약을 이용한 치료행위, 과정

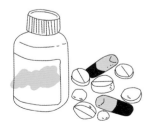

322 permanent
★★☆
[pə́:rmənənt]

형 영구적인

* permanence 명 영구성
* permanently 부 영구적으로

323 prescribe
★★★
[priskráib]

동 약을 처방하다

* prescription 명 처방전, 약

324 remedy
★★☆
[rémədi]

명 치료체, 치료법
동 해결하다

* home remedy 민간 요법

된장

325 severely
★☆☆

[sivíərli]

부 심하게, 혹독하게

* severe 형 혹독한, 심한

326 superficial
★★☆

[sùːpərfíʃəl]

형 피상적인, 표면적인

* uperficially 부 피상적으로,
수박 겉핥기식으로

327 supplement
★★☆

[sʌpləmənt]

명 추가, 건강보조제

328 surgery
★★☆

[sə́:rdʒəri]

몡 외과수술

* surgical 혱 외과수술의
* surgeon 몡 외과 의사

329 unsanitary
★★☆

[ʌnsǽnətèri]

혱 비위생적인

* unsanitary working condition
  비위행적 작업 환경

330 vaccinate
★★☆

[vǽksənèit]

통 예방접종을 하다

* vaccination 몡 백신, 예방접종

□
301 In order to ▨▨▨▨▨ flu symptoms, keep your respiratory system hydrated by drinking lots of fluids.

독감 증상을 완화하기 위해 많은 수분을 섭취함으로써 호흡기관을 촉촉한 상태로 유지하도록 해라.

□
302 Most ▨▨▨▨▨ cancer treatments are much less expensive and sometimes more effective than conventional treatments such as surgery, radiation, and chemotherapy.

대부분의 대안 암 치료법은 기존의 치료방법인 수술, 방사선, 항암 화학요법보다 훨씬 더 저렴하고 때로는 더 효과적이다.

□
303 If you emphasize the severity of your problem and explain thoroughly why you need to see a doctor, you'll often be able to get an ▨▨▨▨▨ the same day or the day after.

문제의 심각성을 강조하고 왜 의사를 만나야 하는지를 충분히 설명한다면 가끔 당일 혹은 다음날 예약을 잡을 수 있다.

□
304 ▨▨▨▨▨ pain generally refers to pain that lasts more than three to six months, or beyond the point of tissue healing.

만성 통증은 일반적으로 3개월에서 6개월 혹은 세포가 치유되는 시기를 지나서까지 지속하는 통증을 말한다.

□
305 One of the reasons why people are wary of buying critical illness insurance is the misconception that insurers will do everything to avoid paying out a ▨▨▨▨▨.

사람들이 치명적 질병 보험을 드는 것에 신중한 이유 중의 하나는 보험업자들이 청구금액을 지급하지 않기 위해 모든 일을 다 할 것이라는 오해이다.

□
306 People who have panic disorder undergo physical reactions such as nausea, heavy breathing and shaking. These people also suffer from constant ▨▨▨▨▨ about when the next panic attack will occur.

공황장애를 가진 사람들은 어지럼증, 가쁜 호흡이나 떨림과 같은 신체적 반응을 겪는다. 이런 사람들은 또한 다음번 공황장애가 언제 일어날지에 대한 계속된 걱정으로 고통받는다.

□
307 The family ▨▨▨▨▨ that a combination treatment that will improve the quality of life for David, regardless of price, is the best option.

가족은 데이빗의 삶의 질을 개선할 새로운 치료법 조합이 가장 좋은 선택이라고 결론을 내렸다.

---

301. alleviate
304. Chronic
307. concluded

302. alternative
305. claim

303. appointment
306. concern

❑ Before beginning a new exercise program, especially if you are not used to regular
308 exercise, it is important to [   ] with your doctor.

새로운 운동 프로그램을 시작하기 전에 특히 기존의 운동에 익숙하지 않다면 의사와 상의하는 것
이 중요합니다.

❑ Leprosy is a highly [   ] disease when allowed to develop in areas of poor
309 hygiene and sanitation.

나병은 좋지 않은 위생과 위생시설 지역에서 발병될 때 가장 전염성이 높은 질병이다.

❑ If your doctor can't [   ] the problem based on your symptoms, imaging tests
310 or abnormal neurological exams may be appropriate.

의사가 증상에 근거하여 문제를 진단할 수 없다면 영상 검사나 이상 신경 검사가 적당할 수 있다.

❑ Each year, the number of people who are waiting for organ [   ] continues to
311 grow, while the number of donors and transplants struggles to match demand.

해마다 장기 기증을 기다리는 사람들의 숫자는 계속 증가하는 반면 기증자나 이식의 숫자는 수요
를 맞추는데 어려움을 겪고 있다.

❑ Mortality in this area is high because of food shortage, [   ] disease, and poor
312 public hygienic standards.

식량부족, 전염병, 그리고 대중의 위생에 대한 기준이 낮기 때문에 이 지역의 사망률이 높다.

❑ Everyone knows that physical activity is [   ] to prevent many diseases and
313 improve physical and mental health.

많은 질병을 예방하고 신체적, 정신적 건강을 증진하는 데 육체 활동이 필수적이라는 것을 누구나
알고 있다.

❑ If you constantly feel [   ], it may be tied to anemia, which is caused by an
314 iron deficiency.

만일 계속해서 피로감을 느낀다면 그것은 철분 부족에 의해 발생하는 빈혈과 관련되어 있을 수 있다.

❑ Exercise is important to maintaining good health but if you suffer from adrenal
315 [   ], over exercising is a common mistake that can cause additional problems.

운동은 건강을 유지하는 데 중요하지만, 아드레날린 피로를 겪는다면 지나친 운동은 추가적인 문
제를 발생시킬 수 있는 흔히 저지르는 실수가 된다.

308. consult	309. contagious	310. diagnose
311. donation	312. epidemic	313. essential
314. exhausted	315. fatigue	

❏ A healthy lifestyle plays a key role in keeping the body strong, supporting the ▨▨▨▨▨
316 system and reducing risk for diseases such as heart disease and some cancers.

건강한 생활 습관은 신체를 튼튼히 하고 면역체계를 강화하고 심장질환이나 암과 같은 질병들의
위험을 감소시키는 데 중요한 역할을 한다.

❏ Newborn babies can get sick very quickly when they develop an ▨▨▨▨▨
317 because of their weak immune systems.

신생아들은 약한 면역 체계 때문에 감염증상이 나타나면 매우 빠르게 병이 들 수 있다.

❏ The immune system has the ▨▨▨▨▨ ability to recognize viruses as 'foreign' and
318 it responds quickly to halt viral infections.

면역체계는 바이러스를 '이물질'로 인식하는 선천적 능력이 있고 바이러스 감염을 중단시키기 위해
재빨리 반응한다.

❏ Please note that we cannot deal with your treatment ▨▨▨▨▨ unless you provide
319 us with the form completed in English, French, or German.

영어, 불어, 혹은 독일어로 작성된 양식을 저희에게 제공하지 않으시면 치료 문의를 처리할 수 없
음을 인지해주세요.

❏ A new invention called a 7D scanner improves on surgeons' ability to achieve
320 precision in spinal and other ▨▨▨▨▨ surgeries.

7D 스캐너라고 불리는 새로운 발명품이 척추나 다른 복잡한 외과 수술에 있어서 의사가 정교함을
얻을 수 있는 능력을 증가시킨다.

❏ ▨▨▨▨▨ is generally understood as a preparation taken by mouth to treat or
321 prevent disease.

약은 일반적으로 병을 치료하거나 예방하기 위해 경구용으로 복용 되는 약품을 뜻한다.

❏ If you have a ▨▨▨▨▨ impairment as a result of a workplace injury or illness, you
322 may be entitled to receive a lump sum payment as compensation.

여러분이 직장에서의 부상이나 질병의 결과로 영구적 장애를 입었다면 보상으로 일시금 봉급을 받
을 자격이 될 수 있습니다.

❏ Sometimes doctors are criticized for over- ▨▨▨▨▨ drugs for patients who could
323 otherwise be healed with a healthy diet and exercise.

가끔 의사들이 건강한 식단과 운동으로 치료될 수 있는 환자들에게 약을 과잉 처방한다고 비난을
받는다.

316. immune	317. infection	318. innate
319. inquiry	320. intricate	321. Medicine
322. permanent	323. prescribing	

❏ If you suffer from sunburn, you can apply home ▮▮▮▮▮▮ such as baking soda or
324 oatmeal paste to your stinging skin.

일광화상으로 고통스럽다면 베이킹소다나 귀리 반죽과 같은 민간 치료제를 따끔거리는 피부에 발
라볼 수 있다.

❏ Frostbite occurs when skin and body tissues are exposed to ▮▮▮▮▮▮ cold
325 temperatures for an extended period of time.

동상은 피부나 몸의 세포가 장시간 동안 심하게 낮은 기온에 노출되었을 때 일어난다.

❏ The doctor said that it was a ▮▮▮▮▮▮ wound, so I'd just have to clean it with
326 alcohol three times a day.

의사가 그것은 표면적인 상처라서 하루에 세 번 알코올로 닦기만 하면 된다고 했다.

❏ An investigation tested a variety of herbal ▮▮▮▮▮▮ from four major retailers and
327 determined that only 21 percent of the products actually had DNA from the plants
advertised on the labels.

한 조사단이 네 군데의 주요 소매업체로부터 다양한 식물성 건강 보조제를 검사했는데 겨우 상품
의 21%만이 라벨에 광고된 식물로부터 추출한 DNA를 함유하고 있다고 결정했다.

❏ Undergoing a surgical operation, even minor ▮▮▮▮▮▮, can be a traumatic
328 experience.

외과적 수술을 받는 것은 아무리 작은 수술이라 해도 대단히 충격적인 경험이 될 수 있다.

❏ England's Health Protection Agency (HPA) has revealed that ▮▮▮▮▮▮ cleaning
329 cloths in restaurant kitchens can lead to food poisoning.

영국 건강 보호 협회는 식당 부엌의 비위생적인 행주가 식중독을 일으킬 수 있다고 밝혔다.

❏ Make sure you receive proper ▮▮▮▮▮▮ before traveling to developing countries
330 and rural areas where many vaccine-preventable diseases are still common.

백신으로 예방 가능한 많은 질병이 아직도 흔한 개발도상국들이나 시골 지역에 여행 가기 전에 적
절한 예방접종을 꼭 받도록 해라.

324. remedies 325. severely 326. superficial
327. supplements 328. surgery 329. unsanitary
330. vaccinations

퀵 토익 보카 VOCA +30

❑ **acute** [əkjúːt] 형 급성의, 통증이 심한

❑ **administer** [ədmínistər] 동 관리하다, 집행하다, 약을 투여하다

❑ **allergy** [ǽlərdʒi] 명 알레르기 형 allergic 알레르기의

❑ **allow** [əláu] 동 허락하다, 용납하다
명 allowance 용돈, 허용량

❑ **association** [əsòusiéiʃən] 명 협회

❑ **cerebral palsy** 뇌성마비

❑ **condition** [kəndíʃən] 명 상태

❑ **dosage** [dóusidʒ] 동 투약, 1회 복용량
동 dose 투약하다, 복용하다

❑ **inhale** [inhéil] 동 숨을 들이쉬다 (반 exhale)
명 inhalation 흡입, 숨을 들이 쉼

❑ **injection** [indʒékʃən] 명 주사

❑ **instinctive** [instíŋktiv] 형 본능적인 명 instinct 본능

❑ **latent** [léitnt] 형 잠재된, 숨어 있는

❑ **ointment** [ɔ́intmənt] 명 연고

❑ **optometrist** [aptámətrist] 명 검안사

❑ **painkiller** [péinkìlər] 명 진통제

☐ **pharmaceutical** [fà:rməsjú:tikəl] 명 약, 제약 형 제약의, 약학의

☐ **pharmacist** [fá:rməsist] 명 약사

☐ **physician** [fizíʃən] 명 내과 의사

☐ **prevent** [privént] 동 예방하다, 막다 명 prevention 예방
형 제약의, 약학의

☐ **relieve** [rilíːv] 동 경감하다, 안도시키다 명 relief 안심, 경감

☐ **suffer** [sʌfər] 동 고통을 겪다, 고생하다

☐ **surpass** [sərpǽs] 동 능가하다

☐ **susceptible** [səséptəbl] 형 감염되기 쉬운

☐ **systematic** [sìstəmǽtik] 형 체계적인

☐ **therapy** [θérəpi] 명 치료, 요법

☐ **treatment** [trí:tmənt] 명 치료, 취급

☐ **veterinarian** [vètərənɛ́əriən] 명 수의사

☐ **vital** [váitl] 형 생명의, 매우 중요한

☐ **vulnerable** [vʌ́lnərəbl] 형 상처입기 쉬운, 취약한
명 vulnerability 취약함

☐ **ward** [wɔːrd] 명 병동 동 병실에 수용하다

Day

12

사회 1

Community

331 acquaintance
★★☆
[əkwéintəns]

명 지인, 아는 사람

* acquaint
  통 알게 하다, 숙지하게 하다

332 adorn
★☆☆
[ədɔ́:rn]

동 장식하다

* adornment 명 장식품

333 approach
★★★
[əpróutʃ]

동 접근하다
명 접근

* approachable 형 접근할 수 있는

334 civic
★★☆

[sívik]

형 시의, 시민의

* civilian 명 시민

---

335 coincidence
★★☆

[kouínsidəns]

명 우연의 일치, 동시 발생

* coincide 명 동시에 일어나다

336 commitment
★★★

[kəmítmənt]

명 전념, 책임, 약속

* commit 통 전념하다
* make a commitment to
~에 전념하다, ~을 약속하다
(=commit oneself to)

337 compile
★☆☆
[kəmpáil]

동 편집하다, 수집하다

* compilation 명 편집, 수집

338 conducive
★★☆
[kəndjú:siv]

형 도움이 되는

339 conflict
★★★
[kənflíkt]

명 충돌, 갈등
동 충돌하다

340 consent
★★★ [kǝnsént]

명 동의, 허락
동 동의하다
* consensus 명 합의, 동의

341 conservative
★★★ [kǝnsə́:rvǝtiv]

형 보수적인
* conservatism 명 보수주의

342 discriminate
★★★ [diskrímǝnèit]

동 차별하다
* discrimination 명 차별

343 disperse
★★☆

[dispə́:rs]

동 해산시키다,
흩어지게 하다

* dispersion 명 해산

344 eager
★★★

[í:gər]

형 열렬한, 열심인,
몹시 바라는

345 exception
★★★

[iksépʃən]

명 예외, 제외

* exceptional
  형 예외적인, 보통이 아닌
* except 전 ~을 제외하고

346 facilitate

★★☆

[fəsílətèit]

동 촉진하다, 가능하게하다,
용이하게 하다

* facility 명 편의시설, 기관
* facilitation
  명 촉진, 용이함, 간편화

347 impoverish

★★☆

[impávəriʃ]

동 피폐하게 하다,
빈곤하게 하다

* impoverishment 명 가난, 피폐
* an impoverished region
  피폐한 지역

348 individual

★★★

[ìndəvídʒuəl]

형 개인의, 개별적인
명 개인

* individually
  부 개인적으로, 개별적으로
* individuality 명 개성

349 **margin**

★☆☆

[máːrdʒin]

명 가장자리, 여유, 여백

* marginal 형 가장자리의, 미미한
* by a margin ~의 차이로

350 **modest**

★★☆

[mádist]

형 겸손한, 평범한,
대단하지 않은

351 **nurture**

★★☆

[náːrtʃər]

동 양육하다, 기르다,
육성하다

352

obligatory
[əblígətɔ̀:ri]
★★★

형 의무적인, 필수의

* oblige 동 의무적으로 ~하게 하다
* be obliged to ~할 의무를 가지다

353

obscure
[əbskjúər]
★★★

형 불분명한, 모호한
동 모호하게 하다, 가리다

* obscurity 명 모호성
* obscurely 부 불분명하게

이 결혼
반댈세!

354

oppose
[əpóuz]
★★☆

동 ~에 반대하다

* opposition 명 반대, 대항
* opponent 명 적수, 반대자

355 patriotism
★★★
[péitriətìzm]

명 애국심

* patriot 명 애국자
* patriotic 형 애국적인

356 privilege
★★☆
[prívəlidʒ]

명 특권, 혜택

* privileged
  형 특권을 부여받은, 혜택 받은

357 prominent
★★☆
[prámənənt]

형 저명한, 두드러진

* prominence 명 두드러짐, 뛰어남

358 religion
★★★ [rilídʒən]

명 종교

* religious
형 종교적인, 신앙심이 깊은

359 tradition
★★★ [trədíʃən]

명 전통, 관습, 관례

* traditional **형** 전통적인

360 transparent
★★☆ [trænspɛ́ərənt]

형 투명한, 분명한

* transparency **명** 투명성, 투명함

난 투명인간

퀵토익 보카 VOCA +Review

☐ Many people who say they have friends, really only have ▮▮▮▮▮.
331 친구들이 있다고 말하는 많은 사람들이 사실은 아는 사람 몇 명만 가지고 있을 뿐이다.

☐ With massive amounts of information becoming accessible over the Internet,
332 people no longer buy the thick encyclopedia sets that once ▮▮▮▮▮ the livingroom book-shelf.

인터넷상에서 접근할 수 있게 된 막대한 양의 정보로 사람들은 더는 거실의 골동품 책장을 장식했던 두꺼운 백과사전 전집을 사지 않는다.

☐ An opposite of the U.S. ▮▮▮▮▮ to social welfare is found in Sweden, where
333 social welfare policy is not treated as marginal or as required only by a few unfortunate individuals.

미국 사회복지의 정 반대는 스웨덴에서 발견되는데 이곳에서는 사회복지 정책이 미미한 것으로 취급되거나 몇몇의 불우한 개인들에 의해서만 요구되는 것으로 취급되지 않는다.

☐ How could a society that denies even the most fundamental human rights ever
334 attain a higher level of ▮▮▮▮▮ advancement?

가장 기본적인 인간의 권리조차 부인하는 사회가 어떻게 더 수준 높은 시민의 향상을 얻을 수 있겠는가?

☐ Success is not a lucky ▮▮▮▮▮. It is the result of a deliberate and consistently
335 implemented strategy.

성공은 운 좋게 우연히 일어나는 것이 아니다. 그것은 의도적이고도 계속해서 실행된 전략의 결과이다.

☐ If you are considering taking a dog into your family, you need to seriously think
336 about the ▮▮▮▮▮ that dog ownership entails.

개를 가족으로 데려오는 것을 고려하고 있다면 개를 소유하는 것이 수반하는 책임에 대해 심각하게 생각할 필요가 있다.

☐ Criminal records in the U.S. are ▮▮▮▮▮ and updated on local, state, and federal
337 levels by various law enforcement agencies.

미국 내의 범죄 기록들은 다양한 법 집행 기관들에 의해 지역, 주, 연방 수준에서 수집되고 업데이트된다.

☐ In order to maintain an atmosphere ▮▮▮▮▮ to study, all those who use the
338 library should keep noise to a minimum.

공부에 도움이 되는 분위기를 유지하기 위해 도서관을 이용하는 모든 사람은 최소한의 소음상태를 유지해야 한다.

331. acquaintances	332. adorned	333. approach
334. civic	335. coincidence	336. commitment
337. compiled	338. conducive	

☐ People affirm the positive, creative role that ▨▨▨▨▨ can play in calling attention
339 to injustices and applying pressure to support needed social changes.

사람들은 부당함에 관심을 불러일으키고 필요한 사회적 변화를 지지하기 위해 압력을 행사하는데 갈등이 긍정적이고 창의적인 역할을 할 수 있다고 확실히 말한다.

☐ A forced marriage is conducted without the ▨▨▨▨▨ of one or both parties, where
340 parental pressure is typically a factor.

강요된 결혼은 한 쪽 혹은 양쪽의 동의 없이 이루어지는데 거기에는 부모의 압력이 전형적으로 하나의 요소가 된다.

☐ Why do people in rural areas tend to be more ▨▨▨▨▨ than those in urban areas?
341 왜 시골 지역에 사는 사람들이 도시 지역 사람들보다 더 보수적인 경향이 있을까?

☐ It is illegal to ▨▨▨▨▨ against someone on the basis of race, gender, pregnancy,
342 national origin, religion, disability, and age.

사람을 나이, 성별, 임신, 국적, 종교, 장애, 그리고 나이에 근거하여 차별하는 것은 불법이다.

☐ Police in Phoenix used tear gas and pepper spray to ▨▨▨▨▨ protesters during a
343 civil rights demonstration late Friday night.

피닉스의 경찰은 지난 금요일 밤 시민권 시위 도중 시위자들을 해산시키기 위해 최루가스와 페퍼 스프레이를 사용했다.

☐ The city was ▨▨▨▨▨ to host the Olympics at first, but now the question on many
344 people's minds is: "Is it worth the huge cost?"

그 도시는 처음에는 올림픽을 주최하기를 열렬히 바랐지만 지금 많은 사람의 마음에 떠오르는 질문은 "그 큰 비용을 들일 가치가 있을까?"이다.

☐ Since our company has set jobsite safety as its highest priority, everyone
345 participating in this project must abide by the safety rules with no ▨▨▨▨▨.

우리 회사는 직장 안전을 최고의 우선순위에 두기 때문에 이 프로젝트에 참가하는 누구나 예외 없이 안전규칙을 준수해야만 한다.

☐ Community development is ▨▨▨▨▨ by mobilizing youth who are the stable and
346 long-term contributors to addressing local needs.

공동체 발전은 지역 문제를 다루는데 안정적이며 장기간의 이바지를 할 수 있는 청년들을 동원함으로써 촉진될 수 있다.

339. conflict	340. consent	341. conservative
342. discriminate	343. disperse	344. eager
345. exceptions	346. facilitated	

☐
347 Eighteen out of the 20 most ▨▨▨▨▨ countries are located in Africa due to the widespread famine and wars that have plagued the continent for decades.

수십 년간 대륙을 괴롭힌 광범위한 기근과 전쟁으로 인해 20개의 가장 빈곤한 국가들 중 18개 국가가 아프리카에 있다.

☐
348 Equalitarianism is the view that everyone is entitled to equal rights and equal treatment in society. Ideally, each ▨▨▨▨▨ has an equal share of the goods of society.

평등주의는 모든 사람이 마땅히 사회에서 동등한 권리와 동등한 처우를 받아야 한다고 보는 관점이다. 이상적으로 개인은 사회의 재화에 대해 동등한 몫을 가진다.

☐
349 Female teachers outnumber male teachers by a substantial ▨▨▨▨▨ in American schools. 99 percent of teachers are female in public schools and 95 percent in private schools.

미국 학교에서 여교사가 상당한 차이로 남교사의 숫자를 넘어선다. 공립학교에서는 99%의 교사가 여자이고 사립에서는 95%이다.

☐
350 The nonprofit organization commits to the creation of affordable housing for low and ▨▨▨▨▨ income residents of this area.

그 비영리단체는 이 지역의 저소득층 거주자를 위한 알맞은 주택을 만드는 데 전념하고 있다.

☐
351 Schools should play significant roles in working to establish and ▨▨▨▨▨ collaborate relationships with students' families and communities to yield both improvement in learning for students and decreases in socioeconomic achievement gaps.

학교는 학생들의 학업을 향상하고 사회경제적 성취 격차를 줄이기 위해 학생들의 가족, 그리고 공동사회와 협력관계를 만들고 육성하는 데 중요한 역할을 해야 한다.

☐
352 It's an ▨▨▨▨▨ responsibility for an employer to meet minimum workplace standards under health and safety legislation.

고용주가 건강과 안전 규정에 의해 최소한의 작업장 기준을 충족시키는 것은 필수적인 의무이다.

☐
353 An ▨▨▨▨▨ law in Ohio says that you cannot be arrested on a Sunday, any day of religious worship, or on the Fourth of July. The bizarre law was enacted in 1953, and most police officers know nothing about it.

오하이오의 모호한 법은 일요일이나 종교적 예배를 드리는 날, 혹은 7월 4일은 체포될 수 없다고 한다. 이 이상한 법은 1953년에 제정되었는데 대부분의 경찰은 이에 대해 모르고 있다.

---

347. impoverished   348. individual   349. margin
350. modest   351. nurturing   352. obligatory
353. obscure

354 Tens of thousands of protesters thronged outside Britain's parliament on Saturday to ▮▮▮▮▮ the newly re-elected conservative government's plans for further public spending cuts.

수 십만 명의 반대자들이 새로 재선출된 보수 정부의 더 강화된 공적 비용 절감 계획에 저항하기 위해 토요일 영국 의회 건물 밖에 응집했다.

355 A sense of strong ▮▮▮▮▮ filled the arena while people sang their national anthem along with the gold-medalist.

사람들이 금메달을 딴 선수와 함께 그들의 국가를 부르는 동안 강한 애국심이 경기장을 가득 채웠다.

356 Every monopoly and all exclusive ▮▮▮▮▮ seem to be granted to a small group of conglomerates at the expense of the public.

모든 독점권과 모든 배타적인 특권이 대중의 희생으로 소수의 대기업에 주어지는 것 같다.

357 August Comte, one of the most ▮▮▮▮▮ sociologists, is known as the founder of positivism and is credited with coining the term sociology.

가장 저명한 사회학자 중의 하나인 어귀스트 콩트는 실증주의의 창시자로 알려져 있고 사회학이라는 용어를 만들어낸 것으로 인정을 받는다.

358 I have no objection to any person's ▮▮▮▮▮ as long as that person does not try to restrict the rights of others.

나는 다른 사람의 권리를 제한하려 하지 않는 한 어떤 사람의 종교에도 반대하지 않는다.

359 Latest polls show that over 72% of Spanish citizens have no interest in bullfighting, yet, because of a small group of influential people in Spain, this inhumane ▮▮▮▮▮ is being kept alive.

최근 여론조사는 스페인 시민의 72%가 투우에 흥미를 없다고 하지만 스페인의 영향력 있는 소수 그룹 때문에 이 비인도적인 전통은 아직도 살아 있다.

360 As the ability to see how government uses the public purse is fundamental to democracy, many cities have been making their checkbooks ▮▮▮▮▮ by posting their spending data online.

정부가 어떻게 공적 지갑을 사용하는지 볼 수 있는 것은 민주주의의 기본이기 때문에 많은 도시는 온라인상에 지출을 개시함으로써 자신들의 수표장 사용을 투명하게 하고 있다.

354. oppose
355. patriotism
356. privileges
357. prominent
358. religion
359. tradition
360. transparent

퀵 토익 보카 VOCA⁺³⁰

☐ **accordance** [əkɔ́ːrdns]
  명 일치, 조화
  부 accordingly 그에 맞게, 적절하게

☐ **amenity** [əménəti]
  명 편의시설

☐ **aspect** [ǽspekt]
  명 관점, 양상

☐ **aspiration** [æspəréiʃən]
  명 염원, 바램, 열망

☐ **beware** [biwɛ́ər]
  동 조심하다, 주의하다

☐ **bound** [baund]
  형 꼭 ~하게 되어 있는, ~할 의무가 있는

☐ **cause** [kɔːz]
  동 야기 시키다, 일으키다 명 이유, 원인

☐ **community** [kəmjúːnəti]
  명 지역사회, 공동체 사회

☐ **consecutive** [kənsékjutiv]
  형 연속적인, 연달아 있어나는
  부 consecutively 연달아서

☐ **constantly** [kánstəntli]
  부 끊임없이 형 constant 꾸준한, 끊임없는

☐ **contemporary** [kəntémpərèri]
  형 동시대의

☐ **district** [dístrikt]
  명 지구, 지역

☐ **eclectic** [ikléktik]
  형 다방면에 걸친, 절충하는

☐ **gender** [dʒéndər]
  명 성(性)

☐ **household** [háushòuld]
  명 가정

- ☐ **indifferent** [indífərənt] ⃞형 무관심한 ⃞명 indifference 무관심

- ☐ **majority** [mədʒɔ́ːrəti] ⃞명 대다수, 대부분 (⃝반 minority)
  ⃞형 major 주된, 주요한

- ☐ **mingle** [míŋgl] ⃞동 섞이다

- ☐ **organize** [ɔ́ːrgənàiz] ⃞동 조직하다, 체계를 갖추다
  ⃞명 organization 조직, 체계

- ☐ **prototype** [próutoutaip] ⃞명 본보기, 모델

- ☐ **radical** [rǽdikəl] ⃞형 급진적인

- ☐ **rally** [rǽli] ⃞명 집회

- ☐ **randomly** [rǽndəmli] ⃞부 무작위로, 임의로

- ☐ **restrict** [ristríkt] ⃞동 제한하다, 한정시키다
  ⃞명 restriction 제한 ⃞형 restrictive 한정시키는

- ☐ **right** [rait] ⃞명 권리, 오른쪽 ⃞형 옳은

- ☐ **scapegoat** [skéipgout] ⃞명 희생양

- ☐ **seemingly** [síːmiŋli] ⃞부 겉으로는, 표면상으로는

- ☐ **stereotype** [stériətàip] ⃞명 고정관념, 정형화된 이미지

- ☐ **volunteer** [vàləntíər] ⃞동 자원하다, 봉사하다 ⃞명 자원봉사자

- ☐ **welfare** [wélfɛər] ⃞명 복지

Day

13

MP3

사회 2

Community

Day 13 사회 2

361 absorb

★★★

[æbsɔ́:rb]

동 흡수하다, 몰두시키다

* absorbing
  형 흡수하는, 흥미진진한
* absorbance 명 흡수, 몰두

362 abstract

★★☆

[æbstrǽkt]

형 추상적인
동 추상하다, 발췌하다
명 발췌, 개요

363 advocate

★★☆

[ǽdvəkèit]

명 옹호자, 변호사
동 주장하다

* advocacy 명 옹호, 변호

364 avoid
★★★

[əvɔ́id]

동 피하다, 회피하다

* avoidance 명 회피, 피함
* avoidable 형 피할 수 있는

365 breakthrough
★★☆

[breikθru:]

명 돌파구, 성과, 중요한 발견

366 classify
★☆☆

[klǽsəfài]

동 분류하다

* classification 명 분류, 유형, 범주

367 community
★☆☆
[kəmjúːnəti]

명 공동체, 주민, 지역사회

* communal 형 공동의, 집단의

368 compromise
★★☆
[kámprəmàiz]

동 타협하다, 양보하다
명 타협, 절충

369 confront
★★★
[kənfrʌnt]

동 맞닥뜨리다, 맞서다

* confrontation 명 맞섬, 맞닥뜨림
* confronting 형 맞닥뜨린, 닥친

370 contrary
★★☆

[kántreri]

형 반대의
명 반대

* on the contrary 반대로

371 corrupt
★★★

[kərʌpt]

형 부패한, 타락한
동 타락하게 하다

* corruption 명 부패, 타락

372 critical
★★★

[krítikəl]

형 비판적인, 결정적인

* criticize 동 비판하다, 비평하다
* critic 명 비평가

373 **curious**
★★☆
[kjúəriəs]

형 호기심 많은, 궁금해 하는

* curiosity 명 호기심, 궁금함

374 **dependent**
★★★
[dipéndənt]

형 의존적인, 달려있는

* depend 통 매달리다, 의존하다
* dependant 명 부양가족

375 **emphasize**
★★★
[émfəsàiz]

통 강조하다

* emphasis 명 강조

376 explore
★★☆
[iksplɔ́ːr]

동 탐험하다, 조사하다

* exploration 명 탐험, 조사, 답사

377 found
★☆☆
[faund]

동 설립하다, 기초를 닦다

* foundation 명 설립, 기초

378 fundamental
★☆☆
[fʌndəméntl]

형 기본적인, 근본적인

* fundamentally 부 기본적으로

379 generalize
★★☆
[dʒénərəlàiz]

통 일반화하다

* generalization 명 일반화

380 inequality
★★☆
[ìnikwáləti]

명 불평등, 불균등 (반 equality)

381 justice
★☆☆
[dʒʌ́stis]

명 정의

382 meaningful
★☆☆

[mí:niŋfəl]

형 의미 있는, 중요한
(반 meaningless)

383 meditation
★★☆

[mèdətéiʃən]

명 명상, 심사숙고

* medicate
동 명상하다, 심사숙고하다

384 momentum
★☆☆

[mouméntəm]

명 추진력

385 nourish

★★☆

[nə́:riʃ]

동 영양을 공급하다, 장려하다

* nourishment 명 영양분
* nourishing 형 영양분을 갖춘

386 obsess

★★☆

[əbsés]

동 사로잡다, 소유하다

* obsessive 형 사로잡힌, 강박적인
* obsession 명 집착, 강박관념
* be obsessed with ~에 집착하는

387 occur

★★☆

[əkə́:r]

동 일어나다, 발생하다

388 phenomenon
★★☆
[finámənàn]

명 현상

* 복수) phenomena 현상들

389 precede
★★☆
[prisí:d]

통 ~보다 앞서다

* precedent 명 전례
* unprecedented
　형 전례 없는, 유례없는

390 sacrifice
★★★
[sǽkrəfàis]

통 희생하다
명 희생, 제물

❏ With up to seven million Syrians having been displaced by the civil war, many
361 countries much smaller than the United States have ▭▭▭▭ more than ten
thousand refugees

내전으로 인해 쫓겨난 7백만 명에 달하는 시리아인들에 대해 미국보다 훨씬 더 적은 국가들이 10
만 명 이상의 난민들을 흡수했다.

❏ Some people are quickly attracted to ▭▭▭▭ art, while others need more
362 exposure over time in order to embrace this form of expression.

어떤 사람들은 추상미술은 빨리 매료되는 반면에 어떤 사람들은 이런 표현 형식을 받아들이기 위
해서는 오랜 기간 더 많이 노출될 필요가 있다.

❏ Approximately 150 peace ▭▭▭▭ staged a 10-hour demonstration to protest the
363 government's decision to place the anti-missile system in their province.

150여 명의 평화 옹호자들이 정부의 반미사일 시스템을 그들 지역에 배치하기로 결정한 것에 항의
하기 위해 10시간의 시위를 벌였다.

❏ More than one million plastic bags are used every minute. ▭▭▭▭ using plastics
364 such as grocery bags and sandwich bags, and replace them with cloth bags or
lunch boxes.

일 분에 100만 개 이상의 비닐봉지가 사용되고 있다. 식료품 비닐봉지나 샌드위치 비닐봉지와 같
은 플라스틱 사용을 피하고 천 가방이나 점심 도시락 상자로 대체해라.

❏ Stone tools, fire, the wheel, paper, and the printing press are major ▭▭▭▭ which
365 have literally changed the course of humanity.

석재 도구, 불, 바퀴, 종이, 그리고 인쇄기는 거의 모든 인간의 삶의 방향을 말 그대로 변화시킨 주
된 발견이다.

❏ When films contain frightening images, acts of cruelty and coarse language, they
366 are ▭▭▭▭ as inappropriate for children and teenagers.

영화가 무서운 이미지나 잔인한 행동, 저속한 언어를 포함하고 있을 때 그것은 어린이나 청소년에
게 부적당하다고 분류된다.

❏ Developing leaders is how we build a strong ▭▭▭▭. Good leaders are made, not
367 born. If you have the desire and willpower, you can cultivate effective leadership skills.

지도자를 성장시키는 것이 강한 공동체를 건설하는 방법이다. 훌륭한 지도자는 타고나는 것이 아
닌 만들어지는 것이다. 만일 여러분이 의욕과 정신력을 소유하고 있다면 효과적인 지도자의 기술
을 키울 수 있다.

361. absorbed	362. abstract	363. advocates
364. Avoid	365. breakthroughs	366. classified
367. community		

☐ The judge has never ▓▓▓▓▓▓ his strong views on gender equality and justice.
368 그 판사는 성 평등과 정의에 대한 그의 강한 입장에 대해 양보한 적이 없다.

☐ Angry protesters ▓▓▓▓▓▓ the policemen who were blocking them from approaching
369 the government building.

화가 난 시위대가 정부 건물로 접근하는 것을 막고 있는 경찰과 맞섰다.

☐ ▓▓▓▓▓▓ to the common belief that the Qur'an represents male superiority, ancient
370 Islam positioned men and women equally in society.

코란이 남성 우월주의를 나타낸다는 일반적인 믿음과는 반대로, 고대 이슬람은 사회에서 남자와
여자를 동등한 위치에 놓고 있다.

☐ Up until the 19th century, the legal system treated lobbying as a ▓▓▓▓▓▓ and
371 illegitimate activity.

19세기까지 법 체제는 로비활동을 부패하고 비합법적인 활동으로 취급했다.

☐ The idea behind ▓▓▓▓▓▓ thinking is to remove normal biases from a point of view
372 in order to determine whether a conclusion is valid or not.

비판적 사고의 뒤에 있는 아이디어는 하나의 결론이 타당한지 아닌지를 결정하기 위해 관점에서
보통의 편견을 제거하는 것이다.

☐ Jacques Cousteau once said that a scientist is only a ▓▓▓▓▓▓ man looking
373 through the keyhole of nature, trying to understand what is going on.

자크 쿠스토는 과학자는 무슨 일이 벌어지고 있는지를 이해하기 위해 자연의 열쇠 구멍을 들여다
보는 호기심 많은 사람일 뿐이라고 말했다.

☐ The Family Assistance Program in Alabama provides financial assistance for
374 needy families with ▓▓▓▓▓▓ children under the age of 18.

앨라배마의 가족 조력 프로그램은 18세 이하의 부양 아동이 있는 도움이 필요한 가정에 재정 지원
을 하고 있다.

☐ In a collective society where the needs of a group or a community are more ▓▓▓▓▓▓
375 than those of individuals, harmony and group cohesion are extremely valued.

단체나 공동사회의 필요가 개인들보다 더 강조되는 집합 주의적 사회에서는 조화와 단체 화합의
가치가 매우 높다.

---

368. compromised	369. confronted	370. Contrary
371. corrupt	372. critical	373. curious
374. dependent	375. emphasized	

퀵 토익 보카 VOCA +Review

☐ The Social Care Efficiency Program will ▮▮▮▮▮ how people in need of help are
376 managed within the current care system.

사회복지 효율성 프로그램은 도움이 필요한 사람들이 어떻게 현 건강 시스템 내에서 관리되고 있는가를 조사할 것이다.

☐ The Community Shelter was ▮▮▮▮▮ in 1994 to help the homeless and the hungry,
377 and has evolved to become one of the most respected shelters in Washington.

지역 공동체 보호소가 1994년에 집 없는 사람들과 굶주린 사람들을 돕기 위해 1994년에 설립되었고 워싱턴에서 가장 존중받는 보호소 중의 하나로 발전했다.

☐ The low price of unhealthy food is considered a ▮▮▮▮▮ factor of the high
378 incidence of diabetes among low-income communities.

건강에 해로운 가격이 싼 음식이 저 소득층 사회에서 높은 당뇨병 발생의 근본적인 요인으로 여겨진다.

☐ It is over ▮▮▮▮▮ to say that women are much more emotional than men.
379 여자들이 남자들보다 훨씬 더 감정적이라고 말하는 것은 지나치게 일반화하는 것이다.

☐ All human societies have been characterized by some sort of ▮▮▮▮▮.
380 Even many ancient hunter gatherer communities had nearly complete gender
segregation and inequal distribution of resources.

모든 인간 사회는 일종의 불평등이라는 특징을 갖는다. 고대 수렵 채집 사회조차 거의 완전한 성차별과 불평등한 자원의 배분을 하였다.

☐ Social ▮▮▮▮▮ refers to the process of ensuring that individuals fulfill their
381 societal roles and receive what is their due from society.

사회정의는 개인이 그들의 사회적 역할을 완수하고 사회로부터 마땅히 받아야 하는 것을 확실하게 받게 하는 과정을 말한다.

☐ Youth who have developed ▮▮▮▮▮ positive relationships with adults in the
382 community demonstrate better social and emotional development.

공동체에서 성인들과 의미 있는 긍정적인 관계를 발전시킨 청소년들은 더 나은 사회적, 감정적 발달을 보여준다.

☐ Researchers at Stanford have found that ▮▮▮▮▮ can help people reduce social
383 anxiety.

스탠포드 연구진들은 명상이 사람들이 사회 불안증을 감소시키는 데 도움이 된다는 것을 발견했다.

376. explore	377. founded	378. fundamental
379. generalizing	380. inequality	381. justice
382. meaningful	383. meditation	

☐ Animal rights groups have been picking up ▨▨▨▨ and their growing influence
384 is increasingly affecting daily life, touching everything from the foods people eat to
what they study in law school.

동물복지단체들이 추진력을 얻고 있고 사람들이 먹는 음식에서부터 법률 학교에서 공부하는 것에
까지 모든 것을 다루면서 일상생활에 점점 큰 영향을 끼치고 있다.

☐ Your $15 donation can ▨▨▨▨ a child for a week by providing nutritionally
385 balanced lunches.

당신의 15달러의 기부가 영양분이 균형을 이룬 점심을 제공함으로써 일 주일 동안 한 아이에게 영
양을 공급할 수 있습니다.

☐ People seem to be ▨▨▨▨ with their digital devices; they communicate more
386 through texting or posting on their social network services than they do in person.

사람들은 디지털 장치에 사로잡힌 것 같다. 문자를 통해 혹은 소셜 네트워크 서비스에 글을 올림으
로서 직접 만나 이야기를 하는 것보다 더 많은 의사소통을 한다.

☐ An estimated 165,000 traffic accidents ▨▨▨▨ annually in intersections caused
387 by red light runners.

약 165,000건의 교통사고가 해마다 정지신호를 위반한 차량에 의해 교차로에서 발생한다.

☐ A new ▨▨▨▨ called voice phishing uses Internet-based phone services to trick
388 people into revealing private data, which is then used for identity fraud.

보이스 피싱이라는 새로운 현상은 사람들을 속여 개인 정보를 누설하게 하여 이 정보가 신분 사기
로 사용되는 인터넷에 기반을 둔 전화 서비스를 이용한다.

☐ The archeological record indicates that civilizational collapse does not come
389 suddenly out of the blue. Economic and social collapse was almost always
▨▨▨▨ by a period of environmental decline.

고고학 기록은 문명의 붕괴는 어느 날 갑자기 일어나는 것이 아니라는 것을 나타낸다. 환경적 쇠퇴
기는 거의 언제나 경제적 사회적 붕괴보다 앞서 일어났다.

☐ A recent international survey on people's willingness to fight for their country
390 reveals that only 11% of Japanese people are willing to ▨▨▨▨ themselves for
their country.

국가를 위해 싸우겠다는 사람들의 의지에 대한 최근 국제 설문조사는 일본인들의 경우 11%만이 국
가를 위해 자신들을 기꺼이 희생하겠다고 하는 것을 보여준다.

384. momentum	385. nourish	386. obsessed
387. occur	388. phenomenon	389. preceded
390. sacrifice		

퀵 토익 보카 VOCA⁺³⁰

☐ **abnormal** [æbnɔ́ːrməl] 	형 비정상의 명 abnormality 비정상

☐ **accost** [əkɔ́ːst] 	통 ~에게 다가가 말을 걸다

☐ **ambiance** [ǽmbiəns] 	명 분위기

☐ **botanical** [bətǽnikəl] 	형 식물의 botanical garden 식물원

☐ **capable** [kéipəbl] 	형 유능한, 가능한 명 capability 능력

☐ **class** [klæs] 	명 계층

☐ **commonplace** [kámənpleis] 	형 평범한, 흔한 명 흔한 일

☐ **condense** [kəndéns] 	통 간소화하다, (기체가) 응결되다, (액체가) 농축되다

☐ **condemn** [kəndém] 	통 비난하다 명 condemnation 비난

☐ **contrast** [kəntrǽst] 	명 대조, 차이 통 대조하다

☐ **converse** [kənvɔ́ːrs] 	통 대화하다 명 conversation 대화

☐ **delete** [dilíːt] 	통 삭제하다

☐ **deviate** [díːvièit] 	통 (예상을) 벗어나다

☐ **direct** [dirékt] 	형 직접적인 부 directly 직접, 곧바로

☐ **dispatch** [dispǽtʃ] 	통 발송하다, 파견하다

- ❏ **enable** [inéibl] — 통 할 수 있게 하다

- ❏ **express** [iksprés] — 명 속달, 급행 통 표현하다, 나타내다

- ❏ **facet** [fǽsit] — 명 양상, 측면

- ❏ **gauge** [geidʒ] — 통 측정하다 명 측정, 계량기

- ❏ **infrastructure** [ínfrəstrʌktʃər] — 명 사회기반시설

- ❏ **initially** [iníʃəli] — 부 원래, 초기에 명 nitial 머리글자, 이니셜 형 초기의

- ❏ **realistic** [rì:əlístik] — 형 현실적인 부 realistically 현실적으로

- ❏ **social skill** — 사회성, 사교성

- ❏ **sparse** [spa:rs] — 형 (인구 등이) 희박한

- ❏ **straightforward** [streitfɔ́:rwərd] — 형 직설적인, 단도직입적인

- ❏ **strong-willed** [strɔ́:ŋwild] — 형 의지가 강한, 완고한

- ❏ **vivid** [vívid] — 형 생생한, 선명한

- ❏ **wealth** [welθ] — 명 부, 부유함 형 wealthy 부유한

- ❏ **yearn** [jə:rn] — 통 열망하다, 몹시 바라다

- ❏ **zealous** [zéləs] — 형 열심인, 열광적인 명 zeal 열의

Day

14

MP3

Law

391 abide
★★★
[əbáid]

동 지키다, 준수하다

* bide by ~을 지키다, 따르다

392 accomplice
★★☆
[əkámplis]

명 공범

393 accuse
★★★
[əkjú:z]

동 고발하다, 기소하다

* accusation 명 고발, 기소
* accuser 명 고발자, 기소자
* be accused of ~으로 고발되다

394 **appeal**
★★☆
[əpíːl]

동 호소하다, 항소하다
명 호소, 항소

395 **apprehend**
★☆☆
[æprihénd]

동 체포하다

* apprehensive 형 우려하는

396 **brutal**
★★☆
[brúːtl]

형 잔혹한, 잔인한

* brutally 부 잔인하게

변호사

맛 가 파

397 client

★★☆

[kláiənt]

명 의뢰인, 고객

398 circumstance

★★★

[sə́:rkəmstæns]

명 상황

* circumstantial
  형 정황적인, 상황과 관련된

어떤 상황이라도

399 complicated

★★☆

[kámpləkèitid]

형 복잡한, 난해한

* complicate 동 복잡하게 하다
* complication 명 복잡한 상태

400 comply
★★★
[kəmplái]

동 순응하다, 따르다

* comply with ~을 따르다

401 conceal
★★☆
[kənsíːl]

동 감추다, 숨기다

* concealment 명 숨김, 은폐

402 convict
★★☆
[kənvíkt]

동 유죄를 선고하다, 판결하다

cf) ex-convict 전과자

유죄

★★☆

counterfeit

[káuntərfit]

형 위조의, 조작된
동 위조하다, 가짜를 만들다

404
★★☆

custody

[kʌstədi]

명 (재판 전) 유치, 구류,
감금, 양육권

* take ~ into custody ~를 감금하다

405
★☆☆

defamation

[dèfəméiʃən]

명 명예훼손, 중상모략

cf) slander (말로 된) 명예훼손
   libel (문서, 인쇄물로 된) 명예훼손
* defame 동 중상모략하다,
   명예를 훼손하다
* defamatory 형 중상모략적인

406 embezzlement
★☆☆
[imbézlmənt]

명 횡령

* embezzle
동 횡령하다, 돈을 가로채다
* embezzler 명 횡령자

407 endeavor
★★★
[indévər]

동 노력하다, 애쓰다
명 노력

408 evidence
★★★
[évədəns]

명 증거, 흔적

* evident 형 분명한, 확실한

409 **exempt**
★★☆
[igzémpt]

혱 면제된
동 면제하다

410 **forbid**
★★★
[fərbíd]

동 금지하다, 방해하다
* forbidden 혱 금지된

411 **frame**
★★☆
[freim]

명 틀
동 죄를 뒤집어씌우다

412 **fraud**

[frɔːd]

명 **사기**

* fraudulent 형 사기의, 부정의

413 **guilty**

[gílti]

형 **유죄의**

* guilt 명 유죄, 죄책감

414 **illegal**

[ilíːgəl]

형 **불법의**

* illegalize 통 불법화 하다
* illegalization 명 불법화

415 impartial
★☆☆
[impá:rʃəl]

형 **공평한**

* impartially 부 공평하게, 공정하게

416 judge
★★☆
[dʒʌdʒ]

동 **재판하다, 판단하다**
명 **판사**

* judgment 명 판단, 재단
* judgmental 형 판단하는, 재단하는

법적 상속자

417 legitimate
★★★
[lidʒítəmət]

형 **합법적인**

* legitimacy 명 합법성
* legitimize 동 합법화하다

418 smuggle
★★☆
[smʌgl]

동 밀수하다, 밀반입하다

* smuggler 명 밀수꾼

419 suspect
★★★
[səspékt]

동 의심하다
명 용의자

* suspicion 명 의심
* suspicious 형 의심스러운

420 verdict
★★☆
[və́:rdikt]

명 법원 평결

❏ Laws exist to protect citizens, the communities they live in, and their property. So
391 to be a responsible citizen, we must ▭▭▭▭ by these laws.

법은 시민과 그들이 사는 공동사회, 그리고 그들의 재산을 보호하기 위해 존재한다. 그러므로 책임
감 있는 시민이 되기 위해서는 우리는 이러한 법을 지켜야 한다.

❏ A suspect has confessed to the crime and has given vital information of an
392 ▭▭▭▭, who investigators are making efforts to apprehend.

용의자는 범죄를 자백했으며 공범에 대한 중요한 정보를 제공했고 수사관들이 이 사람을 체포하기
위해 노력하고 있다.

❏ He has been ▭▭▭▭ of sexual harassment, assault, and inappropriate behavior,
393 but he has repeatedly denied this.

그는 성추행, 폭행, 혹은 부적절한 행동으로 고발되었지만 계속해서 이를 부인하고 있다.

❏ The convicted cop killer was sentenced to life in prison with no eligibility for parole.
394 He is planning to ▭▭▭▭ his sentence with a new lawyer.

유죄선고가 내려진 경찰 살해자는 가석방 없이 종신형을 선고받았다. 그는 새로운 변호사와 자신
의 선고를 항소할 계획이다.

❏ A resident saw two men breaking into her neighbor's house, so she immediately
395 contacted the police. The police officers who were in the area quickly ▭▭▭▭ the
burglars.

두 명의 남자가 이웃집을 침입하려는 것을 한 주민이 보고 즉시 경찰에 연락했다. 그 근방에 있던
경찰관들이 도둑중의 한 명을 재빨리 체포했다.

❏ Another ▭▭▭▭ attack occurred on 16th street last night. A man was beaten by
396 a couple of men armed with baseball bats, but they fled before police arrived.

다른 잔혹한 공격행위가 지난밤 16번가에서 일어났다. 한 남자가 두 명의 남자에 의해 야구 방망이
로 맞았지만, 그들은 경찰이 도착하기 전에 도망쳤다.

❏ A defence lawyer has a duty to defend his ▭▭▭▭ to the best of his abilities,
397 using his skill and judgment.

피고 측 변호사는 그의 의뢰인을 자신이 가진 기술과 판단을 사용하여 본인 능력의 최대한도로 방
어할 의무를 지닌다.

❏ The safety of store team members, the general public, and even the offending
398 person should not be compromised under any ▭▭▭▭.

상점의 팀 구성원, 일반 대중들, 그리고 심지어는 공격하는 사람의 안전은 어떤 상황에서라도 타협
되어서는 안 된다.

391. abide	392. accomplice	393. accused
394. appeal	395. apprehended	396. brutal
397. client	398. circumstances	

❏ To make matters worse, there are few CPAs who really understand the ▨▨▨▨
399 new tax laws.

엎친 데 덮친 격으로 복잡한 세법을 정말 이해하고 있는 공인회계사가 거의 없다.

❏ Be aware of and ▨▨▨▨ with all corporate procedures, rules, and responsibilities
400 specific to your work environment as well as provincial and federal regulations.

여러분의 일에 구체적으로 정해지는 모든 회사의 절차, 규칙, 책임뿐만 아니라 주와 연방정부의 규정을 파악하고 이를 따라야 한다.

❏ If you observe an individual select and ▨▨▨▨ any company property, do not
401 attempt to apprehend the individual or intervene in any way. Contact the store manager immediately.

만일 어떤 사람이 회사 소유물건을 골라서 감추는 것을 목격한다면 그 사람을 잡으려 하거나 어떤 식으로든 개입하려고 하지 마라. 매장 관리인에게 곧바로 연락해라.

❏ The consultant for his presidential election campaign was ▨▨▨▨ of embezzling
402 money from a labor union three years ago.

그의 대통령 선거 캠페인의 자문위원은 3년 전에 노동단체로부터 돈을 횡령했다는 판결을 받았다.

❏ Thousands of ▨▨▨▨ U.S. $100 bills have been seized by the police in Bangkok.
403 방콕에서 수천 개의 위조 미국 100달러 지폐가 경찰에 의해 압수되었다.

❏ When parents break up, they don't always agree on who will have ▨▨▨▨ of the
404 children.

부모들이 헤어질 때 그들은 누가 아이들의 양육권을 가질 것인지에 대해 항상 동의하는 것은 아니다.

❏ If an accusation against you is totally false, and you can prove it, you can sue for
405 ▨▨▨▨ against the person or company who made the false charges.

당신에 대한 고발이 완전히 틀린 것이고 그것을 증명할 수 있다면, 잘못된 고발을 한 사람이나 회사를 명예훼손으로 소송할 수 있다.

❏ Iceland has sentenced five top executives from two major banks for extensive
406 market manipulation, ▨▨▨▨ and breach of fiduciary duties.

아이슬란드는 두 군데 주된 은행의 다섯 명의 최고경영자들에게 과도한 시장 조작, 횡령, 그리고 자금 신탁운영 의무를 위반한 것으로 징역형을 선고했다.

399. complicated	400. comply	401. conceal
402. convicted	403. counterfeit	404. custody
405. defamation	406. embezzlement	

❏ To ensure that every citizen can have complete confidence in the integrity of the
407 government, public employees should ▢▢▢▢▢ to do their duties to the best of
their abilities.

모든 시민이 정부의 정직성에 대한 완전한 신뢰를 할 수 있도록 공무원들은 자신의 의무에 대해 그
들 능력의 최대한을 발휘하도록 노력을 기울여야만 한다.

❏ The theft case against Gabriel has been dropped due to insufficient ▢▢▢▢▢.
408 가브리엘에 대한 절도사건이 증거 불충분으로 인해 취하되었다.

❏ 1 in 3 children are living in poverty in 14 of the 28 EU countries. European policy
409 makers cannot act as if they are ▢▢▢▢▢ from concerns for the poor and for
social justice.

유럽연합 28개국 중 14개 나라에서 아이들의 3분의 1일 가난 속에서 살고 있다. 유럽 정치가들이
마치 그들이 불우한 사람들과 사회 정의에 대한 염려에서 면제된 듯 행동할 수는 없다.

❏ Possessing, selling, distributing, or consuming illicit substances in this park are
410 strictly ▢▢▢▢▢ and can result in an ejection without refund or compensation.

이 공원에서 불법 물질을 소유하거나 판매하거나 배포나 사용하는 것은 엄격히 금지되어 있고 환
불이나 보상 없이 퇴출당할 수 있다.

❏ When confronted with the evidence, he insisted that he was ▢▢▢▢▢ by his ex-
411 wife rather than admitting to his crimes.

증거를 대자, 그는 죄를 인정하기보다는 그의 전 부인이 죄를 자신에게 뒤집어씌웠다고 주장했다.

❏ When people get caught making unauthorized purchases from credit cards
412 which are not their own, they go to jail for ▢▢▢▢▢, and they can stay there for
surprisingly long periods of time.

자신의 것이 아닌 신용카드로 승인되지 않은 구매를 하다 걸리면 사기죄로 감옥에 가고 뜻밖에 오
랫동안 거기에 있을 수가 있다.

❏ An obsessive woman who wanted to win back her ex-boyfriend was found
413 ▢▢▢▢▢ of murdering his lover, and was given a life sentence.

예전 남자친구를 되찾기를 원했던 집착이 심한 한 여성이 남자의 애인을 살해한 죄가 밝혀졌고 종
신형을 선고받았다.

407. endeavor	408. evidence	409. exempt
410. forbidden	411. framed	412. fraud
413. guilty		

❏
414 A conservative politician said that he would be in favour of amnesty for ▮▮▮▮▮▮ immigrants who have been living in the UK for more than 12 years. He added it would not only be economically beneficial but that it would be the humane thing to do.

한 보수정치가는 영국에 12년 이상 사는 불법 이민자들에 대한 사면을 찬성한다고 말했다. 그는 그것이 경제적 이익을 줄 뿐 아니라 인도적인 일이라고 덧붙였다.

❏
415 Police officials with negative attitudes toward African American suspects are recommended to take the Fair and ▮▮▮▮▮▮ Policing Training program.

흑인 용의자에 대한 부정적 태도를 가진 경찰관들은 '공정하고 공평한 치안유지활동 훈련' 프로그램을 수강할 것이 권장된다.

❏
416 Even though a jury had found the three men not guilty of any major drug charges, the ▮▮▮▮▮▮ ignored the decisions of the jury and sentenced them to 19 years in prison.

배심원단이 세 남자가 주된 마약 혐의에서 무죄임을 발견했지만, 판사는 배심원의 결정을 무시하고 그들에게 19년간 투옥을 선고했다.

❏
417 If you do not indicate any beneficiary in your will, your ▮▮▮▮▮▮ heirs will automatically inherit the amount due, equally divided among everyone.

유언에 수혜자를 지정하지 않는다면 법적 상속자들이 모두에게 공정하게 배당된 정해진 양을 상속할 것이다.

❏
418 Three Canadian men have been accused of trying to ▮▮▮▮▮▮ more than $1 million worth of cocaine and ecstasy across the border of Mexico.

세 명의 캐나다인이 멕시코 국경을 넘어 백만 달러 이상의 코카인과 엑스터시를 밀수하려는 혐의로 고발되었다.

❏
419 The motive is unknown and the police have no ▮▮▮▮▮▮ at this time.

동기는 알려지지 않고 경찰은 이 시각까지 어떤 용의자도 가지고 있지 않다.

❏
420 Throughout the trial, a lot of people found it clear that Tom is innocent, and they expect that the guilty ▮▮▮▮▮▮ will be overturned by the supreme court.

재판 내내 많은 사람이 Tom이 무죄라는 것이 확실하다고 생각했으며 대법원에서 유죄 판결이 뒤집힐 것이라고 기대한다.

414. illegal	415. Impartial	416. judge
417. legitimate	418. smuggle	419. suspects
420. verdict		

퀵 토익 보카 VOCA⁺³⁰

☐ **alleged** [əlédʒd]
형 (증거 없이) 주장된
부 allegedly 주장에 따르면

☐ **amnesty** [ǽmnəsti]
명 사면

☐ **attorney** [ətə́:rni]
명 변호사 cf) prosecutor 명 검사

☐ **black market**
암시장

☐ **bootleg** [bú:tlèg]
동 밀매하다, 무단복제하다
명 bootlegger 무단복제자, 밀매자

☐ **clause** [klɔːz]
명 법률 조항 cf) ordinance 법령, 명령
code 규범, 관례

☐ **constitution** [kànstətjú:ʃən]
명 헌법

☐ **curb** [kə:rb]
동 억제하다 명 구속, 억제

☐ **defendant** [diféndənt]
명 피고

☐ **detention** [diténʃən]
명 구금, 구치

☐ **death sentence**
사형 cf) life sentence 무기징역

☐ **enact** [inǽkt]
동 (법을) 제정하다
명 enactment 입법, 법률제정

☐ **falsify** [fɔ́:lsəfài]
동 위조하다, 속이다

☐ **impound** [impáund]
동 물건을 압수하다

☐ **indict** [indáit]
동 기소하다

260 |

☐ **inflict** [inflíkt]   통 (고통 등을) 가하다

☐ **inspect** [inspékt]   통 조사하다, 검사하다 명 inspection 조사, 검사
명 inspector 조사관, 검사관

☐ **kidnap** [kídnæp]   통 유괴하다 명 kidnapper 유괴범

☐ **lawsuit** [lɔ́:su:t]   명 소송, 고소

☐ **legislation** [lèdʒisléiʃən]   명 법규, 규범 통 legislate 법률을 정하다
명 legislator 입법자

☐ **loot** [lu:t]   통 약탈하다, 훔치다 명 장물, 훔친 물건

☐ **nullify** [nʌ́ləfài]   통 무효화하다
명 nullification 무효, 파기, 취소

☐ **penalize** [pí:nəlàiz]   통 벌하다 명 penalty 벌금

☐ **petition** [pətíʃən]   명 탄원서 통 탄원하다

☐ **recrimination** [rikrìmənéiʃən]   명 맞고소

☐ **self-defense**   자기방어

☐ **sentence** [séntəns]   통 판결을 내리다 명 판결, 형법, 문장

☐ **sue** [su:]   통 고소하다, 소송을 제기하다

☐ **testimony** [téstəmòuni]   명 증언
명 testimonial (이전 고용주의) 추천서

☐ **uphold** [ʌphóuld]   통 (판결을) 확정하다, (전통, 명성을) 유지하다

Day

15

MP3

대중매체
Mass media

대중매체

421 **abbreviate**
★★☆

[əbríːvièit]

图 생략하다, 단축하다

* abbreviation 명 생략, 단축

422 **acclaim**
★☆☆

[əkléim]

图 칭송하다
명 찬사, 호평

423 **anonymous**
★★☆

[ənánəməs]

형 익명의

* anonymously 부 익명으로

424 apprise

★☆☆

[əpráiz]

동 알리다, 통지하다

425 argue

★★★

[á:rgju:]

동 주장하다
명 주장, 논쟁

* arguable 형 논쟁의 여지가 있는

426 constant

★★★

[kánstənt]

명 불변의 것
형 꾸준한, 변함없는

* constantly 부 꾸준히

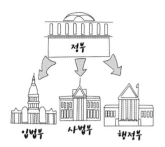

427 constitute
★★☆
[kánstətjùːt]

동 구성하다
* constitution 명 헌법, 규약

428 constructive
★★★
[kənstrʌ́ktiv]

형 건설적인 (반 destructive)
* construct 통 건설하다, 구성하다
* constructively 부 건설적으로

429 controversial
★★☆
[kàntrəvə́ːrʃəl]

형 논란이 되는
* controversy 명 논란

430 decisive
★★☆

[disáisiv]

형 결정적인

* decision 명 결정

431 description
★★★

[diskrípʃən]

명 설명, 묘사

* describe 통 묘사하다, 설명하다

432 disclose
★★☆

[disklóuz]

통 드러나다, 공개하다

* disclosure 명 공개, 폭로

433 dissemination
★☆☆
[disèmənéiʃən]

명 보급, 퍼뜨림

* disseminate
  동 (사실, 의견을) 퍼뜨리다

434 distort
★★☆
[distɔ́:rt]

동 왜곡하다

* distortion 명 왜곡

435 distribute
★★★
[distríbju:t]

동 배포하다, 분배하다,
나눠주다

* distribution 명 배포, 분배

436 exaggerate
★★☆

[igzǽdʒərèit]

동 과장하다

* exaggeration 명 과장

437 extract
★★☆

[ikstrǽkt]

동 추출하다, 발췌하다
명 발췌

* extraction 명 추출, 발췌

438 inconsistent
★★☆

[ìnkənsístənt]

형 모순되는, 일치하지 않는

* inconsistency 명 모순, 불일치

439 indicate
★★☆

[índikèit]

동 나타내다, 암시하다

* indication 명 암시, 징조
* indicator 명 지표
* indicative 형 나타내는, 암시하는

440 lucid
★☆☆

[lú:sid]

형 명쾌한, 맑은

* lucidity 명 명쾌함, 맑음

441 omit
★★☆

[oumít]

동 생략하다, 빠뜨리다

* omission 명 생략, 누락

442 periodical
★☆☆

[pìəriádikəl]

명 정기간행물, 잡지
형 정기적인

* periodic 형 정기적인
* period 명 기간, 생리

443 prevalent
★★☆

[prévələnt]

형 널리 퍼진, 일반적인

* prevalence 명 확산

444 publish
★★★

[pʌ́bliʃ]

동 출판하다

* publication 명 출판, 출판물, 발표
* publisher 명 출판사, 발행사

445 pursue
★★☆
[pərsú:]

동 추구하다, 쫓다

* pursuit 명 추구, 추적

446 response
★★★
[rispáns]

명 반응, 응답

* respondent 명 응답자
* respond 동 반응하다, 응답하다
* responsive 형 ~에 반응하는

447 separate
★★☆
[sépərèit]

동 분리하다, 분리되다

* separation 명 분리
* separately 부 별도로

448 subscribe
★★☆

[səbskráib]

동 정기구독하다

* subscription 명 정기구독
* subscriber 명 구독자
* subscribe to ~을 정기 구독하다

449 substantial
★☆☆

[səbstǽnʃəl]

형 상당한, 꽤 많은

* substance 명 물질
* substantially 부 상당히, 많이

450 summarize
★★★

[sʌməràiz]

동 요약하다

* summary 명 요약

❑ "Blog" is an ▮▮▮▮▮▮ version of "weblog," which can feature diary-type commentary
421 ranging from the personal to the political, and links to articles on other websites.

블로그는 웨로그의 단축어이고 개인적인 것부터 정치적인 것까지 망라하는 일기형식의 언급이라는
특징을 가질 수 있고 다른 웹사이트에 글을 연계시킬 수도 있다.

❑ A handful of this year's most critically ▮▮▮▮▮▮ films were made in Russia and
422 Eastern Europe, but most of them have not found American distributors.

올해 가장 비평가들의 극찬을 받은 상당수의 영화가 러시아와 동유럽에서 제작되었지만 대부분은
미국 배급장소에서 찾아볼 수가 없었다.

❑ As an ethical matter, we would not want to reveal the identity of an ▮▮▮▮▮▮ source
423 unless that person has consented to the disclosure.

윤리적 문제로써 저희는 익명의 제보자가 신분 노출에 동의하지 않는 한 그 사람의 신분을 밝히고
싶지 않습니다.

❑ I have started this column for the purpose of keeping the ▮▮▮▮▮▮ apprised of the
424 workings of the government.

나는 정부가 하는 일을 대중들에게 알릴 목적으로 이 논평을 시작했다.

❑ During the debate, the presidential candidate ▮▮▮▮▮▮ that deporting all 11.3
425 million undocumented immigrants would have a negative economic impact.

대통령 후보자는 토론 중에 천 백 삼십만 명의 불법 이민자들을 추방하는 것은 경제에 부정적인 영
향을 미칠 것이라고 논했다.

❑ The ▮▮▮▮▮▮ in journalism is to always be sure of the facts before a story is written.
426

저널리즘에서 변하지 않는 것은 항상 기사가 쓰이기 전에 사실을 확인하는 것이다.

❑ News media is ▮▮▮▮▮▮ of three main types: print media, broadcast media, and the
427 Internet.

뉴스 매체는 인쇄, 방송, 그리고 인터넷이라는 세 가지 주된 유형으로 구성된다.

❑ ▮▮▮▮▮▮ networks bring like-minded people together and foster a sense of
428 belonging and identity among the group members.

몇 몇 건설적인 웹은 생각이 같은 사람들을 모으고 모임 구성원들 사이의 소속감과 동질감을 조성한다.

---

421. abbreviated	422. acclaimed	423. anonymous
424. apprised	425. argued	426. constant
427. constituted	428. Constructive	

429 Compared to the insipid content of the early days of television, today's programming is often bold and provocative addressing ▮▮▮▮▮▮ social issues.

텔레비전 초기의 지루한 내용과 비교해볼 때 오늘날의 프로그램은 종종 논란의 여지가 있는 사회 문제를 다루면서 대범하면서도 선정적이다.

430 21st Century Fox had to make a bold and ▮▮▮▮▮▮ action on the lawsuit filed against one of the chief executives.

21세기 폭스사는 최고 경영자 중의 한 명에게 취해진 소송사건에 대해 대범하고 결정적인 행동을 취해야 했다.

431 Similar to the "Wanted" posters which were displayed in the most trafficked areas of town, digital posters giving the ▮▮▮▮▮▮ of criminals are posted on today's most trafficked spots, namely the social web.

마을에서 가장 번화한 곳에 전시되었던 "수배" 포스터와 유사하게 범임에 대한 묘사를 제공하는 디지털 포스터가 오늘날의 가장 번잡한 곳인 소셜 웹에 붙여진다.

432 Two years ago, the website released NASA's secret cables that ▮▮▮▮▮▮ information about ETs in our solar system.

2년 전에 그 웹사이트는 우리 태양계의 ET에 대한 정보를 드러낸 나사의 비밀 교신을 공개했다.

433 The media can also, in some cases, become an instrument for the ▮▮▮▮▮▮ of false and inflammatory messages.

매체는 또한 어떤 경우에 있어서 그릇되고 선동적인 메시지를 보급하는 도구가 된다.

434 The media makes ▮▮▮▮▮▮ images of gender which weave into our consciousness at every turn.

미디어가 매 순간 우리의 의식 속에 얽혀있는 성에 대한 이미지를 왜곡시킨다.

435 Flyers are typically ▮▮▮▮▮▮ a couple of days prior to the meetings and they provide meeting details in both Korean and English.

전단은 일반적으로 모임이 있기 이틀 전에 배포가 되며 모임에 대한 상세한 내용을 한국어와 영어로 제공한다.

436 Research throughout the world has shown that the increase in crime is generally ▮▮▮▮▮▮ in mass media coverage, compared to actual crime rates in society.

전 세계에 걸친 연구조사는 범죄의 증가가 사회에서 실제 범죄율에 비교해 보았을 때 대중매체에서 일반적으로 과장되고 있다는 것을 보여준다.

429. controversial	430. decisive	431. descriptions
432. disclosed	433. dissemination	434. distorted
435. distributed	436. exaggerated	

❏ The FBI tried to ▮▮▮▮▮▮ information from various sources about the whereabouts
437 of America's most wanted con man.

FBI는 미국이 가장 잡기를 원하는 사기꾼의 행방에 대해서 다양한 인물들에게서 정보를 얻으려고
노력했다.

❏ Citing law enforcement sources, NBC is reporting that a knife recovered from his
438 house is ▮▮▮▮▮▮ with the weapon used in the 1994 stabbing of his ex-wife.

경찰 정보를 인용하면서 NBC는 그의 집에서 되찾은 칼이 1994년 전 부인을 찌르는데 사용된 무기
와 일치하지 않다고 보도하고 있다.

❏ Historical documentary film makers ▮▮▮▮▮▮ that they use a number of techniques
439 such as blurring, distortion, lighting effects, and changes in camera level in order to
make the footage look real.

역사 다큐멘터리 영화 제작자들은 장면을 실제처럼 보이게 만들기 위해 흐릿하게 하기, 왜곡하기,
조명 효과, 그리고 카메라 위치 변화 등 많은 기술을 사용한다는 것을 암시한다.

❏ The articles he has been writing for the newspaper provide ▮▮▮▮▮▮ insights into
440 America's social issues.

그가 신문에 기고하고 있는 사설들은 미국의 사회 문제에 대한 명쾌한 통찰을 제공한다.

❏ Most historical documents relating to the Vietnam War tend to ▮▮▮▮▮▮ information
441 about the terrible things our side did in the conflict.

대부분의 베트남 전쟁과 관련한 역사 다큐멘터리는 우리 측이 그 전쟁에서 얼마나 끔찍한 일을 저
질렀는지에 대한 정보를 빠뜨리는 경향이 있다.

❏ You can search online databases by using the article author, title, or keyword to
442 find articles in journals, newspapers, and ▮▮▮▮▮▮.

학술지, 신문, 그리고 정기 간행물에서 기사를 찾기 위해 기사 작성자, 제목, 혹은 키워드를 사용함
으로써 온라인 데이터베이스를 찾을 수 있다.

❏ Mass media can assist in the eradication of ▮▮▮▮▮▮ social problems such as
443 child abuse and neglect by influencing people's attitudes and behavior.

대중 매체는 사람들의 태도와 행동에 영향을 미침으로써 아동 학대와 방치와 같은 널리 퍼진 사회
문제들의 근절을 돕는다.

437. extract	438. inconsistent	439. indicate
440. lucid	441. omit	442. periodicals
443. prevalent		

☐
444 Harry Potter author JK Rowling said that she received many rejections before she finally got her book ▨▨▨▨▨.

해리 포터의 작가 제이케이 롤링은 그녀의 책이 마침내 출판되기 전에 많은 거절을 당했다고 말했다.

☐
445 Being first and being exclusive should never be the primary motive of journalists. The main goal should always be ▨▨▨▨▨ an accurate report.

첫 번째 그리고 독점이 되는 것이 결코 언론가의 주된 동기가 되어서는 안 된다. 주된 동기는 항상 정확한 보도를 추구하는 것이 되어야 한다.

☐
446 The shift in polls was a clear ▨▨▨▨▨ of public opinion after allegations of the candidate's wrongdoing was made public.

그 후보의 그릇된 행동의 혐의가 대중에게 알려진 후 여론조사의 변화는 일반 대중 의견의 명백한 반응이었다.

☐
447 It is their blind support of one party over the other that ▨▨▨▨▨ politically biased pundits from responsible journalists.

정치적으로 편향된 전문가들을 책임감 있는 저널리스트들과 구별하는 것은 한쪽 당에 대한 그들의 맹목적 지지이다.

☐
448 The number of households which ▨▨▨▨▨ to a daily newspaper has drastically fallen in the past 10 years.

지난 10년간 매일 신문을 구독하는 가구의 수가 극적으로 감소했다.

☐
449 Many local radio stations rely on ▨▨▨▨▨ revenues from companies wishing to advertise, in order to remain on-air.

많은 지역 라디오 방송들이 계속 방송영업을 하기 위해 광고를 원하는 회사들로부터의 상당한 자금에 의존한다.

☐
450 Following last night's TV debates, anchors and pundits from all major news networks ▨▨▨▨▨ the campaign up to this point and shared who they felt had the most strength heading into the election.

지난 밤 TV 토론에 이어 주된 뉴스 네트워크 앵커들과 전문가들은 이 시점까지 캠페인을 요약하고 그들이 느끼기에 선거에서 누가 가장 강력한가를 공유했다.

444. published
445. pursuing
446. response
447. separates
448. subscribe
449. substantial
450. summarized

퀵 토익 보카 VOCA +30

- ❏ article [á:rtikl]   명 기사, 물품

- ❏ censorship [sénsərʃip]   명 검열제도 명 censor 검열, 금지

- ❏ correspondent [kɔ̀:rəspándənt]   명 기자, 특파원

- ❏ create [kriéit]   동 창조하다 만들다 형 creative 창조적인
  명 creation 창조, 제조

- ❏ curtail [kə:rtéil]   동 축소시키다

- ❏ edit [édit]   동 편집하다, 교정하다 명 edition 편집, 교정

- ❏ feature [fí:tʃər]   동 특색으로 삼다, 특징을 이루다
  명 특징, 특색

- ❏ imply [implái]   동 암시하다, 포함하다 명 implication 암시

- ❏ insinuate [insínjuèit]   동 넌지시 말하다

- ❏ insight [ínsàit]   명 통찰력

- ❏ issue [íʃu:]   동 발표하다, 발간하다 명 판, 호, 문제

- ❏ malign [məláin]   동 비방하다 형 해로운, 악성의 (반 benign)

- ❏ mention [ménʃən]   동 언급하다 명 언급

- ❏ noted [nóutid]   형 저명한, 주목할 만한

- ❏ obituary [oubítʃuèri]   명 부고, 사망 기사

☐ **press conference**   기자회견

☐ **public** [pʌ́blik]   형 공공의 동 publicize 공표하다, 광고하다
명 publicity 공표, 광고

☐ **poll** [pal]   명 여론조사, 투표

☐ **press** [pres]   명 보도 기관, 언론 동 누르다
pressure 명 압박 동 압력을 가하다

☐ **propaganda** [prɑ̀pəgǽndə]   명 (정치, 정당에 대한) 선전

☐ **purvey** [pərvéi]   동 (서비스, 정보를) 공급하다, 조달하다

☐ **refer** [rifə́:r]   동 참조하다, 언급하다
명 reference 참고, 참조, 추천서

☐ **release** [rilí:s]   명 발표, 출시
동 발표하다, 공개하다, 풀어주다

☐ **remark** [rimɑ́:rk]   명 의견, 비평 동 말하다, ~에 주목하다

☐ **review** [rivjú:]   동 재검토하다, 비평하다 명 재검토, 논평

☐ **subsequent** [sʌ́bsikwənt]   형 그 후의, 다음의

☐ **summarize** [sʌ́məràiz]   동 요약하다 명 summary 요약

☐ **survey** [sərvéi]   명 설문조사 동 설문조사하다

☐ **unbiased** [ʌnbáiəst]   형 공평한, 선입견 없는

☐ **vague** [veig]   형 애매한, 막연한

Day

16

MP3

직장, 안전
Workplace & Safety

451 **allocate**
★★☆
[ǽləkèit]

동 지정하다, 배당하다

* allocation 명 배당, 할당

452 **blade**
★☆☆
[bleid]

명 칼날

453 **bulky**
★☆☆
[bʌ́lki]

형 부피가 큰

* bulk 명 큰 규모

454 chemical
★★☆

[kémikəl]

명 화학약품
형 화학의

* chemistry 명 화학

455 cramped
★★☆

[kræmpt]

형 비좁은, 답답한

* cramp 명 쥐, 경련
동 (진행을) 막다, 방해하다

456 debris
★★☆

[dəbrí:]

명 파편, 잔해, 쓰레기

457 dispose

★★★

[dispóuz]

동 처리하다, 없애다

* disposal 명 처리, 제거
* disposable 형 일회용의

458 distinctive

★★☆

[distíŋktiv]

형 독특한, 눈에 띄는

산만해.

459 distraction

★★★

[distrǽkʃən]

명 정신 산만, 분산

* distract 동 정신을 산만하게 하다,
  신경을 다른 데로 돌리다
* distractive
  형 주의를 산만하게 하는

460 ergonomics
★☆☆

[ə̀ːrgənámiks]

몡 인체공학

* ergonomic 혱 인체공학적

461 equipment
★★★

[ikwípmənt]

몡 (집합적) 장비, 용품, 설비

* equip 동 설비를 갖추다

462 extend
★★★

[iksténd]

동 늘리다, 확장하다, 연장하다

* extension 몡 확장

463 **extinguisher**
★★☆
[ikstíŋgwiʃər]

명 소화기

* extinguish 통 불을 끄다, 소화하다

464 **footwear**
★★☆
[fútwɛər]

명 신발류

465 **frayed**
★☆☆
[freid]

형 천이 낡은, 해어진

* fray 통 천이 해어지다

466 horseplay

★☆☆

[hɔːrsplei]

통 요란스럽게 놀다, 장난치다

467 jeopardize

★★★

[dʒépərdàiz]

통 위험에 빠뜨리다

* jeopardy 명 위험

oh, no!

468 leak

★★☆

[liːk]

통 새다, 누설하다

명 누출, 유출

출산휴가

469 leave
★★☆

[li:v]

명 허가, 휴가
동 떠나다

* sick(medical) leave 병가
* maternity leave 출산 휴가

470 ligament
★☆☆

[lígəmənt]

명 관절의 인대

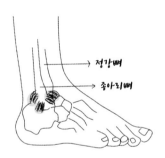

→ 정강뼈
→ 종아리뼈

471 lubrication
★★☆

[lù:brəkéiʃən]

명 기름칠

* lubricate
  동 윤활제를 바르다, 기름 치다
* lubricant 명 윤활유

참기름

472 machinery
★★★
[məʃíːnəri]

명 (집합적) 기계, 기계류

cf) machine 기계

473 personnel
★☆☆
[pə̀ːrsənél]

명 인원, 직원

474 physically
★★★
[fízikəli]

부 육체적으로 (반 mentally)

475 quantity
★★★
[kwántəti]

명 양 (반 quality)

476 responsible
★★★
[rispánsəbl]

형 책임 있는

* responsibility 명 책임감

477 risk
★★★
[risk]

명 위험

* risky 형 위험한

478 secure
★★★
[sikjúər]

형 안전한
동 확보하다

* security 명 안전

479 supervisor
★★☆
[súːpərvàizər]

명 감독관

* supervise 동 감독하다

480 threaten
★★★
[θrétn]

동 위협하다

* threat 명 위협, 협박

☐ All tools, knives, and cutters must be kept in their ▨▨▨▨ storage location.
451 모든 도구, 칼, 그리고 커터기는 지정된 보관 장소에 두어야 한다.

☐ Make sure the cutter you are using has a sharp ▨▨▨▨. If it doesn't cut easily,
452 replace the cutter blade or use a sharp knife instead.

사용하는 칼의 커터기가 날카로운 날을 가지고 있도록 확실하게 해라. 쉽게 자르지 못하면 커터 날을
교환하거나 잘 드는 칼을 대신 이용해라.

☐ If you lift a heavy, ▨▨▨▨ object carelessly you can end up pulling muscles or
453 even worse, suffer long-term damage to your back.

부주의하게 무겁고 부피가 큰 물건을 들어 올리면 근육이 결리거나 심지어 장기간 등의 통증을 겪
을 수 있다.

☐ Chlorine should be stored separately from other ▨▨▨▨ to avoid potential
454 chemical reactions.

잠재적인 화학 반응을 피하기 위해 염소는 다른 화학약품과 분리해서 보관해야 한다.

☐ Working underground was ▨▨▨▨, uncomfortable, and dangerous. It had the
455 short-term threat of a serious accident and the long-term threat of lung disease.

지하 구덩이에서 일하는 것은 비좁고 불편하고 위험했으며 단기적으로는 심각한 사고와 장기적으
로는 폐 질환의 위험을 가지고 있었다.

☐ The storage of waste material and ▨▨▨▨ on any floor must not exceed the
456 allowable floor loads.

어떤 층에서도 쓰레기와 파편의 보관은 허용된 바닥 하중을 넘어서는 안 된다.

☐ We should ▨▨▨▨ of waste in accordance with local and provincial regulations.
457 우리는 지역과 주의 규정에 따라 쓰레기를 처리해야 합니다.

☐ Some substances give off ▨▨▨▨ odors which can alert workers to the presence
458 of a hazardous chemical.

어떤 물질은 직원들에게 위독한 화학물질의 존재를 경고하는 독특한 냄새를 풍긴다.

451. allocated	452. blade	453. bulky
454. chemical	455. cramped	456. debris
457. dispose	458. distinctive	

459 While performing your work, if there is a distraction around you, ignore it or pause until the ▮▮▮▮▮▮▮ is gone.

일을 하는 동안 당신 주변에 정신을 산만하게 하는 것이 있다면 무시하고 그 산만하게 하는 요인이 사라질 때까지 기다려라.

460 Systematic ▮▮▮▮▮▮▮ removes risk factors that lead to bone or muscle injuries and improves human performance and productivity, while poor worksite design leads to fatigued, frustrated, and hurting workers.

좋지 않은 작업장 설계는 근로자들을 피로하고 짜증 나며, 부상을 입게 하지만 체계적인 인체공학은 뼈와 근육 부상을 일으키는 위험요소를 제거하고 인간의 수행력과 생산력을 향상한다.

461 Many laboratory accidents can be attributed to poorly maintained or improperly used laboratory ▮▮▮▮▮▮▮.

많은 실험실 사고는 형편없이 유지되고 부적절하게 사용되는 실험실 장비 때문에 일어날 수 있다.

462 You may ▮▮▮▮▮▮▮ the sick leave for up to an additional 13 weeks, if you are not yet able to perform the duties of your job.

여러분이 직업의 의무를 아직 수행할 수가 없다면 병가를 추가로 13주까지 연장할 수 있다.

463 Fire exits, ▮▮▮▮▮▮▮, access aisles, and stairways must be kept clear of obstructions at all times.

불이 났을 경우 소화기, 접근 통로, 그리고 계단은 항상 방해물이 치워진 상태를 유지해야 한다.

464 Construction workers should wear proper ▮▮▮▮▮▮▮ to prevent crushed toes when working around heavy equipment or falling objects.

건설 노동자들은 무거운 장비나 떨어지는 물건 근처에서 일할 때 발가락을 다치는 것을 예방하기 위해 적당한 신발을 신어야 한다.

465 You are advised not to wear loose or ▮▮▮▮▮▮▮ clothing, rings, bracelets or other jewelry when working around equipment.

장비 근처에서 일할 때는 느슨하거나 천이 낡은 옷, 반지, 팔찌 혹은 다른 장신구를 착용하지 않을 것이 권장된다.

466 Fighting, wrestling, ▮▮▮▮▮▮▮ or throwing of materials are strictly prohibited in the office workplace.

싸움이나 레슬링, 요란스럽게 장난치거나 물건을 던지는 것은 직장에서 엄격하게 금지된다.

459. distraction	460. ergonomics	461. equipment
462. extend	463. extinguishers	464. footwear
465. frayed	466. horseplay	

467. If you feel like you are being treated disrespectfully by your colleagues, you may have difficulty focusing on your work, which can ▩▩▩▩ your productivity and possibly your job.

만일 여러분이 동료들에게 무례하게 취급받는다고 느낀다면 일에 집중하기 어려울 것이고 그것은 당신의 생산성과 그리고 당신의 직장까지도 위험에 빠뜨릴 수 있다.

468. If there is a ▩▩▩▩ of hazardous material, never attempt to enter a location where potentially dangerous air contaminants may be present.

만약 위험 물질의 유출이 있다면 위험한 공기 오염이 있을 수 있는 곳에 절대 들어가려 해서는 안 된다.

469. If you are having health issues and need time off from work, paid ▩▩▩▩ is available.

건강상 문제가 있거나 일을 쉬어야 할 필요가 있다면 봉급이 지급되는 휴가가 가능하다.

470. MSI(Musculoskeletal Injury) is an injury or disorder of the muscles, tendons, ▩▩▩▩, joints, nerves, blood vessels or related soft tissue.

근골격질환은 근육, 힘줄, 인대, 관절, 신경, 혈관 혹은 관련된 연조직의 부상 혹은 장애이다.

471. Any adjustment, cleaning, ▩▩▩▩, repairs or any other maintenance should be done by authorized persons only.

조절, 청소, 기름칠, 수리 혹은 다른 어떠한 유지활동은 공인된 사람으로부터만 이루어져야 한다.

472. Never remove safety guards from ▩▩▩▩ or equipment while in operation.

작동하고 있는 동안 기계나 장비에서 안전 덮개를 절대 제거하지 마라.

473. You should report all work related injuries, near misses or occupational illnesses immediately to the appropriate ▩▩▩▩.

모든 일과 관련된 부상이나 위기일발의 상황 혹은 직업병은 즉시 적당한 직원에게 보고해야만 한다.

474. You should be ▩▩▩▩ and mentally fit to perform the tasks assigned.

주어진 일을 수행하기 위해서는 신체적으로 그리고 정신적으로 건강해야만 한다.

---

467. jeopardize	468. leak	469. leave
470. ligaments	471. lubrication	472. machinery
473. personnel	474. physically	

❑ A large ▇▇▇▇▇ of refrigerant can have a sharp smell resembling ether or
475 petroleum.

많은 양의 냉매제는 에테르나 석유와 비슷한 강한 냄새를 가질 수 있다.

❑ Every team member is ▇▇▇▇▇ for their personal health and safety in the
476 workplace as well as the health and safety of their fellow team members.

모든 구성원은 직장 내 동료 직원의 건강과 안전뿐 아니라 본인의 건강과 안전에도 책임이 있다.

❑ If employees are required to carry heavy items or work from height, the business is
477 obliged to carry out a health and safety ▇▇▇▇▇ assessment.

만일 직원이 무거운 물건을 들거나 높은 곳에서 일할 것이 요구된다면 사업장은 건강과 안전 위험
평가를 수행할 의무를 지닌다.

❑ Many companies are making an effort to help employees feel more ▇▇▇▇▇ at
478 work by removing hazards and distractions that can undermine their productivity.

많은 회사는 고용인들의 생산성을 약화할 수 있는 위험과 정신을 분산시키는 것들을 제거함으로써
모든 고용인이 일을 하면서 더 안전하다고 느끼도록 돕는 데 노력을 기울이고 있다.

❑ Before starting your work, correct all unsafe conditions and report any unsafe acts
479 to your ▇▇▇▇▇ or manager.

일을 시작하기 전에 안전하지 못한 모든 조건을 수정하고 어떤 안전하지 못한 행동도 감독관이나
관리인에게 보고해라.

❑ Some products may contain chemicals that have the potential for serious, life
480 ▇▇▇▇▇ consequences should they come in contact with other chemicals.

어떤 상품은 다른 화학물질과 접촉하게 된다면 심각하며 생명을 위협하는 결과를 가져올 수 있는
화학물질을 함유하고 있을 수도 있다.

| 475. quantity | 476. responsible | 477. risk |
| 478. secure | 479. supervisor | 480. threatening |

퀵토익 보카 VOCA⁺³⁰

☐ **basis** [béisis]   명 근거, 이유, 기준

☐ **breathe** [briːð]   통 숨 쉬다 명 breath 숨, 호흡

☐ **chore** [tʃɔːr]   명 허드렛일

☐ **edge** [edʒ]   명 우외, 모서리, 강점

☐ **fragment** [frǽgmənt]   명 조각, 파편 통 조각내다, 부수다

☐ **gently** [dʒéntli]   부 부드럽게, 다정하게

☐ **human resources**   인사과

☐ **impede** [impíːd]   통 지연시키다, 방해하다
                             형 impedient 방해가 되는

☐ **itemize** [áitəmàiz]   통 항목별로 적다, 명세서를 작성하다

☐ **lengthen** [léŋkθən]   통 늘이다, 길게 하다

☐ **ladder** [lǽdər]   명 사다리

☐ **linger** [líŋgər]   통 남아있다

☐ **optimal** [áptəməl]   형 최선의, 최적의 통 optimize 최적화하다

☐ **property** [prápərti]   명 재산   private property 사유 재산

☐ **replenish** [ripléniʃ]   통 다시 채우다, 보강하다

☐ **residue** [rézədjùː] 명 잔여물, 잔류물

☐ **resource** [ríːsɔːrs] 명 자원, 재원

☐ **rigorous** [ooooo] 형 철저한, 혹독한 명 rigor 엄격
부 rigorously 엄격하게

☐ **rinse** [rins] 동 헹구다

☐ **rodent** [róudnt] 명 설치류

☐ **slip** [slip] 동 미끄러지다 형 slippery 미끄러운

☐ **solidity** [səlídəti] 명 견고함, 확고함

☐ **split** [split] 동 분열되다, 분열시키다 명 분열, 불화

☐ **subside** [səbsáid] 동 가라앉다, 진정되다

☐ **syringe** [səríndʒ] 명 주사기

☐ **understandably** [ʌndərstǽndəbli] 부 당연하게도, 당연히

☐ **unwanted** [ʌnwántid] 형 원하지 않는, 불필요한

☐ **versatile** [və́ːrsətl] 형 다재다능한

☐ **warehouse** [wɛərhaus] 명 창고

☐ **worsen** [wə́ːrsn] 동 악화되다, 악화시키다

Day

17

MP3

일상생활 1
Daily life

Day 17 일상생활 1

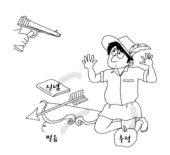

481 abandon
★★☆

[əbǽndən]

동 버리다, 단념하다

* abandonment 명 단념, 버림

482 access
★★★

[ǽkses]

동 접근하다, 접속하다
명 접근, 이용 권한

* accessible
형 접근 가능한, 이용 가능한

483 accumulate
★★☆

[əkjúːmjulèit]

동 축적하다, 모으다

300

484 adjust
★★☆

[ədʒʌ́st]

동 조절하다, 적응하다

* adjustment 명 조절, 적응
* adjustable 형 적응할 수 있는, 조절할 수 있는

485 atmosphere
★☆☆

[ǽtməsfiər]

명 대기, 공기, 분위기

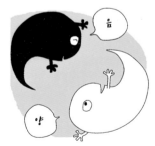

486 attract
★★★

[ətrǽkt]

동 끌다, 매료시키다

* attraction 명 끌어당김, 매료
* attractive 형 매력적인

487 **casual**
★☆☆ [kǽʒuəl]

형 평상시의,
격식을 갖추지 않은
(반 formal)

488 **cease**
★☆☆ [si:s]

동 중지하다, 그만두다
* cessation 명 중단

489 **compare**
★★★ [kəmpɛ́ər]

동 비교하다
* comparison 명 비교
* comparative 형 비교적인, 비교의
* comparatively 부 비교적

302 |

490 concentrate
★★★

[kánsəntrèit]

동 집중하다, 집중시키다

* concentration 명 집중
* concentrate on ~에 집중하다

491 considerable
★★☆

[kənsídərəbl]

형 상당한

* consider
  동 고려하다, 여기다, 간주하다
* consideration 명 고려, 간주
cf) considerate 사려 깊은

-60kg!!!

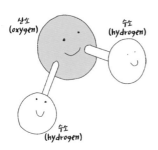

산소 (oxygen)
수소 (hydrogen)
수소 (hydrogen)

492 consist
★★★

[kənsíst]

동 이루어지다, 구성되다

* consist of ~으로 이루어지다
  (=be made up of)

493 enthusiastic
★★☆
[inθùːziǽstik]

형 열정적인, 열렬한

* enthusiasm 명 열정, 열광

494 exhibit
★★★
[igzíbit]

동 전시하다

* exhibition 명 전시회, 전람회

495 fake
★☆☆
[feik]

형 가짜의
동 위조하다
명 가짜, 모조품

496 fine
★★☆ [fain]

명 벌금
동 벌금을 부과하다
* pay a fine 벌금을 내다

497 fluently
★★★ [flúːəntli]

부 유창하게
* fluency 명 유창함
* fluent 형 유창한

498 identical
★★☆ [aidéntikəl]

형 동일한, 똑같은
* identity 동 신원, 동일함, 독자성
* identical twins 일란성 쌍둥이

499 improper
★★★
[imprápər]

형 **부적절한**

* improperly 부 부적절하게
* improper fraction 가분수

500 inclement
★☆☆
[inklémənt]

형 (날씨가) 혹독한, 심한

501 indulge
★★☆
[indʌldʒ]

통 **마음껏 하다, 탐닉하다**
* indulgence 명 마음껏 함, 탐닉

502 inspire
★★★

[inspáiər]

동 영감을 주다

* inspiration 명 영감
* inspirational 형 영감을 주는

503 monotonous
★☆☆

[mənátənəs]

형 단조로운

* monotone 명 단조로운 소리

504 prejudice
★★★

[prédʒudis]

명 선입견

505 solicit

★★☆

[səlísit]

동 간청하다, 요청하다

* solicitation 명 간청
* door-to-door solicitation
  가정방문판매

506 solid

★★★

[sálid]

형 단단한, 견고한, 단색의

* solidify 동 굳히다

507 stain

★☆☆

[stein]

명 얼룩, 자국, 오점
동 얼룩지다, 오점을 남기다

508 stereotype
★★☆

[stériətàip]

몡 고정관념
동 고정관념을 갖다

509 strain
★★☆

[strein]

동 긴장시키다, 잡아당기다
몡 긴장, 압박, 팽팽함

* strain a muscle
  지나치게 근육을 쓰다

510 visionary
★★★

[víʒənèri]

혱 선구적인, 비전 있는

* vision 몡 시력, 통찰력
* visual 혱 시각의, 시각적인

□ He never ▨▨▨▨▨ his belief that in a country like Canada, parliamentary politics
481 had to be at least part of the process of creating a socialist society.

그는 캐나다와 같은 나라에서는 의회 정치가 적어도 사회주의 사회를 만드는 과정 중 하나여야 한
다는 그의 신념을 절대 버리지 않았다.

□ There must be something wrong with our Internet connection. I can't ▨▨▨▨▨ my
482 e-mail account.

우리 인터넷 연결에 문제가 있는 것임이 분명해. 내 이메일에 접속을 못 하겠어.

□ Enough evidence has been ▨▨▨▨▨ that we believe it is now appropriate to
483 evaluate whether the program was successful or not.

충분한 증거가 수집되어 지금이 그 프로그램이 성공인지 아닌지를 평가하기에 적당하다고 믿는다.

□ My parents had been married for 35 years before my mother died of lung cancer.
484 Since then my father has had difficulty ▨▨▨▨▨ to life on his own.

우리 부모님은 엄마가 폐암으로 돌아가시기 전 35년간 결혼생활을 하셨다. 그 이후 우리 아버지는
혼자 사는 생활에 적응하는 것을 힘들어하신다.

□ Almost everyone in my workplace is stressed. There are countless complaints
485 and many people seem to truly hate each other, which makes the ▨▨▨▨▨ really
uncomfortable.

내 직장에서 거의 모든 사람이 스트레스를 받는다. 수많은 불만이 있고 많은 사람이 서로를 진정으
로 미워하는 것 같은데, 그것이 분위기를 정말 불편하게 만든다.

□ One of the factors that ▨▨▨▨▨ people to each other is physical proximity. People
486 tend to become ▨▨▨▨▨ to those they meet often or those who live nearby.

사람을 서로 매료시키는 요인 중의 하나는 물리적 근접성이다. 사람들은 대부분 자주 만나거나 근
처에 사는 사람들에게 매력을 느끼게 되는 경향이 있다.

□ For those who work in corporate offices, ▨▨▨▨▨ Fridays are a glorious opportunity
487 for them to ignore the stuffy business dress code.

회사 사무실에서 일하는 사람들에게 있어서 격식 없는 금요일은 그들이 답답한 직장의 복장 규정
을 무시하는 멋진 기회이다.

481. abandoned	482. access	483. accumulated
484. adjusting	485. atmosphere	486. attracts, attracted
487. casual		

앞서 학습한 단어를 복습합니다. 빈칸에 해당하는 단어의 그림을 떠올려보세요.

❏ A true friend is one who believes in you when you have [_____] to believe in
488 yourself. I really appreciate all of those friends who have been there for me during
difficult times.

진정한 친구는 당신 자신을 믿는 것을 중지할 때 당신을 믿어주는 사람이다. 내가 힘들어할 때 나를 위해 있어 주었던 친구들 모두에게 감사를 표한다.

❏ Before renting an apartment, [_____] the place you're interested in with others of
489 similar size and location. If your prospective landlord is asking too much, see if he
or she will negotiate.

아파트를 임대하기 전에 관심 있는 곳을 비슷한 사이즈와 위치에 있는 다른 곳과 비교해 보라. 만일 장차 집주인이 될 사람이 너무 많이 요구한다면 협상이 가능한지 알아보라.

❏ My neighbor loves heavy metal music and he plays it really loudly even late at
490 night. I find it difficult to [_____] on anything.

이웃이 헤비메탈을 좋아해서 심지어 늦은 밤에도 정말 크게 음악을 튼다. 난 어떤 것에도 집중하기가 힘들다.

❏ As a [_____] amount of food waste is created by consumers, it can be helpful to
491 think about the long journey food makes before it ends up in your kitchen.

상당한 양의 음식물 쓰레기가 소비자에 의해 만들어지므로 여러분의 부엌에 오기까지 음식의 오랜 이동 경로에 대해 생각해 보는 것이 도움될 수 있다.

❏ Effective note taking [_____] of three parts: observing, recording, and reviewing.
492 First, you observe an 'event'. Then you record what you observed, that is you "take
notes." Finally, you review what you have recorded.

효과적인 필기는 관찰, 기록, 복습의 세 가지로 이루어진다. 우선 '일어나는 일'을 관찰한다. 그리고 관찰한 것을 기록하는 즉, "필기"를 한다. 마지막으로 기록한 것을 복습한다.

❏ She is not only a stimulating and [_____] teacher, who works tirelessly to
493 promote the students' interests, but also a generous, brave, and sympathetic
women whom the students love.

그녀는 학생들의 관심을 높이기 위해 지치지 않고 일하며 자극을 주는 열정적인 교사일 뿐 아니라 학생들이 사랑하는 너그럽고 용감하며 공감해주는 여성이다.

❏ Guernica, Pablo Picasso's large anti-war painting, was initially [_____] in July
494 1937 at the Paris International Exposition.

피카소가 그린 커다란 반전 작품인 게르니카는 1937년 7월 파리 국제 전시회에서 처음으로 전시되었다.

488. ceased	489. compare	490. concentrate
491. considerable	492. consists	493. enthusiastic
494. exhibited		

☐ 70 paintings of Rembrandt, which were previously thought to be ▨▨▨▨▨▨, were
495 recognized as his work.

전에 가짜로 여겨졌던 렘브란트의 70개 그림이 그의 작품이라는 인정을 받았다.

☐ The Swiss court gave a 33 year old driver, who was caught speeding at 231 km/h,
496 a 15 month suspended prison sentence and a 7,400 dollar ▨▨▨▨▨▨.

스위스 법원은 시속 231km로 운전하다 걸린 33세 운전자에게 15개월의 집행유예선고와 7,400달
러의 벌금을 내렸다.

☐ Polyglots are those who speak more than 4 languages ▨▨▨▨▨▨. In countries
497 such as Switzerland and Morocco, a high percentage of people can be considered
polyglots.

여러 언어구사자는 4개의 언어 이상을 유창하게 말하는 사람들이다. 스위스나 모로코와 같은 나라
들은 더 높은 퍼센티지의 사람들이 여러 언어구사자로 여겨질 수 있다.

☐ All of Rena's bridesmaids wore ▨▨▨▨▨▨ light blue, floor-length dresses with V-necks.
498

레나의 신부 들러리들은 모두 같은 밝은 청색 바닥까지 내려오는 브이넥의 드레스를 입었다.

☐ Some people think being too affectionate in public is an ▨▨▨▨▨▨ way to express
499 love, as it shows a lack of general etiquette.

어떤 사람들은 공공장소에서 너무 지나친 애정을 표현하는 것은 일반적인 예의의 부족을 보여주는
것이기 때문에 사랑을 표현하는 부적절한 방법이라고 생각한다.

☐ Unexpected ▨▨▨▨▨▨ weather can cause you to be delayed in getting to your
500 destination.

예상치 못한 혹독한 날씨가 당신이 가고자 하는 목적지에 도착하는 것을 지연시킬 수 있다.

☐ The couple decided to ▨▨▨▨▨▨ themselves in a dinner at an expensive restaurant
501 with good wine to celebrate their 10-year wedding anniversary.

그 커플은 결혼 10주년을 기념하기 위해 값비싼 식당에서 좋은 와인과 함께 저녁을 먹으면서 하고
싶은 것을 맘껏 하기로 결심했다.

☐ Watching those women who have succeeded in losing almost 100 pounds through
502 exercise and healthy eating really ▨▨▨▨▨▨ me to go to the gym regularly.

운동과 건강한 식사를 통해 거의 100파운드 감량에 성공한 여자들을 보는 것이 내가 규칙적으로
헬스장에 가도록 영감을 주었다.

495. fake	496. fine	497. fluently
498. identical	499. improper	500. inclement
501. indulge	502. inspired	

503 A ▊▊▊▊ speech provides few points of emphasis which help your audience comprehend your message.

단조로운 연설은 청중들이 당신의 메시지를 이해하도록 돕는 강조점을 거의 제공하지 않는다.

504 People are often biased against others outside of their own social group, showing ▊▊▊▊ (emotional bias), stereotypes (cognitive bias), and discrimination (behavioral bias).

사람들은 흔히 선입견(감정적 편견), 고정관념(인지적 편견), 그리고 차별(행동적 편견)을 보이면서 자신들의 사회그룹 밖에 있는 다른 사람들에 대해 편견을 갖는다.

505 If you are preparing for a fundraising event, consider ▊▊▊▊ local businesses to sponsor your event. Not only do companies receive tax benefits, but they also receive exposure through presence at the event.

모금행사를 준비하고 있다면 지역 사업체들이 행사를 후원하도록 요청하는 것을 고려해 보아라. 회사들은 세금혜택을 받을 뿐 아니라 행사에서 모습을 보이면서 사람들에게 노출되는 기회도 받는다.

506 When an individual has a ▊▊▊▊ belief in who they are as a human being, it will manifest itself in every area of their lives.

한 사람이 인간으로서 자기 자신에 대한 견고한 믿음이 있을 때 그것이 그들 삶의 모든 분야에서 자신을 드러낼 것이다.

507 If you want to get rid of sweat ▊▊▊▊ from white shirts, try using vinegar, baking soda, salt, and hydrogen peroxide.

흰 셔츠에 묻은 땀 얼룩을 제거하고 싶다면 식초, 베이킹소다, 소금, 과산화수소를 사용해 봐라.

508 Some people hold the ▊▊▊▊ that white people are arrogant; African Americans are loud; and Asian Americans are smart. These are assumptions based on unfounded ideas about these groups.

어떤 사람들은 백인은 거만하고 흑인은 시끄럽고 동양계 미국인들은 똑똑하다는 고정관념을 갖는다. 이러한 것은 이 그룹들에 대한 근거 없는 생각에 기반을 둔 가정들이다.

509 As a result of the stresses and ▊▊▊▊, a parent might tend to "give in" to their child's demands from pure exhaustion.

스트레스와 압박감의 결과로 혼자 아이를 키우는 부모는 순전히 피곤해서 아이의 요구에 "항복"하는 경향이 있을 수 있다.

510 A ▊▊▊▊ entrepreneur is able to see exactly what his or her business is going to look like in every detail.

비전 있는 사업가는 정확히 그의 사업이 구체적으로 어떠할 것인지를 볼 수 있다.

503. monotonous	504. prejudice	505. soliciting
506. solid	507. stains	508. stereotype
509. strains	510. visionary	

퀵 토익 보카 VOCA⁺³⁰

☐ **ability** [əbíləti]
명 능력 형 able 능력 있는

☐ **adequately** [ǽdikwitli]
부 충분히, 적절하게
형 adequate 적절한, 충분한

☐ **admire** [ædmáiər]
동 존경하다, 감탄하다

☐ **admit** [ædmít]
동 받아들이다, 인정하다
명 admittance 입장

☐ **aptitude** [ǽptətjù:d]
명 소질, 적성, 재능   aptitude test 적성검사

☐ **audience** [ɔ́:diəns]
명 관객, 청중

☐ **adamantly** [ǽdəməntli]
부 단호하게, 완강히
형 adamant 완강한, 단호한

☐ **complimentary** [kàmpləméntəri]
형 무료의, 칭찬하는
동 compliment 칭찬하다 명 칭찬

☐ **deliver** [dilívər]
동 배달하다, 출산을 돕다 명 delivery 배달

☐ **faculty** [fǽkəlti]
명 능력, 대학 교수진, 학과

☐ **fad** [fæd]
명 (일시적) 유행

☐ **forecast** [fɔ́:rkæst]
명 (날씨) 예보, 기상 전망 동 (날씨) 예보하다

☐ **hilarious** [hilέəriəs]
형 유쾌한, 즐거운

☐ **humid** [hjú:mid]
형 습한, 습도가 많은 명 humidity 습도

☐ **incur** [inkə́:r]
동 (일을) 초래하다 명 incurrence 초래

❏ **informative** [infɔ́ːrmətiv]   형 유익한, 정보를 주는

❏ **justify** [dʒʌ́stəfài]   동 정당화 하다   명 justification 정당화

❏ **outcome** [autkʌm]   명 결과, 결론

❏ **polish** [páliʃ]   동 윤을 내다, 닦다

❏ **postage** [póustidʒ]   명 우편요금, 우송료   postal code 우편번호

❏ **perception** [pərsépʃən]   명 인지   동 perceive 알다, 인지하다

❏ **persist** [pərsíst]   동 고집하다   형 persistent 불굴의, 완고한

❏ **relax** [rilǽks]   동 긴장을 풀다   형 relaxing 긴장을 풀어주는
     명 relaxation 긴장 완화

❏ **screen** [skriːn]   동 심사하다, 선발하다   명 화면, 칸막이

❏ **sensitivity** [sènsətívəti]   명 민감성, 감수성

❏ **state** [steit]   명 statement 진술, 진술서, 성명서

❏ **tear** [tiər]   동 찢다

❏ **unfair** [ʌnfɛ́ər]   형 불공정한

❏ **weather forecast**   기상 예보

❏ **yell** [[jel]]   동 소리치다

Day

18

MP3

일상생활 2
Daily life

Day 18 일상생활 2

511 abuse
★★★ [əbjúːz]

동 남용하다, 학대하다
명 남용, 욕설
* abuser 명 학대자, 남용자

512 accept
★★☆ [æksépt]

동 받아들이다
* acceptance 명 수락, 받아들임

513 adversity
★★☆ [ædvə́ːrsəti]

명 역경, 재난

성공

514 aggressive
★★★ [əgrésiv]

형 과감한, 공격적인

* aggression 명 공격성, 과감성

515 athletic
★★☆ [æθlétik]

형 운동의, 몸이 탄탄한

* athlete 명 운동선수

516 commensurate
★☆☆ [kəménsərət]

형 상응하다

517 compose

[kəmpóuz]

★★★

동 구성하다, 작곡하다

* composition 명 구성, 작곡
* composer 명 작곡가

518 confidence

[kánfədəns]

★★★

명 자신감

* confident 형 자신감 있는

자신감!

자신감 충만!

정체성의 혼란

레이디

무당

519 confusion

[kənfjúːʒən]

★★★

명 혼란, 혼동

* confuse 동 혼란시키다

520 consequence

★★☆

[kánsəkwèns]

명 결과

* consequently 부 그 결과, 따라서

521 courtesy

★★☆

[kə́:rtəsi]

명 공손함, 예의
형 무료의

* courteous 형 예의바른, 공손한

522 covert

★☆☆

[kóuvərt]

형 비밀의, 덮여 있는, 은밀한
명 은신처

523 decipher

★☆☆

[disáifər]

동 (암호를) 풀다, 해독하다

524 deliberate

★★☆

[dilíbərət]

동 심사숙고하다
형 신중한, 의도적인

* deliberately
부 의도적으로, 신중하게

525 depict

★★☆

[dipíkt]

동 묘사하다, 설명하다

* depiction 명 묘사, 서술
* depictive 형 묘사적인

526 dissipate

★★☆

[dísəpèit]

동 사라지다, 흩어지게 하다

* dissipation 명 분해, 사라짐

527 explain

★★★

[ikspléin]

동 설명하다

* explanation 명 설명

528 frustrate

★★★

[frʌstreit]

동 좌절하게 하다,
짜증나게 하다,
답답하게 하다

* frustration 명 좌절, 짜증, 답답함

529 **hail**
★☆☆
[heil]

명 우박

530 **instructive**
★★☆
[instrʌ́ktiv]

형 유익한, 교육적인

* instruct 통 가르치다, 지시하다
* instruction
  명 사용 설명서, 교육, 지시

531 **intensity**
★★☆
[inténsəti]

명 격렬함, 강도

* intense 형 극심한, 강렬한

532 intent
★★☆

[intént]

명 의도, 의지
형 전념하는, 집중하는

* intently 부 몰두하여

533 pregnancy
★★★

[prégnənsi]

명 임신

* pregnant 형 임신한

534 principle
★★★

[prínsəpl]

명 원리, 원칙, 신조

535 regard
★★★
[rigá:rd]

동 간주하다, 여기다
명 관심, 배려

cf) regards 안부

536 register
★★★
[rédʒistər]

동 등록하다, 신고하다
명 명부, 등기, 금전등록기
(cash register)

* registration 명 등록, 등록증

537 ridiculous
★★☆
[ridíkjuləs]

형 우스꽝스러운, 터무니없는

538 routine
★★☆

[ruːtíːn]

형 일상의, 정기적인

* a daily routine 하루 일과, 일상

539 tolerate
★★★

[tálərèit]

동 참다, 관용을 베풀다

* tolerance 명 관용, 관대함
* tolerant 형 관대한

540 utmost
★★☆

[ʌ́tmòust]

형 최대한의, 극도의
명 극한, 최대

☐
511 Painkillers carry a great risk of ▮▮▮▮▮▮ and addiction. Even those who use a painkiller as prescribed are at risk of becoming dependent and eventually addicted.

진통제는 남용이나 중독의 커다란 위험을 안고 있다. 처방된 진통제를 사용하는 사람들조차도 약에 의존하게 되고 결국 중독될 위험에 처해 있다.

☐
512 As there was no one available to ▮▮▮▮▮▮ the package sent to you, it is being held at the post office, ready to be picked up.

당신에게 온 소포를 받을 사람이 아무도 없어서 우체국에 찾으러 오도록 보관 중입니다.

☐
513 Learning to deal with and overcome ▮▮▮▮▮▮ is what strengthens our will, confidence, and ability to conquer future obstacles.

역경을 다루고 극복하는 것을 배우는 것이 앞으로의 장애를 정복할 우리 의지, 자신감, 능력을 강화하는 것이다.

☐
514 The theory of aggression as a learned behaviour argues that ▮▮▮▮▮▮ behaviour is something that is learned, either through direct experience or through observation and imitation of others.

학습된 행동이라는 공격성 이론은 공격적인 행동이 직접적 경험이나 관찰 그리고 다른 사람들의 모방을 통해서 학습된 무엇이라고 논한다.

☐
515 With an ▮▮▮▮▮▮ body, you'll have increased calorie burning, better joint stability, and stronger bones and ligaments.

몸이 탄탄하게 되면 열량 소모, 관절의 안정성을 증가시키고 더 튼튼한 뼈와 인대를 갖게 될 것이다.

☐
516 We can offer you a salary that will be ▮▮▮▮▮▮ with the duties and responsibilities that the job demands.

우리는 그 일이 요구하는 의무와 책임감에 상응하는 봉급을 당신에게 지급할 수 있습니다.

☐
517 Among classical composers, Georg Philipp Telemann was recorded in 1998 as the most prolific composer ever. He has ▮▮▮▮▮▮ over 3,000 works.

클래식 작곡가 중에 조지 필립 텔레만은 1998년 가장 다작의 작곡가로 기록되었다. 그는 3천 곡 이상을 작곡했다.

☐
518 An excess of ▮▮▮▮▮▮ in your own point of view or capabilities can harden into dogmatism, inflexibility, or not listening.

자신의 관점이나 능력에 있어서 지나친 자신감은 독단주의, 융통성 부재, 혹은 남의 말을 듣지 않는 것으로 굳어질 수 있다.

511. abuse	512. accept	513. adversity
514. aggressive	515. athletic	516. commensurate
517. composed	518. confidence	

☐
519 All this ▨▨▨▨▨ could have been predicted, or known in advance, and therefore could have been avoided if the proper precautions had been taken.

이 모든 혼란은 예측되거나 미리 알 수도 있었고 그러므로 적절한 예방조치가 취해졌더라면 피해질 수도 있었다.

☐
520 Some of the ▨▨▨▨▨ of sleep loss, such as automobile crashes, can occur within hours of the sleep disorder.

어떤 수면 부족의 결과들은 자동차 충돌과 같이 수면 장애를 겪은 후 몇 시간 이내에 급작스럽게 일어날 수 있다.

☐
521 She made considerable effort to treat her new relatives with a great deal of ▨▨▨▨▨.

그녀는 새로운 친척들을 온 예의를 다해 대접하려고 상당한 노력을 기울였다.

☐
522 This is a ▨▨▨▨▨ operation. No one but myself knows the entire plan for security purposes.

이것은 비밀 작전이다. 보안상의 목적으로 나 이외에는 아무도 전체 계획을 알지 못한다.

☐
523 In my opinion, lawyers make documents so difficult and complicated that ordinary people have to pay fees to get them ▨▨▨▨▨.

변호사들이 문서를 너무 어렵고 복잡하게 만들어서 일반인들이 그것을 해독하려면 비용을 지급해야만 한다는 것이 내 의견이다.

☐
524 When you make ▨▨▨▨▨ decisions, you are in control. Otherwise, you give up control to others or to circumstances.

여러분이 신중한 결정을 내릴 때, 여러분이 주도권을 쥐게 된다. 그렇지 않으면 다른 사람들이나 상황에 통제권을 주게 된다.

☐
525 As early as the Middle Ages and particularly during the Renaissance, popular Western artists ▨▨▨▨▨ Jesus as a white man, often with blue eyes and blondish hair.

중세시대 특히 르네상스 시대에 유명한 서양의 화가들은 예수를 종종 파란색 눈과 금발을 가진 백인 남자로 묘사했다.

☐
526 The Israeli Prime Minister expressed his hope that the current tension will gradually ▨▨▨▨▨ with Syria, as both sides are not interested in a violent conflict.

이스라엘 수상은 양측이 모두 폭력적 충돌에 관심이 없으므로 지금의 시리아와의 긴장감이 서서히 사라질 것이라는 희망을 표현했다.

519. confusion	520. consequences	521. courtesy
522. covert	523. deciphered	524. deliberate
525. depicted	526. dissipate	

❏ Compared to the Swiss or the British, Americans are less likely to think their
527 doctors spend enough time with them or provide easy-to-understand ▨▨▨▨.

> 스위스나 영국인에 비교해서 미국인들은 의사들이 자신들에게 충분한 시간을 할애하거나 이해하기
> 쉬운 설명을 제공한다고 덜 생각하는 것 같다.

❏ Even if someone doesn't text you back immediately, don't get ▨▨▨▨ because
528 that person's world doesn't revolve around you.

> 누군가 당신의 문자에 즉시 답하지 않는다고 해도, 그 사람의 세계가 당신을 중심으로 돌아가는 것
> 이 아니므로 짜증 내지 마라.

❏ After a major storm, you may be wondering if ▨▨▨▨ damage to your car or the
529 roof of your house is covered by your insurance policy.

> 심한 폭풍 이후에 여러분은 차나 집 지붕의 우박피해가 보험 정책에 의해 보상이 되는지 궁금해할
> 수도 있다.

❏ Three women share their candid and compelling life stories, which are highly
530 ▨▨▨▨ and interesting experiences.

> 세 명의 여인은 자신들의 솔직하고 강렬한 삶의 이야기를 나누는데, 그 이야기들은 매우 교육적이
> 고 흥미로운 경험들이다.

❏ The term '▨▨▨▨' is used to express the severity of an earthquake. It is based
531 on the observed effects of ground shaking on people, buildings, and natural
features.

> '강도'는 지진의 강렬함을 표현하기 위해 사용되는 용어이다. 이는 사람, 건물, 그리고 자연물에 미
> 치는 땅의 흔들림의 관찰된 효과에 근거한다.

❏ Abraham Lincoln began a course of rigid mental discipline with the ▨▨▨▨ to
532 improve his powers of logic and language.

> 아브라함 링컨은 그의 논리력과 언어력을 향상하고자 하는 의도로 혹독한 정신적 훈련 과정을 시
> 작했다.

❏ The latest study, conducted by British researchers at University College in London,
533 is suggesting that "light drinking" during ▨▨▨▨ isn't harmful to babies.

> 런던 대학의 영국 연구원들에 의해 수행된 최근 연구는 임신 중 "가벼운 음주"가 아이에게 해가 되
> 지 않는다는 것을 시사하고 있다.

---

527. explanations	528. frustrated	529. hail
530. instructive	531. intensity	532. intent
533. pregnancy		

□ Never lie to someone who trusts you, and never trust someone who lies to you. It
534 is simply against my _____ to lie to anyone.

절대 너를 신뢰하는 사람에게 거짓말을 하지 말고, 너에게 거짓말하는 사람은 절대 신뢰하지 마라.
누군가에게 거짓말하는 것은 나의 원칙에 어긋나는 일이다.

□ According to the newly released 2016 Social Progress Index, Canada is _____
535 as one of the world's most socially progressive countries and one of the best
countries in the world to live in.

2016년 새롭게 발표된 사회발전지수에 따르면 캐나다는 세계에서 가장 사회적으로 진보를 이룬 나
라 중 하나이고 가장 살고 싶은 나라 중의 하나로 여겨진다.

□ Before the election, people can _____ online by providing the number from
536 their driver's licence or their ID card to confirm their identity.

선거 전에 사람들은 신분 확인을 위해 운전면허증이나 신분증 번호를 제공함으로써 온라인에서 등
록할 수 있다.

□ One of the top 10 most _____ movie mistakes happens in 2002's Star Wars
537 Episode II, where one of the Stormtroopers bumps his head on the door as they
leave the control room.

10개의 가장 어리석은 영화 실수 중 하나는 2002년 스타워즈 에피소드 2에서 일어나는데 이 영화
속에서 스톰트루퍼중 한 명이 통제실을 나갈 때 문에 머리를 부딪친다.

□ Most of us know that exercise produces natural endorphins, which help put us in a good
538 mood; but as we get caught up in our daily _____, exercising regularly is not easy.

우리 대부분은 운동이 천연 엔돌핀을 생산하고 그것이 우리를 기분 좋게 하는 데 도움이 된다는 것
을 알지만, 일상에 잠혀 있어 규칙적인 운동을 하기는 쉽지 않다.

□ Any aggression or abuse directed towards our staff will not be _____. When
539 this happens we have to take appropriate steps.

우리 직원들을 향한 어떠한 공격이나 욕설도 묵과되지 않을 것이다. 이런 일이 발생하면 우리는 적
절한 조치를 취해야 한다.

□ To stop the vicious circle of economic downturn and to bring the growth path into a
540 recovery track, I will make the _____ effort.

경제침체의 악순환을 멈추고 성장경로를 회복 궤도로 되돌려 놓기 위해 저는 최대한의 노력을 기
울이겠습니다.

---

534. principles   535. regarded   536. register
537. ridiculous   538. routines   539. tolerated
540. utmost

퀵 토익 보카 VOCA⁺³⁰

- ☐ **amiable** [éimiəbl]　　　　형 쾌활한, 정감있는

- ☐ **blackout** [blǽkaut]　　　　명 정전

- ☐ **capacity** [kəpǽsəti]　　　　명 수용력, 역량

- ☐ **clearly** [klíərli]　　　　부 명확히, 뚜렷하게

- ☐ **commoner** [kámənər]　　　　명 평민

- ☐ **compatible** [kəmpǽtəbl]　　　형 양립할 수 있는, 호환될 수 있는
　　　　명 compatibility 양립성, 호환성

- ☐ **confine** [kənfáin]　　　　동 국한시키다 , 가두다
　　　　명 confinement 가둠, 얽매임

- ☐ **down-to-earth**　　　　현실적인

- ☐ **entire** [intáiər]　　　　형 전체의, 전부의

- ☐ **factual** [fǽktʃuəl]　　　　형 사실의, 실제의　부 factually 실제로

- ☐ **flood** [flʌd]　　　　명 홍수　동 침수되다

- ☐ **fold** [fould]　　　　동 팔짱끼다, 접다

- ☐ **frank** [fræŋk]　　　　형 솔직한　부 frankly 솔직히

- ☐ **gory** [gɔ́ːri]　　　　형 유혈의, 피와 폭력이 난무하는

- ☐ **identification** [aidèntifəkéiʃən]　　명 동일함, 신원확인
　　　　동 identify 신원을 확인하다, 발견하다

- ☐ **inhabitant** [inhǽbətənt]   명 주민

- ☐ **intermission** [intə̀ːrmíʃən]   명 (연극, 공연) 휴식시간
  동 intermit 중단하다, 잠시 멈추다

- ☐ **install** [instɔ́ːl]   동 설치하다

- ☐ **inventory** [ínvəntɔ̀ːri]   명 목록, 재고품

- ☐ **piracy** [páiərəsi]   명 불법복제

- ☐ **remote** [rimóut]   형 멀리 떨어진

- ☐ **scent** [sent]   명 향기

- ☐ **scheme** [skiːm]   명 계획, 계략

- ☐ **state-of-the-art**   최신식의

- ☐ **suspend** [səspénd]   동 정지하다, 정학시키다
  명 suspense 불안 suspension 미결정, 보류

- ☐ **trespass** [tréspəs]   동 무단 침입하다, 침해하다 명 무단 침입

- ☐ **utensil** [juːténsəl]   명 가정용품

- ☐ **verbalize** [vɜ́ːrbəlàiz]   동 말로 표현하다 형 verbal 언어의, 구두의

- ☐ **workout** [wɜ́ːrkaut]   명 운동, 연습

- ☐ **yearly** [jíərli]   형 해마다

Day

19

MP3

행사, 축제

Event

541 adjourn
★★☆

[ədʒə́:rn]

동 (회의, 재판) 연기하다

* adjournment 명 연기, 휴회

542 anticipate
★☆☆

[æntísəpèit]

동 예측하다, 예상하다

* anticipation 명 예측, 예상

543 applaud
★★☆

[əplɔ́:d]

동 박수를 보내다

* applause 명 박수갈채

544 centennial
★☆☆

[senténiəl]

뷔 100년마다

545 ceremonial
★★☆

[sèrəmóuniəl]

혱 의식의, 예식의

* ceremony 몡 의식

546 charity
★★★

[tʃǽrəti]

몡 자선, 자선단체, 자비심

* charitable
  혱 자선 단체의, 자비로운

547 commemorate
★★☆
[kəmémərèit]

동 기념하다

* commemoration 명 기념

548 complement
★★☆
[kámpləmənt]

동 보완하다
명 보완물

* complementary
  형 보충하는, 상호보완적인
cf) compliment 칭찬

549 confer
★★☆
[kənfə́:r]

동 협의하다, 의논하다

* conference 명 회의, 회담

550 contend
★★★

[kənténd]

통 경쟁하다, 겨루다

* contender 명 경쟁자
* contestant 명 (경기) 참가자

551 content
★★☆

[kántent]

형 만족한
명 내용물

cf) contents (책의) 목차

옴~

지구온난화

552 contribute
★★★

[kəntríbjuːt]

통 공헌하다, 기여하다,
기부하다

* contribution 명 공헌, 기여

553 dedication
★★★
[dèdikéiʃən]

명 헌신

* dedicate 통 헌신하다

554 distinguished
★★★
[distíŋgwiʃt]

형 뛰어난

* distinguish 통 구별하다

※ Dai는 이탈리아어로 Come on!

555 encourage
★☆☆
[inkə́:ridʒ]

통 용기를 주다, 격려하다

* encouragement
명 용기를 줌, 격려

556 enroll
★★☆

[inróul]

图 등록하다, 입학하다

* enrollment 圀 등록, 입학

557 excursion
★★☆

[ikskə́:rʒən]

圀 여행, 나들이, 소풍

558 exposition
★★☆

[èkspəzíʃən]

圀 전시회, 박람회

559 exquisite
★☆☆
[ikskwízit]

형 매우 아름다운, 정교한

560 festivity
★☆☆
[festívəti]

명 축제행사, 축제기분

독거노인을 위한
모금행사!

561 fundraiser
★★☆
[fʌndrèizər]

명 모금행사
* fundraise 동 모금행사를 하다

562 gorgeous
★★☆

[gɔ́:rdʒəs]

형 화려한, 멋진, 아름다운

563 hectic
★★☆

[héktik]

형 매우 분주한, 바쁜

564 honor
★★★

[ánər]

명 명예, 영광
동 존경하다

* honored 형 명예로운

565 occasion
★★★
[əkéiʒən]

명 일, 행사

* occasionally 부 때때로

566 officiate
★★☆
[əfíʃièit]

동 공무를 집행하다,
(결혼식)주례를 맡다

* mc (master of ceremonies)
명 사회자 동. 사회를 보다

567 participate
★★★
[pɑːrtísəpèit]

동 참여하다

* participation 명 참여
* participant 명 참가자

568 postpone
★★★

[poustpóun]

동 연기하다, 미루다

* postponement 명 연기

569 simultaneously
★★☆

[sàiməltéiniəsli]

부 동시에

* simultaneous 형 동시의

570 used
★★★

[ju:zd]

형 ~에 익숙한 (to), 중고의

익숙한 일…

☐ In an extraordinary turn of events, the defense attorney walked out of the trial
541 declaring the ruling "illegal". With that, the trial was ░░░░░░░░.

특이한 사건변화로 피고 측 변호사가 판결이 "불법"이라고 선언하면서 법정을 나갔다. 이것으로 재판은 연기되었다.

☐ The event was not so busy as ░░░░░░░░ because a lot of people who were at the
542 festival departed for their homes earlier due to the lousy weather.

구질구질한 날씨 때문에 축제에 있던 많은 사람이 집으로 일찍 떠났기 때문에 행사는 기대했던 것만큼 분주하지 않았다.

☐ When the orchestra finished playing, the audience stood up and ░░░░░░░░ the
543 incredible performance.

오케스트라가 연주를 끝냈을 때, 청중들은 일어나서 놀라운 연주에 박수를 보냈다.

☐ To mark the ░░░░░░░░ of Einstein's general theory of relativity, the Morgan Library
544 & Museum in Manhattan has organized a display of archival material related to the great German physicist.

아인슈타인의 위대한 일반 상대성 이론 발표 100년을 기리기 위해 맨해튼에 있는 모건 도서관과 박물관은 위대한 독일 물리학자와 관련된 기록물 자료 전시를 준비했다.

☐ Religious or ░░░░░░░░ Cherokee dances always involved pre-selected dancers
545 and complex dance steps.

종교적 혹은 의식적 체로키 춤은 항상 미리 선택된 무용수들과 복잡한 춤과 스텝을 수반했다.

☐ ░░░░░░░░ often support major projects like building schools, hospitals, roads, wells
546 and irrigation pipes, or providing medical care for people in need.

자선단체들은 종종 학교, 병원, 길, 우물, 관개수로관을 건설, 혹은 도움이 필요한 사람들에게 의료행위를 제공하는 주된 사업을 지원한다.

☐ October 12 is Columbus Day, which ░░░░░░░░ the arrival of Christopher Columbus
547 in the New World in 1492. It is also Indigenous Peoples' Day promoting the culture and history of Native American peoples.

10월 12일은 크리스토퍼 콜럼버스가 1492년 신세계에 도착한 것을 기리는 콜럼버스의 날이다. 또한, 북미 원주민들의 문화와 역사를 홍보하는 원주민의 날이기도 하다.

☐ Your corporate event is sure to be a successful affair when it is ░░░░░░░░ by our
548 experienced and professional team.

저희 노련하고 전문적인 팀에 의해 보완될 때 여러분 회사의 행사는 분명 성공적인 행사가 됩니다.

---

541. adjourned	542. anticipated	543. applauded
544. centennial	545. ceremonial	546. Charities
547. commemorates	548. complemented	

☐
549 An event manager has to ▮▮▮▮ with a client in order to ensure the event is a success. This means that the manager should understand what the client needs, find ways to fulfill those needs, or come up with different options.

행사 관리자는 행사가 확실히 성공하기 위해 고객과 협의를 해야 한다. 이는 관리자가 고객이 무엇을 원하는지 이해하고 이 원하는 바를 수행하는 방법을 찾거나 다른 선택사항을 생각해 내야 하는 것을 뜻한다.

☐
550 I'm sure the company's basketball team will ▮▮▮▮ for the championship during this year's corporate sports day.

그 회사의 농구팀이 올해 회사의 체육대회에서 우승을 위해 경쟁할 것이라고 확신한다.

☐
551 The people attending the West Coast Yoga Festival seemed ▮▮▮▮ and serene as they took classes and relaxed afterwards.

서해안 요가 축제에 참가하는 사람들은 요가 수업을 듣고, 이후에 안정을 취하면서 만족스럽고 평화로운 것 같았다.

☐
552 We'd like each staff member to ▮▮▮▮ $10 to the fund for Mike's retirement party.

직원들 각자가 마이크의 퇴직파티에 쓸 자금에 10달러씩 기부하면 좋겠습니다.

☐
553 The grand opening event wouldn't have been so successful without your effort and ▮▮▮▮.

여러분의 노력과 헌신이 없었더라면 개점식 행사는 그렇게 성공적이 될 수 없었을 것입니다.

☐
554 The Alumnus Summa Cum Laude award is awarded to a ▮▮▮▮ graduate whose achievements have earned him or her national or international prominence.

숨마 쿰 라우데 상이 국내 혹은 국제적 명성을 얻는 성과를 올린 뛰어난 졸업생에게 수여된다.

☐
555 Staff members, although not required to take the management certificate courses, are strongly ▮▮▮▮ to do so.

비록 필수적인 것은 아니지만, 직원들이 경영수료증 과정을 들을 것이 강하게 권장되고 있다.

☐
556 Once you have read over the list of presentations, here's what you need to do to ▮▮▮▮ in each session.

프레젠테이션 목록을 훑어보았다면, 각각의 시간에 등록하기 위해서는 무엇을 해야 하는지가 여기 있습니다.

549. confer
552. contribute
555. encouraged
550. contend
553. dedication
556. enroll
551. content
554. distinctive

557 Team-building ▨▨▨▨▨ are a great way to facilitate bonding among colleagues, reduce employee stress, and improve productivity in the workplace.

팀 단결 여행은 동료들 간의 결속을 촉진하고 직원의 스트레스를 줄이며 직장에서의 생산성을 증가시키는 훌륭한 방법이다.

558 We would especially like to welcome international visitors to Leap Ahead, North America's largest entrepreneurial ▨▨▨▨▨.

저희는 북미의 가장 큰 기업 박람회인 Leap Ahead에 오신 국제 방문객들을 특별히 환영합니다.

559 Some of the most ▨▨▨▨▨ sculptures produced during the classical period of Ancient Greece will be exhibited next month at Sejong Culture Center.

세종 문화회관에서 고대 그리스의 고전 시대에 제작된 가장 정교한 조각상 중 몇 점이 다음 달에 전시될 것이다.

560 Although the graduation ceremony officially ended at 10:00, the ▨▨▨▨▨ continued until well past midnight.

비록 졸업식 행사는 공식적으로 10시에 끝났지만, 축제 분위기는 자정을 넘어서까지 계속되었다.

561 Many ideas are tried and tested but the really great charity ▨▨▨▨▨ happen when organizers think outside the box a little bit.

많은 아이디어가 시도되고 검증되지만, 진정으로 훌륭한 자선모금 행사는 조직체가 약간 전형적인 사고에서 벗어나 생각할 때 일어난다.

562 The hotel's conference center is the best place to host your event. It is the only place big enough for all of your guests, plus the views of the mountains outside are ▨▨▨▨▨.

호텔의 회담 장소가 당신의 행사를 주최하는데 최고입니다. 당신의 모든 손님을 위해 충분히 큰 유일한 장소이며 게다가 산의 바깥 경치가 아름답습니다.

563 Things have been quite ▨▨▨▨▨ around the store since Thanksgiving, since that is when people start preparing for the Christmas season.

가게는 추수감사절 이후부터 꽤 분주한데 그때가 사람들이 크리스마스 시즌을 준비하기 시작하는 시기이기 때문이다.

557. excursions	558. exposition	559. exquisite
560. festivities	561. fundraisers	562. gorgeous
563. hectic		

☐ It's an ▨▨▨▨▨ and privilege to receive this Best in Business award, especially
564 when judged among so many worthy peers.

특히 많은 훌륭한 동료들 가운데 선정되어 최고의 비즈니스 상을 받게 된 것은 영광이고 특권입니다.

☐ Different countries use different foods to help celebrate special ▨▨▨▨▨ like
565 Christmas, New Years Day, weddings, and birthdays.

다른 나라들은 크리스마스, 새해, 결혼식과 생일과 같은 특별한 행사를 축하하는 데 도움을 주기
위해 다른 음식을 이용한다.

☐ It is my great honor and real pleasure to ▨▨▨▨▨ this wedding between Joan and
566 Mike.

오늘 조안과 마이크의 결혼식 사회를 맡게 된 것은 저의 커다란 영광이자 진정한 기쁨입니다.

☐ This year, more than 1,000 people from around the world are expected to
567 ▨▨▨▨▨ in the marathon.

올해 전 세계에서 온 천 명 이상의 사람들이 마라톤에 참가할 것으로 예상한다.

☐ Due to impending bad weather over the weekend, this year's homecoming event
568 has been ▨▨▨▨▨ until next month.

이번 주말에 닥칠 좋지 않은 날씨 때문에, 올해의 동창회 모임은 다음 달로 미뤄졌습니다.

☐ The concert, at which both Greek and Turkish songs were performed, was
569 broadcast ▨▨▨▨▨ in both countries.

그리스와 터키 노래가 공연된 그 콘서트는 두 나라에 동시에 중계되었다.

☐ The chaos was due to the fact that they were not ▨▨▨▨▨ to serving so many
570 people at once.

혼란은 그들이 큰 행사에 한꺼번에 그렇게 많은 사람을 접대하는 것에 익숙하지 않았다는 사실 때
문이었다.

564. honor	565. occasions	566. officiate
567. participate	568. postponed	569. simultaneously
570. accustomed		

퀵 토익 보카 VOCA +30

☐ account for   ~에 대해 설명하다, ~의 비율을 차지하다

☐ aim at   ~을 목적으로 하다

☐ annual [ǽnjuəl]   형 일 년의
부 annually 일 년에 한 번, 연례의

☐ anniversary [ænəvə́:rsəri]   명 기념일

☐ assorted [əsɔ́:rtid]   형 갖가지의 통 assort 분류하다, 구분하다

☐ beware of   주의하다

☐ clap [klæp]   통 박수치다 명 박수

☐ collaborate on(in)   ~에 협력하다

☐ commentary [kámməntèri]   명 논평, 언급, 실황방송

☐ come up with   ~을 제안하다

☐ contact [kántækt]   통 접촉하다 명 접촉

☐ dress code   복장 규정

☐ eminent [émənənt]   형 저명한, 탁월한 명 eminence 명성

☐ luncheon [lʌ́ntʃən]   명 점심

☐ national anthem [nǽʃənl ǽnθəm]   명 국가

❑ **prepare** [pripέ'ər] 　　　　　통 준비하다 　명 preparation 준비

❑ **preside** [prizáid] 　　　　　통 (회의 등을) 주도하다, 주재하다

❑ **procession** [prəséʃən] 　　　　명 행렬, 진행

❑ **reception** [risépʃən] 　　　　명 환영회, 접수처 　명 receptionist 접수원
　　　　　　　　　　　　　　　　명 recipient 수상자, 수령인

❑ **refreshments** [rifréʃmənt] 　　명 다과

❑ **reunion** [rijú:njən] 　　　　명 재회, 모임, 동창회

❑ **reward** [riwɔ́:rd] 　　　　　명 보상, 포상 　통 보답하다

❑ **ritual** [rítʃuəl] 　　　　　　명 의식, 행사

❑ **session** [séʃən] 　　　　　　명 기간

❑ **sign up for** 　　　　　　　~에 등록하다, ~을 신청하다

❑ **spontaneous** [spantéiniəs] 　　형 자발적인, 자연스러운
　　　　　　　　　　　　　　　　부 spontaneously 자연스럽게

❑ **standing ovation** 　　　　기립박수

❑ **turnout** [tə́:rnaut] 　　　　명 참가자 수, 투표자 수

❑ **venue** [vénju:] 　　　　　　명 개최지

❑ **well-prepared** [welpripέ'ərd] 　형 잘 준비된

Day

20

재정, 금융

Finance

571 account

★★★

[əkáunt]

명 (은행) 계좌, 설명

동 (비율을) 차지하다, 설명하다

* accountant 명 회계원

572 accumulate

★★★

[əkjú:mjulèit]

동 축적하다, 모으다

* accumulation 명 축적, 누적
* accumulative 형 축적하는

573 analysis

★★★

[ənǽləsis]

명 분석, 연구

* analyze 동 분석하다
* analyst 명 분석가, 연구원

574 approximate
★★☆
[əpráksəmət]

형 대략적인, 어림잡은
동 ~에 가까워지다,
가늠하다, 어림잡다

* approximately 부 대략, 대충

575 asset
★★☆
[ǽset]

명 자산, 재산

576 attain
★★☆
[ətéin]

동 획득하다, 얻다

* attainment 명 획득, 성과

577 attitude
★★★
[ǽtitjùːd]

명 태도

578 balance
★★☆
[bǽləns]

명 균형, 잔고, 잔액
동 (수입과 지출을) 맞추다,
균형을 유지하다

579 budget
★★★
[bʌ́dʒit]

명 예산
동 예산 계획을 세우다

580 charge
★★★

[tʃaːrdʒ]

명 요금, 청구액
동 (요금을) 청구하다,
공격하다 (at), 충전하다

581 collateral
★★☆

[kəlǽtərəl]

명 담보물
형 부차적인, 이차적인

582 cost
★★★

[kɔːst]

동 비용이 들다
명 비용

583 coverage
★★☆

[kʌvəridʒ]

명 보장, 보험, 보상 범위

* cover 통 포함하다, 보도하다

584 debt
★★☆

[det]

명 빚, 부채

585 deduct
★★★

[didʌkt]

동 공제하다, 빼다

* deduction 명 공제, 뺌

586 delinquent
★★☆
[dilíŋkwənt]

형 채납의, 비행의, 범죄성향의

* delinquency 명 채무 불이행, 비행

587 deposit
★★☆
[dipázit]

명 예금, 보증금
동 예금하다, 맡기다

588 disrupt
★★☆
[disrʌpt]

동 방해하다, 혼란스럽게 하다

* disruption 명 방해, 혼란
* disruptive
  형 방해하는, 지장을 주는

589 **dividend**
★☆☆

[dívədènd]

명 배당금

590 **evaluate**
★★★

[ivǽljuèit]

동 평가하다

* evaluation 명 평가, 가치

591 **forfeit**
★★★

[fɔ́:rfit]

동 (재산, 권리를) 몰수하다

* forfeiture 명 몰수

592 insolvency
★★★

[insálvənsi]

명 지불 불능, 채무초과

* insolvent
　형 지불 불능의, 채무가 초과된

593 levy
★★☆

[lévi]

동 (세금을) 부과하다,
　추가 징수하다
명 추가 징수, 추가 부담금

594 liquidate
★★☆

[líkwidèit]

동 (부채를 갚으려고
　사업체를) 청산하다,
　정리하다

* liquidation 명 청산, 정리

595 manipulate
★★★
[mənípjulèit]

图 조작하다, 조종하다
* manipulation 명 조작

596 recession
★★☆
[ríséʃən]

명 경기 후퇴, 불황
* recede 통 약해지다, 물러나다
* recess 명 휴식, 휴회

597 redeem
★★☆
[ridí:m]

통 현금으로 교환하다,
보완하다, 상쇄하다,
실수를 만회하다,
구원하다
* redemption 명 구원, (주식) 상환

598 unstable
★★☆

[ʌnstéibl]

형 불안정한

599 waive
★☆☆

[weiv]

동 (권리를) 포기하다,
면제해 주다, 탕감해주다

600 withdrawal
★★★

[wiðdrɔ́:əl]

명 인출, 회수

* withdraw
동 인출하다, 철회하다, 후퇴하다

퀵토익 보카 VOCA +Review

☐ 571 When choosing a bank _____, it's important to think about what services you require to meet day-to-day and long-term financial needs.

은행 계좌를 선택할 때 매일의 그리고 장기간의 재정적 필요를 충족시키는데 필요한 서비스가 무엇인지에 대해 생각하는 것이 중요하다.

☐ 572 If you want to retire early, make sure you have _____ enough money in your retirement fund to cover all living expenses as well as unexpected costs.

조기 퇴직을 원한다면 퇴직기금에 예치치 못한 지출뿐 아니라 모든 생활비를 감당할 충분한 돈을 모았는지 확인해라.

☐ 573 In the fields of market _____, investing, and financial planning, financial _____ play key roles. Their main objective is to _____ an assigned company's financial statements, expenses, and tax rates.

시장 분석, 투자, 재정 계획의 분야에 있어서 재정 분석가들은 핵심 역할을 한다. 그들의 주목표는 맡은 회사의 재정상태, 비용, 그리고 세율을 분석하는 것이다.

☐ 574 The financial loss to the company has reached _____ 3 million dollars as its factories have been crippled due to worker strikes.

공장이 직원들 파업으로 제 기능을 못 했기 때문에 회사에 미치는 경제적 손실은 대략 3백만 달러에 달했다.

☐ 575 The American media mogul, television host, and actress controls _____ worth approximately $3.2 billion, making her one of the richest African-Americans.

그 미국의 미디어계의 거물이자 TV 호스트 겸 배우는 대략 32억 달러의 가치가 있는 자산을 소유하고 있는데 그것이 그녀를 가장 부유한 아프리카계 미국인 중의 한 명이 되게 한다.

☐ 576 Even though our culture puts a strong emphasis on _____ wealth and fame, pursuing these goals does not necessarily contribute to a satisfying life.

비록 우리 문화가 부와 명예를 얻는 것을 강조하지만 이러한 목표를 추구하는 것이 반드시 만족스러운 삶을 누리는 데 기여하지는 않는다.

☐ 577 Market sentiment is the prevailing _____ of investors toward the anticipated price development in a market. For example, if investors expect upward price movement in the stock market, the sentiment is said to be bullish.

시장 분위기는 주식시장에서 예측된 가격변동에 대한 투자자들의 지배적인 태도를 말한다. 예를 들어, 투자자들이 주식시장에서 가격움직임의 상승을 기대한다면 분위기는 낙관적이라고 말한다.

☐ 578 If you maintain a combined average daily _____ of $15,000 in your account, you may want to consider The Premier Checking to receive many valuable benefits.

통장에 합친 평균 하루 잔액이 1만 5천 달러를 유지한다면 많은 가치 있는 혜택을 누리도록 '프리미엄 당좌 예금'를 고려해 보실 수 있습니다.

571. account	572. accumulated	573. analysis, analysts, analyze
574. approximately	575. assets	576. attaining
577. attitude	578. balance	

364

☐ During economic downturns, tax revenue falls as incomes do. This can result in
579 decreasing educational ▆▆▆▆▆. Most states have cut K-12 school funding since 2008.

경제침체기 동안 소득이 줄어들면 세수도 줄어든다. 이는 교육 예산 삭감이라는 결과를 가져올 수 있다. 대부분의 주가 2008년 이후로 유치원부터 12학년까지의 자금을 삭감했다.

☐ When you withdraw cash from a machine that does not belong to the financial
580 institution where you have your account, the machine will ▆▆▆▆▆ you a convenience fee.

당신이 계좌를 가지고 있는 재정기관에 속하지 않은 기계에서 현금을 인출 할 때는 기계가 편의 수수료를 당신에게 청구할 것이다.

☐ If you pledge an asset as ▆▆▆▆▆, your lender has the right to take possession
581 of the ▆▆▆▆▆, sell it, and use the sales proceeds to assure that they won't lose their money.

당신이 담보물로 자산을 저당 잡으면 대출기관은 자신들의 돈을 잃지 않도록 담보물의 소유권을 갖고, 그것을 팔거나 판매수익금을 사용할 권리를 갖는다.

☐ Cars are depreciating assets. New cars lose about 20% of their value as soon as
582 you take ownership. Buy a used vehicle. It ▆▆▆▆▆ far less and makes much more financial sense.

자동차는 가치가 떨어지는 자산이다. 새 차는 당신이 차를 소유하자마자 약 20%의 가치를 잃게 된다. 중고차를 사라. 훨씬 비용이 덜 들고 재정적으로 훨씬 더 합리적이다.

☐ The number of low-income adults with no form of health insurance ▆▆▆▆▆ has
583 been gradually decreasing since 2012.

어떠한 형태의 건강보험보장이 없는 소득이 낮은 성인들의 숫자가 2012년 이후 서서히 감소하고 있다.

☐ If you want to get out of ▆▆▆▆▆, the first real step you should take is putting your
584 credit cards away so you're not tempted to use them.

부채에서 벗어나고 싶다면, 제일 먼저 취해야 할 조치는 신용카드를 사용할 유혹에 빠지지 않기 위해 카드를 멀리 두는 것이다.

☐ You can use a payroll deduction to help meet your retirement savings goal. Ask
585 your employer to automatically ▆▆▆▆▆ an amount from your paycheck every month and have it go into your savings.

은퇴 이후의 저축 목표를 달성하는 데 도움이 되기 위해 급여공제를 이용할 수 있다. 고용주에게 매달 급여에서 일정한 양을 자동 공제하여 당신의 저축으로 가도록 요청해라.

579. budgets	580. charge	581. collateral
582. costs	583. coverage	584. debt
585. deduct		

☐ If you do not pay the first installment of your annual tax bill by 5 p.m. on December
586 10, that installment becomes ████████, and a 10% delinquent penalty is incurred.

당신이 12월 10일 오후 5시까지 연간 세금의 첫 번째 분할금을 내지 않는다면, 그 분할금은 채납상
태가 되어 10%의 채납세를 물게 된다.

☐ A woman was arrested by the police after allegedly buying millions of dollars worth
587 of luxury items using money that her bank accidentally ████████ into her account.

한 여성이 은행이 실수로 그녀의 계좌에 예금한 돈을 사용하여 수백만 달러에 상당하는 고가의 물
건을 샀다는 혐의로 경찰에 의해 체포되었다.

☐ Supply chain problems can seriously ████████ or delay products, information and
588 cash flows, any of which can damage sales or increase costs.

연쇄적 생산ㆍ공급의 문제는 상품, 정보, 그리고 자금의 흐름을 심각하게 방해하거나 지연시킬 수
있는데, 이 중 어떤 것도 판매에 피해를 주고 가격을 상승시킬 수 있다.

☐ A lot of investors in this extended low interest rate environment are turning to high
589 ████████ stocks to give them a reasonable income in their retirement years.

장기화된 낮은 금리 환경에서 많은 투자가는 그들에게 은퇴 이후에 합당한 수입을 주는 높은 배당
주식으로 돌아서고 있다.

☐ When it comes to mutual fund investing, many people wonder how to ████████
590 the performance and quality of their mutual funds in their brokerage account.

뮤추얼 펀드 투자에 대해서 많은 사람은 어떻게 그들의 증권계좌에 있는 뮤추얼 펀드의 실적과 품
질을 평가하는가를 궁금해 한다.

☐ Federal law allows law enforcement agencies to ████████ property from people
591 convicted of certain crimes, such as drug trafficking, money laundering, and
organized crime.

연방법은 법 집행기관에 마약 거래, 돈세탁, 조직범죄 등으로 형을 선고받은 사람들로부터 재산을
몰수할 수 있게 한다.

☐ While the term "████████" means a financial state of being unable to pay off your
592 debts on time, "bankruptcy" is a legal process that serves the purpose of resolving
the issue of ████████.

"지불 불능"이라는 용어는 빚을 제때 갚을 수 없는 재정적 상태를 의미하는 반면, "파산"은 채무 초
과 문제를 해결할 목적을 제공하는 법적 과정이다.

586. delinquent	587. deposited	588. disrupt
589. dividend	590. evaluate	591. forfeit
592. insolvency		

☐ A tax ▨▨▨▨ is the actual seizure of assets in order to satisfy an unpaid tax liability.
593 세금의 추가 징수는 내지 않은 세금납부 의무를 충족시키기 위한 재산의 실제적 압류이다.

☐ When a business is ▨▨▨▨, whether it's voluntary or compulsory, the assets
594 of the insolvent business are sold and the proceeds are used to repay as many creditors as possible.

자발적이든 강제적이든, 한 사업체가 청산이 되면 그 지불불능의 사업체 재산은 매각이 되고 수익금은 가능한 많은 채권자의 빚을 갚는 데 사용된다.

☐ A British man has been charged with illegally ▨▨▨▨ the stock market using
595 computer programs, fraudulently making 27 billion dollars.

한 영국 남자가 컴퓨터 프로그램을 사용하여 부당하게 270억 달러를 벌어들이면서 불법적으로 주식 시장을 조작한 죄로 기소되었다.

☐ Economic ▨▨▨▨ is typically accompanied by a drop in the stock market, an
596 increase in unemployment, and a decline in the housing market.

경제 불황은 전형적으로 주식 시장의 급락, 실업의 증가, 그리고 주택 시장의 쇠퇴를 동반한다.

☐ Once you have accumulated 95 reward miles in your AIR MILES Cash balance,
597 you will be able to ▨▨▨▨ them instantly in store with your AIR MILES Collector Card. (95 Reward Miles = $10 off your purchase)

에어마일즈 현금 잔액에 95마일을 축적하면 에어 마일즈 콜렉터 카드로 상점에서 즉시 현금으로 교환할 수 있습니다. (95마일 = 구매 시 10달러 할인)

☐ Concern over losing a job is common, but if that concern looks more like fear, it's
598 probably because deep down inside you know you are financially ▨▨▨▨.

직장을 잃는 것에 대한 걱정은 흔하지만, 그 걱정이 두려움처럼 보인다면 그것은 아마도 당신 마음 깊숙이 당신이 재정적으로 불안정하다는 것을 알고 있기 때문일 것이다.

☐ The entire monthly fee is ▨▨▨▨ for the first year if you maintain a minimum
599 balance in your account.

통장에 최소한의 평균 잔액을 보유한다면 모든 매달 수수료는 첫해에 면제됩니다.

☐ For those who conduct a large number of transactions such as ▨▨▨▨,
600 transfers, and debit card purchases, there are accounts with packages that allow a specified number of transactions for a fee.

인출이나 이체, 직불카드 구매와 같은 많은 거래를 하는 사람들을 위해 수수료를 지급하고 일정한 숫자의 거래를 가능하도록 하는 패키지 계좌가 있다.

593. levy	594. liquidated	595. manipulating
596. recession	597. redeem	598. unstable
599. waived	600. withdrawals	

퀵 토익 보카 VOCA⁺³⁰

- □ accrue [əkrú:]　　　　　图 (이자가) 붙다, 축적하다

- □ ample [ǽmpl]　　　　　혱 충분한, 많은 图 amply 충분히

- □ auditor [ɔ́:ditər]　　　　명 회계감사원 图 audit 회계 감사하다

- □ bank statement　　　　은행거래 명세서

- □ benefit [bénəfit]　　　　명 혜택, 이익 图 이익을 얻다, 혜택을 얻다

- □ bookkeeper [búkkì:pər]　　명 회계장부 담당자

- □ brokerage [bróukəridʒ]　　명 중개, 중개업소, 거래 수수료

- □ bounce [bauns]　　　　图 튀다, (수표) 지불을 거절하다

- □ compound interest　　　복리

- □ credit limit　　　　　신용대출 한도액

- □ cutback [kʌ́tbæk]　　　　명 삭감, 축소

- □ disbursement [disbə́:rsmənt]　명 지불금

- □ expense [ikspéns]　　　명 지출, 비용, 경비

- □ feeble [fí:bl]　　　　　혱 약한, 힘이 없는, 미미한

- □ funding [fʌ́ndiŋ]　　　　명 기금

☐ fortune [fɔ́ːrtʃən]
명 재산, 운 형 fortunate 운이 좋은
부 fortunately 운 좋게

☐ ledger [lédʒər]
명 (거래 내역을 적은) 원장

☐ loan [loun]
명 대부, 대출금 통 대출해 주다, 빌려주다

☐ mortgage [mɔ́ːrgidʒ]
명 대출금, 융자금

☐ outstanding [autstǽndiŋ]
형 두드러진, 뛰어난

☐ overdue [óuvərdjuː]
형 지불기한이 지난

☐ prolong [prəlɔ́ːŋ]
통 (기간을) 연장하다, 연장시키다

☐ proprietor [prəpráiətər]
명 소유자

☐ ratio [réiʃou]
명 비, 비율

☐ rebate [ríːbeit]
통 (초과 지불한 금액을) 환불하다 명 환불

☐ remit [rimít]
통 (돈을) 송금하다 명 remittance 송금액

☐ royalty [rɔ́iəlti]
명 저작권 사용료, 인세

☐ tax deduction
세금 공제

☐ treasurer [tréʒərər]
명 회계담당자, 출납담당자

☐ voucher [váutʃər]
명 상품권, 할인권, 쿠폰

Day

21

MP3

제조

Manufacture

제조

좀 거칠군...

---

601 abrasive

★☆☆ [əbréisiv]

형 연마제의, 거친

명 연마제

* abrasion 명 마모, 찰과상

---

602 assembly

★★☆ [əsémbli]

명 조립, 의회, 입법기관

* assemble 통 조립하다, 집합하다

* assembly line 조립라인

눈이…

나를 탓하지 마라!

603 attribute

★★★ [ətríbjuːt]

통 ~의 탓으로 돌리다

명 속성

* attribution 명 귀속

604 capacity
★★★
[kəpǽsəti]

명 용량, 수용력, 능력
* capacious 형 널찍한, 큼직한
* maximum capacity 최대능력

605 caution
★★☆
[kɔ́:ʃən]

명 주의, 조심
동 주의시키다
* cautious 형 신중한, 조심성 있는

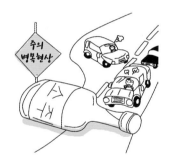

606 conscientious
★★☆
[kànʃiénʃəs]

형 양심적인
* conscience 명 양심

607 conscious
★★★
[kánʃəs]

형 의식이 있는, 자각하고 있는
　(↔unconscious 의식이 없는)

* consciousness 형 의식, 인식
* consciously 루 의식적으로
cf) subconscious 잠재의식의

608 craft
★☆☆
[kræft]

명 기술, 공예, 수제

cf) craftsmanship
　손재주, 솜씨, 공예술

609 detach
★★☆
[ditǽtʃ]

동 떼다, 분리하다

* detachment 명 분리, 무심함

610
detect
★★☆ [ditékt]

⑧ 발견하다, 간파하다

* detection 몡 발견, 감지
* detective 몡 탐정, 형사, 수사관

611
deteriorate
★★☆ [ditíəriərèit]

휑 악화시키다,
질을 떨어뜨리다

612
dispute
★★☆ [dispjúːt]

몡 논쟁, 분쟁
휑 논쟁하다, 토론하다

* disputable 휑 논란의 여지가 있는

613 dwindle
★★☆
[dwíndl]

동 감소하다, 쇠퇴하다

614 existence
★★★
[igzístəns]

명 존재
* existing 형 현존하는
* exist 동 존재하다

나는 존재한다

실패는 성공의 어머니

실패부인

615 failure
★★☆
[féiljər]

명 실패, 고장
* fail 동 실패하다

616 innovation
★★☆
[ìnəvéiʃən]

명 혁신, 쇄신, 새로운 것

* innovative 형 혁신적인, 쇄신의
* innovate 통 혁신하다, 쇄신하다

617 malfunction
★★☆
[mælfʌŋkʃən]

명 오작동, 기능 불량
동 오작동하다

618 manufacture
★★☆
[mænjufǽktʃər]

동 생산(제조)하다
명 제조, 생산

* manufacturing 명 제조업
* manufacturer 명 제조 업자

619 obsolete
★★☆
[àbsəlíːt]

형 오래된, 구식의

620 overhaul
★☆☆
[óuvərhɔːl]

명 (기계, 시스템) 점검, 수리
동 점검하다, 정비하다

621 process
★★★
[práses]

동 가공하다
명 진행, 과정

* processed 형 가공한, 가공 처리한

622 profit
★★★

[práfit]

명 이익, 수익

* profitability 명 수익성
* profitable 형 이익이 되는, 돈이 되는

623 reinforcement
★★★

[rì:infɔ́:rsmənt]

명 강화, 보강

* reinforce 동 강화하다, 보강하다

624 scaffold
★★☆

[skǽfəld]

명 발판, (공사장) 비계

625 sophisticated
★★★
[səfístəkèitid]

형 세련된, 교양 있는, 정교한

626 streamline
★★☆
[strí:mlain]

동 유선형으로 하다,
간소화(능률화)하다

627 succeed
★★★
[səksí:d]

동 성공하다, 대를 잇다

* success 명 성공
* succession 명 계승
* successful 형 성공적인
* successive 형 연속적인, 잇따른

628 **ventilation**
★☆☆ [vèntəléiʃən]

명 환풍, 환기

* ventilate
통 환기하다, 의견을 표명하다

629 **vibrant**
★☆☆ [váibrənt]

형 진동하는, 활기찬

* vibrate 통 떨다, 진동하다
* vibration 명 진동

자동 싯솔질

다음의 부피는?

$\pi = 3.14$

πr^2

$r = radius$

〈정답〉 부피 = Pizza

630 **volume**
★☆☆ [váljuːm]

명 용량, 용적, 부피, 음량

* voluminous 형 아주 큰, 방대한

퀵토익 보카 VOCA +Review

□ Industrial diamonds are very useful as cutting tools and ▓▓▓▓▓ thanks to their
601 hardness.

공업용 다이아몬드는 단단함 덕분에 자르는 도구와 연마제로서 매우 유용하다.

□ In 1910, Henry Ford established the first power-driven automobile ▓▓▓▓▓ line.
602 The cars took sixteen hours to make before, but they took half that time once this
type of machine was created.

1920년 헨리 포드는 최초로 전력으로 작동하는 자동차 조립라인을 만들었다. 그 이전에 자동차를
만드는 데 16시간이 걸렸지만 이런 기계가 만들어지자 시간이 절반 걸렸다.

□ Methane is a greenhouse gas and one of the major contributors to climate change.
603 Scientists ▓▓▓▓▓ rising methane levels to agriculture, for example from rice
paddies and livestock.

메탄은 온실가스이고 기후 변화의 주범이다. 과학자들은 상승하는 메탄 수준을 농업, 예를 들어 논
과 가축의 탓으로 돌린다.

□ The chocolate factory has been running at full ▓▓▓▓▓ to meet the increasing
604 demand for the upcoming Valentine's Day.

다가오는 발렌타인데이를 위해 증가하는 소비를 충족시키고자 초콜릿 공장은 완전가동하고 있다.

□ When dealing with woodworking machines, you must proceed with ▓▓▓▓▓ at all
605 times.

목 세공 기계들을 다룰 때는 항상 조심성 있게 일을 진행해야 한다.

□ To ensure future generations inherit a beautiful planet, our company voluntarily
606 established guidelines for environmentally ▓▓▓▓▓ packaging by developing
lighter, thinner and more recyclable PET bottles.

미래 세대에게 아름다운 행성을 물려주고자 우리 회사는 더 가볍고 얇으며 재활용 가능한 페트병
을 자발적으로 개발함으로써 환경적으로 양심적인 포장을 위한 가이드라인을 세웠습니다.

□ Education in schools on the implications of food waste would be an effective way
607 to create a generation of ▓▓▓▓▓ citizens who will waste less food.

음식 쓰레기에 대한 영향에 대해 학교 교육이 음식을 덜 낭비할 의식 있는 시민세대를 만드는 효과
적인 방법일 것이다.

□ The number of ▓▓▓▓▓ breweries in the U.S. passed 4,000 in the fall of 2016.
608 미국에서 2016년 가을에 수제 맥주 양조장의 수는 4천을 넘었다.

601. abrasives	602. assembly	603. attribute
604. capacity	605. caution	606. conscientious
607. conscious	608. craft	

❏ Producers and consumers are typically ▮▮▮▮▮▮ via a series of intermediate
609 deals arranged by people who are neither the original producers nor the ultimate
customers.

생산자와 소비자들은 보통 원래 생산자도 아니고 궁극적인 소비자도 아닌 사람들에 의해 정해진
일련의 중간 거래 때문에 분리된다.

❏ Rush-to-market pressures around immature automotive technologies sometimes
610 result in design flaws being ▮▮▮▮▮▮ first by consumers.

미숙한 자동차 기술을 둘러싼 성급한 시장 출시 압박은 가끔 소비자들에 의해 먼저 발견되는 디자
인상의 오류라는 결과를 낳는다.

❏ Imported goods may have become ▮▮▮▮▮▮ or damaged in terms of their quality,
611 form, or quantity, by the time of import declaration.

수입상품은 수입신고를 할 시점에 그 상품의 질, 형태, 혹은 양적인 측면에서 질이 떨어지거나 손
상되었을 수 있다.

❏ Outsourcing labor-intensive work to foreign countries sometimes allows companies
612 to save money by using cheaper foreign labor, but this practice raises serious legal
and ethical ▮▮▮▮▮▮.

노동집약적 일을 외국에 위치시키는 위탁은 가끔 회사가 더 저렴한 외국노동을 이용하여 돈을 절
약할 수 있도록 하지만 이러한 관행은 심각한 법적, 윤리적 분쟁을 일으킨다.

❏ North Carolina agriculture is a $78 billion industry. However, much of the profits are
613 generated by large-scale farmers; small farmers have been ▮▮▮▮▮▮ in numbers,
struggling to sustain a living.

노스캐롤라이나 농업은 7백 8십억 달러 산업이다. 하지만 수익의 많은 부분은 대규모 농부들에 의
해 창출된다. 반면 소규모 농부들은 그 수에 있어서 줄어들고 생계를 어렵게 꾸려가고 있다.

❏ Once corruption is present, the ▮▮▮▮▮▮ of a thriving and competitive
614 manufacturing industry in this country will be unlikely.

부패가 있는 한, 이 나라에 번성하고 경쟁력 있는 제조 산업이 존재할 것 같지는 않다.

❏ A massive contraction of demand for German products would cause export
615 ▮▮▮▮▮▮ in that country since Germany is by far the most dependent on exports
compared with any other of the world's top economies.

독일은 전 세계 10대 경제국 중 다른 어떤 나라와 비교해 볼 때 단연코 가장 수출에 의존하기 때문
에 독일 상품의 수요에 대한 커다란 위축이 이 나라에 수출 실패라는 결과를 가져올 것이다.

---

609. detached   610. detected   611. deteriorated
612. disputes   613. dwindling   614. existence
615. failure

☐ 616 In addition to improving the functionality of a plant, continually updating technology to keep pace with ▮▮▮▮▮ shows a manufacturer's willingness to evolve rather than remain static.

공장의 기능을 향상하는데 덧붙여서 새로운 것과 보조를 맞추고자 계속해서 기술을 업데이트하는 것은 정지 상태로 있기보다는 진화하고자 하는 제조업체의 의지를 보여준다.

☐ 617 ▮▮▮▮▮ equipment can cause expensive delays for any manufacturer, which diminishes profits and endangers the success of the company.

오작동을 일으키는 장비는 어떤 제조업자에게도 값비싼 일의 지연을 일으킬 수 있는데 그것은 수익을 감소시키고 회사의 성공을 위험에 빠뜨리게 된다.

☐ 618 The costs of commodities can be so unpredictable, it benefits many ▮▮▮▮▮ companies to look for ways to increase their productivity and efficiency while still cutting costs.

원자재 가격이 너무 예측 불가할 수 있기 때문에 비용을 줄이면서 생산성과 효율성을 증가시킬 방법들을 찾는 것이 많은 제조회사들에 이익이 된다.

☐ 619 Employees often fall into a pattern of doing things "the way they have always been done." However, many policies have become ▮▮▮▮▮ and inefficient over time.

고용인들은 가끔 "항상 해 왔던 식으로" 일을 하는 패턴에 빠진다. 하지만 시간이 지나면 많은 정책은 구식이 되고 비효율적이 된다.

☐ 620 If a piece of equipment purchased last year has been poorly maintained and produces at only half its operable rate, we should consider spending money on an ▮▮▮▮▮.

작년에 산 장비가 관리가 제대로 되지 않고 작동률의 절반 정도밖에 생산하지 못한다면, 우리는 장비를 위해 돈을 쓸 것을 고려해야 한다.

☐ 621 Food and beverage ▮▮▮▮▮ or manufacturing is one of Canada's major secondary industries and a vital component of the nation's overall agriculture business system.

음식과 음료 가공 혹은 제조는 캐나다의 주된 2차 산업이고 국가의 전반적인 농업 사업시스템의 핵심 요소이다.

☐ 622 Recycling and reusing manufacturing materials is one of the top ways to cut costs and increase efficiency and ▮▮▮▮▮.

제조 물질을 재활용하고 재사용하는 것은 비용을 절감하고 효율성과 수익을 증가시키는 가장 좋은 방법 중의 하나다.

---

616. innovation	617. Malfunctioning	618. manufacturing
619. obsolete	620. overhaul	621. processing
622. profits		

☐ Positive ▨▨▨▨▨ is the practice of rewarding desirable employee behavior. It's
623 the essential key to motivating employees to work more productively.

긍정적 강화는 바람직한 직원 행동을 보상하는 것이다. 그것은 직원들을 보다 생산적으로 일하도
록 동기를 부여하는데 핵심 열쇠이다.

☐ Much like wearing braces to reposition crooked teeth, a personal productivity ▨▨▨▨
624 is something you temporarily insert into your daily routine to help create new habits.

뒤틀어진 치아를 교정하기 위한 치아교정기처럼 개인 생산성 발판은 새로운 습관을 만드는 데 도
움을 주기 위해 일상생활에 일시적으로 삽입하는 것이다.

☐ We could use higher quality paper and more vivid colors to make our magazines
625 look a little bit more ▨▨▨▨▨.

우리는 잡지를 조금 더 세련되어 보이게 만들기 위해 더 좋은 질의 종이와 보다 선명한 색을 사용
할 수 있다.

☐ ▨▨▨▨▨ the production process using high quality technology and cutting-edge
626 processes leads to fewer overall costs and greater profitability.

고품질의 기술과 최신 과정을 이용하여 생산과정을 능률화하는 것이 전반적인 비용 절감과 보다
큰 수익성을 유도한다.

☐ He ▨▨▨▨▨ his brother as president of the company, and in 1980 also became
627 chairman of the board upon his father's death.

그는 회사의 사장으로 형의 뒤를 이었고 1980년에는 또한 아버지가 돌아가시고 나서 이사회의 의
장이 되었다.

☐ A number of companies lose a lot of energy during the production process through
628 poor ▨▨▨▨▨ or ineffective heating and cooling systems.

많은 회사가 좋지 않은 환풍 혹은 비효율적인 난방과 냉방 시스템을 통해 생산 과정 중 많은 에너
지를 잃고 있다.

☐ A ▨▨▨▨▨ motor vehicle industry emerged after the First World War. The firms
629 had the technological advancements needed to succeed in the industry.

활발한 자동차 산업은 제1차 세계대전 이후에 나타났다. 회사들은 그 산업에서 성공하기에 필요한
기술발전을 가지고 있었다.

☐ The refinery will run at full ▨▨▨▨▨ during the third quarter to compensate for a
630 fall in output from a petrochemical plant that has been shut down for maintenance.

정제공장은 점검을 위해 문을 닫은 석유화학 공장으로 인한 생산 감소를 보충하기 위해 3분기 동안
최대용량으로 운영할 것이다.

623. reinforcement	624. scaffold	625. sophisticated
626. Streamlining	627. succeeded	628. ventilation
629. vibrant	630. volumes	

퀵 토익 보카 VOCA +30

- **apparatus** [æpərǽtəs] — 명 장치, 장비

- **apparent** [əpǽrənt] — 형 명백한, 확실한
  부 apparently 분명히, 명백히

- **automatic** [ɔ̀:təmǽtik] — 형 자동의 동 automate 자동화하다

- **commodity** [kəmádəti] — 명 원자재, 물품

- **convert** [kənvə́:rt] — 동 전환하다, 변환하다
  명 conversion 개조, 전환

- **copyright** [kápirait] — 명 저작권

- **depot** [dí:pou] — 명 창고

- **estimate** [éstəmèit] — 명 평가, 견적서 동 견적을 내다, 추정하다

- **facility** [fəsíləti] — 명 시설, 장비

- **grease** [gri:s] — 명 기름, 윤활유

- **impurity** [impjúərəti] — 명 불순, 불결
  형 impure 순수하지 않은, 더러운

- **maintain** [meintéin] — 동 유지하다 명 maintenance 유지

- **manual** [mǽnjuəl] — 형 손으로 하는, 수동의 명 안내서

- **organic** [ɔ:rgǽnik] — 형 유기농의, 화학비료를 쓰지 않은

- **outdated** [autdéitid] — 형 낡은, 한물 간

☐ **output** [autput]　　　　　　　몡 생산량, 결과물

☐ **outweigh** [autwei]　　　　　　통 (중요성에서)~보다 더 크다

☐ **out of order**　　　　　　　　고장난

☐ **precarious** [prikɛ́əriəs]　　　　혱 불안정한

☐ **precaution** [prikɔ́:ʃən]　　　　　몡 조심, 경계

☐ **precise** [prisáis]　　　　　　　혱 정확한, 정밀한　믠 precisely 정확하게

☐ **propel** [prəpél]　　　　　　　통 가속화하다, 재촉하다　몡 propulsion 추진
　　　　　　　　　　　　　　　　혱 propulsive 추진력있는

☐ **relocate** [ri:lóukeit]　　　　　통 이전시키다, 장소를 옮기다
　　　　　　　　　　　　　　　　몡 relocation 재배치

☐ **repair** [ripɛ́ər]　　　　　　　통 수리하다　몡 수리

☐ **repository** [ripázətɔ̀:ri]　　　　몡 저장소

☐ **reproduction** [ri:prədʌ́kʃən]　　몡 재생산, 모조품

☐ **stack** [stæk]　　　　　　　　통 쌓아 올리다, 쌓이다　몡 더미, 무더기

☐ **strike** [straik]　　　　　　　몡 파업　통 파업하다　on strike 파업 중인

☐ **struggle** [strʌ́gl]　　　　　　통 애쓰다, 고군분투하다　몡 노력, 애씀

☐ **visionary** [víʒənèri]　　　　　혱 선견지명이 있는

Day

22

MP3

소비

Consumption

631 adverse
★★☆

[ædvə́ːrs]

형 불리한, 역의

* adversely 부 불리하게, 반대로
* adverse effect 역효과

632 affordable
★★★

[əfɔ́ːrdəbl]

형 (경제적으로) ~을 살 여유가 있는, (가격이) 적당한

633 aisle
★☆☆

[ail]

명 복도, 통로

634 apologize
★★★

[əpálədʒàiz]

동 사과하다

* apology 명 사과, 변명

635 appreciate
★★★

[əprí:ʃièit]

형 인정하다, 감상하다,
감사드리다

* appreciation 명 감사, 감상, 인정

636 bargain
★★☆

[bá:rgən]

명 싼 물건, 할인

637 blemish
★☆☆ [blémiʃ]

명 오점, 흠
동 손상시키다

638 breakage
★★☆ [bréikidʒ]

명 파손

639 browse
★☆☆ [brauz]

동 둘러보다, 훑어보다

640 comfort
★★★

[kʌ́mfərt]

명 안락함, 편안함

* comfortable 형 안락한, 편안한

641 consume
★★★

[kənsúːm]

동 소비하다

* consumption 명 소비
* consumer 명 소비자

꼭 날 먹어야 해?

예에~

642 convince
★★★

[kənvíns]

동 납득시키다, 설득하다

* convincing 형 설득력 있는
* convinced 형 확신에 찬

643 customer
★★☆

[kʌ́stəmər]

명 고객

---

644 decrease
★★★

[dikríːs]

동 줄이다, 감소하다
명 감소 (반 increase)

645 disappointed
★★★

[dìsəpɔ́intid]

형 실망한

* disappointment 명 실망
* disappoint 동 실망시키다

646 enthusiastic

★★☆

[inθùːziǽstik]

형 열렬한, 열정적인

* enthusiasm 명 열정
* enthusiast 명 열렬한 팬, 지지자

647 expenditure

★★★

[ikspénditʃər]

명 지출

* expend 통 소비하다, 지출하다

648 fabulous

★☆☆

[fǽbjuləs]

형 멋진, 근사한

649 favorably

★★☆

[féivərəbli]

형 호의적으로, 우호적으로

* favorable 형 호의적인

650 fixed

★★☆

[fikst]

형 고정된

* fix 통 고정하다, 수리하다
* fixed price 정가

651 garment

★☆☆

[gá:rmənt]

명 옷, 의복

652 **inventory**

★★★

[ínvəntɔ̀:ri]

- 명 물품목록
- 동 재고 목록을 만들다

653 **necessity**

★★★

[nəsésəti]

- 명 필수품, 필요성
  (반 luxury 사치품)

* necessary 형 필요한

654 **patron**

★☆☆

[péitrən]

- 명 후원자, 단골(=regular),
  보호자

* patronize 동 단골로 애용하다,
  가르치려들다
* patronage 명 지원, 후원

655 place
[pleis]
★★☆

동 (물건을) ~에 두다,
(주문을) 하다
명 장소, 공간

* placement 명 배치

656 potential
[pəténʃəl]
★★★

형 잠재하는, 가능성이 있는
명 잠재력, 가능성

* potentially 부 잠재적으로

657 purchase
[pə́ːrtʃəs]
★★★

동 구매하다, 구입하다
명 구입, 구매

658 troubleshoot
★★☆

[trʌblʃùːt]

동 고장을 진단하다,
(분쟁을) 조정하다

* troubleshooter
  명 고장 수리원, 분쟁 조정자

659 unavailable
★★★

[ʌnəvéiləbl]

형 (이용, 구매, 통화) 할 수 없는

660 vulnerability
★★★

[vʌlnərəbíləti]

명 취약함, 약점, 결함

* vulnerable
  형 취약한, 상처받기 쉬운

❏ Some medications contain ingredients which may cause ▮▮▮▮ effects on
631 consumers with certain health conditions.

어떤 약은 특정한 건강 상태를 가진 소비자들에게 역효과를 일으킬 수 있는 성분을 함유하고 있다.

❏ Cities are currently struggling to ensure ▮▮▮▮ housing for low-income families.
632 도시들은 저소득 가정에 적당한 주택을 공급하기 위해 현재 애쓰고 있다.

❏ Fresh produce, eggs, milk and baked goods tend to be located along the outer
633 perimeter of a grocery store, whereas processed foods tend to be within the more
central ▮▮▮▮.

신선한 생산품, 계란, 우유 그리고 제과 빵류는 식품가게의 바깥쪽에, 반면 가공식품들은 보다 중
앙 통로 안에 위치하는 경향이 있다.

❏ Volkswagon's CEO ▮▮▮▮ to the public for his company's cheating on emission
634 standard compliance.

폭스바겐 이사는 회사가 매연 배출 기준 준수를 속인 것에 대해 대중들에게 사과했다.

❏ The bank's annual Customer ▮▮▮▮ Day typically involves free cake and coffee
635 for those visiting local branches.

그 은행의 매년 고객 감사의 날은 지역 지점을 방문하는 사람들을 위해 전형적으로 무료 케이크와
커피를 제공한다.

❏ It pays to compare when different brands of the same item are sold in more than
636 one department of the store. Nuts are a real ▮▮▮▮ in the baking aisle as
compared to the produce department.

같은 상품의 다른 브랜드가 가게에서 한 군데 이상에서 팔릴 때 비교를 하는 것이 수지가 맞는다.
견과류는 농산물 코너와 비교해 볼 때 제과제빵 통로에서 할인 폭이 크다.

❏ Surprisingly, despite the athlete's ▮▮▮▮ reputation, he has been approached
637 by a number of companies offering sponsorship in return for celebrity endorsement.

놀랍게도 흠집이 난 명성에도 불구하고 그 운동선수는 많은 회사로부터 유명인사 광고의 대가로
후원을 제공한다는 제의를 받았다.

❏ Adults should carefully supervise their children in stores since they may be held
638 responsible for any ▮▮▮▮ that their child may accidentally cause.

성인들은 자신의 아이가 실수로 일으키는 물건의 파손에 대한 책임을 져야 할 수도 있으므로 가게
에서 아이들을 신중하게 지켜봐야 한다.

631. adverse	632. affordable	633. aisles
634. apologized	635. Appreciation	636. bargain
637. blemished	638. breakage	

앞서 학습한 단어를 복습합니다. 빈칸에 해당하는 단어의 그림을 떠올려보세요.

□ The streaming video website's new design makes it even easier for users to
639 _____ the current selection of movies.

그 실시간 재생되는 비디오 웹사이트의 새 디자인은 훨씬 더 쉽게 사용자들이 요즘 영화 모음들을
살펴보게 한다.

□ Increasingly, customers prefer the _____ of shopping online over visits to
640 crowded department stores.

점점 더 고객들은 복잡한 백화점에 가는 것보다 온라인쇼핑의 편안함을 선호한다.

□ Toilets account for approximately 27% of all the water _____ in a household.
641
화장실이 가정에서 소비되는 모든 물의 약 27%를 차지한다.

□ Successful companies _____ customers that by using their product, a specific
642 problem can be solved.

성공적인 회사들은 자신들의 상품을 사용함으로써 특정한 문제가 해결될 수 있다고 소비자들을 이
해시킨다.

□ It costs six times more to get a new _____ than a business does to keep one.
643 Keeping _____ happy is the biggest asset.

사업장이 기존의 고객 한명을 유지하는 것 보다 새로운 고객 한명을 더 갖는 것이 6배는 비용이 든
다. 고객을 행복하게 하는 것이 가장 큰 자산이다.

□ An easy way to drastically _____ your monthly spending is to limit the number
644 of times you eat out instead of preparing food at home.

월별 지출을 극적으로 줄이는 쉬운 방법은 집에서 음식을 준비하는 대신하는 외식의 횟수를 제한
하는 것이다.

□ The key to handling a _____ client is making them feel comfortable, taken care
645 of, and more sure than ever that you are the right company for them.

실망한 고객을 상대하는 열쇠는 그들이 편하게 느끼고 대접받고 있고 당신이 그들에게 맞는 회사
라는 것을 전보다 더 확실하게 느끼게 만드는 것이다.

□ The company's _____ pre-launch strategy ensured a wide customer base from
646 the very start of sales.

그 회사의 열정적인 개업 시작 전 전략은 판매 시작 전부터 폭넓은 고객층을 확보했다.

639. browse	640. comfort	641. consumed
642. convince	643. customer, customers	644. decrease
645. disappointed	646. enthusiastic	

퀵토익 보카 VOCA ⁺Review

☐ Consumer ▩▩▩▩ decreases during times of recession made it difficult for
647 companies to maintain their number of staff members.

경기 침체기 동안의 소비자 지출 감소는 회사들이 직원들 수를 유지하는 것을 어렵게 만들었다.

☐ These companies put great effort in promoting their '▩▩▩▩' new software
648 upgrades, but in fact, they offer very little new advantage to what you currently use.

회사들은 그들의 '멋진' 새 소프트웨어 업그레이드를 홍보하는데 엄청난 노력을 기울였지만, 사실
그 업그레이드는 당신이 지금 사용하고 있는 것에 새로운 장점을 거의 제공하지 않는다.

☐ The public has reacted quite ▩▩▩▩ in response to the company's goals of
649 environmental sustainability.

대중들은 환경적 지속가능성이라는 그 회사의 목표에 꽤 우호적으로 반응을 보였다.

☐ The tourists were surprised by the ▩▩▩▩ prices of most items in the market;
650 they had grown accustomed to bargaining for nearly everything.

관광객들은 시장에서 대부분 상품에 붙어 있는 정가에 놀랐다. 그들은 거의 모든 것의 물건을 흥정
하는 것에 익숙했기 때문이다.

☐ Modern machinery and economies of scale have led to the dramatic growth of
651 India's ▩▩▩▩ industry.

현대적 기계와 (생산 규모의 확대로 인한) 규모의 경제가 인도 의류산업의 극적인 성장을 이끌었다.

☐ The ▩▩▩▩ manager and his assistant adjusted the items on the shelf so that
652 more products could be displayed.

물품 관리자와 그의 조수는 더 많은 상품이 진열될 수 있도록 선반의 물건들을 정돈했다.

☐ The enlightened consumer is able to differentiate between ▩▩▩▩ and
653 purchases of convenience or luxury.

현명한 소비자는 필수품과 편리함을 위한 소비 혹은 사치품의 차이를 구별할 수 있다.

☐ We would like to thank all of our ▩▩▩▩ for your continued support throughout
654 the years.

저희는 몇 해 동안 지속해서 지원해주신 저희 후원자들 모두에게 감사를 표합니다.

---

647. expenditure   648. fabulous   649. favorably

650. fixed   651. garment   652. inventory

653. necessities   654. patrons

655 Products in a grocery store such as sugary cereals are ▮▮▮▮▮▮ where children can easily see them in order to increase the effect of 'pester power'.

설탕이 들어간 시리얼과 같은 식료품 가게의 상품들은 '졸라서 갖고 싶은 것을 얻어내는' 효과를 증대시키기 위해 아이들이 쉽게 볼 수 있는 곳에 두어진다.

656 The health claims of many natural medicines are actually far outweighed by the ▮▮▮▮▮▮ dangerous side effects on the user.

많은 천연 약품이 건강에 도움을 준다는 정보들은 사실 사용자들에게 미치는 잠재적으로 위험한 부작용보다 훨씬 더 과장되어 있다.

657 Pushy salespeople, while trying to increase ▮▮▮▮▮▮, often harm their company's reputation in the public's eye.

구매를 증가시키기 위해 노력하면서 강요하는 판매원들은 가끔 대중들의 눈에 그들 회사의 명성에 해를 끼치는 것으로 보인다.

658 Inside the user guide, you can find a ▮▮▮▮▮▮ section which can help you to determine what might be the problem with a product.

사용자 설명서 안에는 상품에 무엇이 문제인지 결정하는 데 도움을 주는 고장 진단란을 찾을 수 있습니다.

659 Due to it's wild popularity, the new line of sneakers was ▮▮▮▮▮▮ in Canada until three months after they first came out in the U.S.

열광적인 인기 때문에 새로 선보인 운동화들은 미국에서 출시된 이후 3개월까지 캐나다에서는 이용할 수 없었다.

660 The automobile company has issued its second vehicle recall because of software-related ▮▮▮▮▮▮.

그 자동차 회사는 소프트웨어 관련된 결함으로 인해 두 번째 차량 리콜을 발표했다.

655. placed	656. potentially	657. purchases
658. troubleshooting	659. unavailable	660. vulnerabilities

퀵 토익 보카 VOCA +30

- anxious [ǽŋkʃəs]   혱 걱정스러운 똉 anxiety 걱정, 근심

- blunder [blʌ́ndər]   똉 실수

- boycott [bɔ́ikat]   똉 불매운동 똥 불매하다

- chipped [tʃipt]   혱 (물건이) 깨진

- cordially [kɔ́:rdʒəli]   뿐 다정하게, 진심으로

- context [kántekst]   똉 맥락, 문맥, 전후사정

- cracked [krækt]   혱 (물건에) 금이 간

- demand [dimǽnd]   똉 수요, 요구 똥 요구하다
  혱 demanding 요구가 많은, (일이) 힘든

- display [displéi]   똉 전시, 진열 똥 진열하다, 전시하다

- disrespect [dìsrispékt]   똉 무례, 결례
  혱 disrespectful 무례한, 실례되는

- dissatisfied [dissǽtisfàid]   혱 불만인 똉 dissatisfaction 불만

- faulty [fɔ́:lti]   혱 결함 있는

- fit [fit]   똥 잘 맞다, 적합하다 혱 꼭 맞는, 어울리는

- gratis [grǽtis]   뿐 무료로, 공짜로

- overcharge [óuvərtʃa:rdʒ]   똥 바가지 씌우다, 가격을 과도하게 부르다

☐ **overprice** [óuvərprais]   통 가격을 비싸게 매기다

☐ **query** [kwíəri]   명 질문

☐ **questionnaire** [kwèstʃənɛ́ər]   명 설문지, 조사

☐ **ready-made**   미리 만들어져 나오는, 기성품의
(반 custom-made 주문제작한)

☐ **receipt** [risíːt]   명 영수증

☐ **seasonal** [síːzənl]   형 계절적인, 임시의

☐ **second-hand**   중고의 (반 brand-new 완전 새 것의)

☐ **selection** [silékʃən]   명 진열 상품, 선택   통 select 선택하다
형 selective 선택적인

☐ **speck** [spek]   명 작은 얼룩

☐ **sublet** [sʌblét]   통 전대하다, 임대 공간을 다시 임대하다

☐ **tag** [tæg]   명 물건의 꼬리표, 가격표

☐ **trial period**   시험 사용 기간

☐ **unmet** [ʌnmet]   형 만족되지 않는, 충족되지 않은

☐ **warranty** [wɔ́ːrənti]   명 품질 보증서

☐ **wholesale** [hóulseil]   명 도매   형 다수의, 대규모의
cf) retail 소매, 소매하다

Day

23

MP3

광고

Advertisement

661 allure
★★☆

[əlúər]

명 매력, 유혹

* alluring 형 유혹하는

662 appearance
★★★

[əpíərəns]

명 외모, 모습, 출현

* appear 동 출현하다, ~처럼 보이다

663 assimilate
★★☆

[əsíməlèit]

동 동화되다, 같게 하다, 동질화하다

* assimilation 명 동질화, 동화

664 authentic
★★★ [ɔːθéntik]

형 진짜의, 믿을만한

* authenticity 명 진품, 정품

665 captivate
★★☆ [kǽptəvèit]

동 사로잡다, 매료시키다
형 매혹적인, 마음을 사로잡는

666 commercial
★★☆ [kəmə́ːrʃəl]

명 (TV, 라디오) 광고
형 상업적인

667 **customize**
★☆☆
[kʌstəmàiz]

图 맞춤화하다

668 **deceive**
★☆☆
[disíːv]

图 속이다

* deception 명 사기, 속임, 기만

669 **delicate**
★☆☆
[délikət]

图 섬세한, 부드러운,
깨지기 쉬운

* delicacy 명 섬세함, 미묘함

670 durable
★★★

[djúərəbl]

형 내구성 있는, 튼튼한

* durability 명 내구성, 튼튼함

671 elaborate
★★☆

[ilǽbərət]

형 정성을 들인, 정교한
통 정교하게 만들다,
  자세히 말하다

672 excellent
★★★

[éksələnt]

형 뛰어난, 우수한

* excellency 명 우수함, 탁월함
* excel 통 능가하다, 넘어서다

673 extraordinary
★★☆

[ikstrɔ́:rdənèri]

형 비범한, 보통이 아닌

674 extravagant
★★☆

[ikstrǽvəgənt]

형 낭비하는, 사치스러운

* extravagance 명 사치, 낭비

675 flyer
★☆☆

[fláiər]

명 광고지

676 genuine
★★☆

[dʒénjuin]

형 진품의, 성실한

677 impeccably
★★☆

[impékəbli]

부 흠 잡을 데 없이

* impeccable
  형 흠잡을 데 없는, 완전무결한

678 lavishly
★★☆

[lǽviʃli]

부 사치스럽게, 아낌없이,
함부로

* lavish 형 사치스러운 진품

679 moderation
★★☆

[màdəréiʃən]

명 절제, 온건함, 적당함

* moderate 형 적당한, 온건한
  동 절제하다, 완화하다

680 notable
★★☆

[nóutəbl]

형 눈에 띄는, 주목할 만한

* note 동 주목하다, 언급하다
* noted 형 잘 알려진, 유명한

각주구검(刻舟求劍)의 유래

681 originate
★★★

[ərídʒənèit]

동 비롯되다, 유래하다

* origin 명 기원, 근원, 혈통

682 **precious**
★★★
[préʃəs]

형 소중한, 귀중한

683 **refurbish**
★★☆
[riːfə́ːrbiʃ]

동 새로 단장하다

684 **remarkable**
★★★
[rimáːrkəbl]

형 놀랄만한, 뛰어난

<table>
685 **sleek**
★☆☆ [sli:k]

형 윤기 나는
</table>

<table>
686 **sturdy**
★★☆ [stə́:rdi]

형 견고한, 튼튼한
</table>

<table>
687 **suffice**
★★☆ [səfáis]

동 충분하다
</table>

688 sufficient
★★★
[səfíʃənt]

형 충분한

* sufficiently 부 충분히

689 superior
★★★
[səpíəriər]

형 뛰어난, 우수한 (반 inferior)
명 윗사람, 우수한 사람

690 trustworthy
★★★
[trʌstwə́:rði]

형 믿을 수 있는

퀵토익 보카 VOCA +Review

☐ The company's marketing department has spent millions of dollars in the hopes
661 that the public will be attracted by its ▮▮▮▮ commercials.

회사의 마케팅 부서는 대중들이 매력적인 광고 때문에 끌릴 것이라는 기대로 수백만 달러를 썼다.

☐ The magazine claimed that by eating certain foods such as blueberries, kale, and
662 avocado, women are able to improve the ▮▮▮▮ of their skin.

그 잡지는 블루베리, 케일, 아보카도와 같은 특정 음식을 섭취함으로써 여성들이 피부 모습을 나아
지게 할 수 있다고 주장했다.

☐ According to the brochure issued by the government, immigrants are provided
663 with the opportunities and support required to successfully ▮▮▮▮ into their new
communities.

정부에 의해 발행된 책자에 따르면 이민자들은 새로운 공동사회에 성공적으로 동화되는데 필요한
기회와 지원을 받는다.

☐ The pictures in the magazine make the restaurant's meager menu offerings appear
664 as ▮▮▮▮ Italian cuisine.

잡지에 실린 사진들은 그 식당의 불충분한 메뉴들을 정통 이탈리아 음식처럼 보이게 만든다.

☐ Most radio advertisement slots are short, so make sure you ▮▮▮▮ your
665 audience quickly without boring introductions or explanations.

대부분의 라디오 광고시간은 짧으니 재미없는 도입이나 설명 없이 청중들을 재빨리 사로잡을 수
있도록 해라.

☐ The cost of a 30-second TV ▮▮▮▮ during the first NFL Superbowl in 1967 was
666 about $42,000, but by 2016 the price had reached as high as $4.5 million.

1967년 NFL 수퍼볼 경기 동안에 30초짜리 TV 광고의 비용은 약 4만 2천 달러였지만 2016년에는
그 가격이 4만 5십만 달러에 이르렀다.

☐ There are online tools with which users can create and ▮▮▮▮ their own logos
667 using hundreds of unique design templates, fonts, and colors.

사용자들이 수백 개의 독특한 디자인 견본, 폰트, 그리고 컬러를 사용하여 자신 만의 로고를 만들
고 맞춤화할 수 있는 온라인 도구들이 있다.

☐ In advertising, there is a big difference between 'pushing the truth,' and ▮▮▮▮
668 audiences with false claims.

광고에 있어서 '진실을 내미는 것'과 청중들을 그릇된 주장으로 속이는 것 사이에는 큰 차이가 있다.

661. alluring	662. appearance	663. assimilate
664. authentic	665. captivate	666. commercial
667. customize	668. deceiving	

418

☐ Brand identity is a ▨▨▨▨ dance between the messages the company wishes to
669 convey, and the way those messages are perceived by the public.

상표 정체성은 회사가 전달하고자 하는 메시지와 그 메시지들이 어떻게 대중들에 의해 인식되는가
사이의 섬세한 춤이다.

☐ The company claimed that their children's clothing was highly ▨▨▨▨; however
670 they came under fire when it emerged that the clothes wore down quickly due to
the very low quality, cheap material they were made of.

회사는 그들의 아동복이 매우 튼튼하다고 주장했지만, 저질의 값싼 재료 때문에 쉽게 닳아버리는
것임이 드러났을 때 비난을 받았다.

☐ Companies have come up with ▨▨▨▨ ways to integrate QR codes into
671 advertisements which, once scanned, direct users to websites where they can find
more information.

회사들은 일단 스캔이 되면 사용자들을 더 많은 정보를 찾을 수 있는 웹사이트로 직접 연결하는
QR코드를 광고에 통합시키는 정교한 방법을 생각해 내었다.

☐ The cafe has enjoyed ▨▨▨▨ ratings from hundreds of customers posting their
672 opinions online.

그 카페는 수백 명의 고객들이 자신의 의견을 온라인에 게시함으로써 받는 뛰어난 평가를 만끽했다.

☐ Barack Obama's ▨▨▨▨ marketing campaign took advantage of social media
673 and grassroots support in ways his competitors had never imagined, landing him
as the 44th president of the United States.

버락 오바마의 비범한 마케팅 캠페인은 그의 경쟁자들이 절대 상상도 못 했던 방식으로 소셜 미디
어와 국민의 지지를 활용했는데 그것이 그를 미국의 44대 대통령이 되게 하였다.

☐ Though being rated as one of the most trusted brands, the pharmaceutical
674 company spent an ▨▨▨▨ $2 billion on advertising last year.

가장 신뢰하는 브랜드 중의 하나로 평가받았음에도, 그 제약회사는 지난해 광고에 낭비적인 2십억
달러를 지출했다.

☐ Households are increasingly putting up notices that ▨▨▨▨ and other
675 solicitations are unwanted and not to be deposited in the mail box.

점점 더 많은 가정이 광고지와 그리고 다른 애걸복걸하는 전단은 그들이 원하는 것이 아니고 그들
의 우편함에 넣어놓지 말라는 안내문을 붙이고 있다.

669. delicate	670. durable	671. elaborate
672. excellent	673. extraordinary	674. extravagant
675. flyers		

❏ The firm seems to be ▨▨▨▨▨ in its stated values of community outreach and
676 charity, as its CEO spent the weekend in the soup kitchen serving lunches to the
less fortunate.

그 회사는 CEO가 불우한 사람들을 위해 점심을 제공하는 무료급식소에서 주말을 보내는 것으로
보아 자신들이 언급한 지역사회 봉사활동과 기부의 가치에 있어서 진심인 것 같다.

❏ An ▨▨▨▨▨-timed statement on social media can earn a company more attention
677 than a million dollars spent on conventional ads could ever accomplish.

소셜미디어에 올리는 흠 잡을 데 없이 시기 적당한 언급은 기존의 광고에 쓰는 백만 달러가 이룰
수 있는 것보다 더 많은 관심을 얻게 할 수 있다.

❏ Companies who succeed in advertising to increase sales can then afford to
678 ▨▨▨▨▨ spend on even more advertising.

판매를 촉진하기 위한 광고에 성공한 회사들은 더 많은 광고에 아낌없이 돈을 쓸 여유를 가질 수
있다.

❏ Labels on beer, wine, and liquor bottles often remind the drinker to enjoy the
679 beverage with ▨▨▨▨▨ and control.

맥주, 와인, 독한 술병의 라벨들은 종종 음주자들이 술을 절제와 통제로 즐길 것을 상기시킨다.

❏ Big companies are always on the look-out for ▨▨▨▨▨ celebrities who are willing
680 to endorse their products, albeit for a price.

커다란 회사들은 항상 비용이 얼마가 들던지 상관없이 자신들의 상품을 기꺼이 보증할 눈에 띄는
유명인들을 찾는다.

❏ The phrase 'A diamond is forever' ▨▨▨▨▨ from a De Beers Diamonds
681 advertising slogan first conceived in 1948.

'다이아몬드는 영원히'라는 문구는 1948년에 처음 고안된 드비어스 다이아몬드 광고 슬로건에서 비
롯되었다.

❏ The travel company suggested that people should stop wasting their ▨▨▨▨▨
682 time and start travelling to the places they want to see the most.

그 여행 회사는 사람들이 자신의 귀중한 시간을 낭비하지 말고 자신들이 가장 보고 싶어 하는 곳의
여행을 시작해야 한다고 제안했다.

❏ It is easy to find vintage furniture for low prices in online classified sites, pieces
683 which you can ▨▨▨▨▨ and sell at a higher price for profit.

온라인 광고란에서 골동품 가구를 낮은 가격에 찾기는 쉬운데 그 물건들을 이익을 위해 새로 단장
해서 더 높은 가격에 팔 수가 있다.

676. genuine	677. impeccably	678. lavishly
679. moderation	680. notable	681. originated
682. precious	683. refurbish	

❏ Steve Jobs presented his new products with a ▆▆▆▆ enthusiasm, earning
684 Apple a reputation of youthfulness and vigor.

스티브 잡은 새로운 상품들을 놀라운 열정으로 제시했는데, 그것이 애플에 젊음과 활력의 명성을
안겨다 주었다.

❏ Car companies show their ▆▆▆▆ new cars in TV advertisements speeding over
685 roadways winding through breathtaking scenery.

자동차 회사들은 TV 광고에서 멋진 경치를 통과하면서 구불구불한 길을 따라 속도를 내는 자신들
의 윤기 나는 새 자동차들을 보여준다.

❏ I saw a commercial on TV which showed a truck driving over plastic garbage
686 containers to show how ▆▆▆▆ they really were. The garbage bins popped back
into their original form easily.

플라스틱 쓰레기통들이 얼마나 튼튼한지를 보여주기 위해 그 위로 트럭이 지나가는 것을 보여주는
TV 광고를 보았다. 그 쓰레기통들은 쉽게 원래 형태로 튀어나왔다.

❏ Many companies are spending less on conventional forms of advertising such as
687 placing ads on TV, radio, and in the newspaper, when word of mouth among target
customers will ▆▆▆▆.

많은 회사는 목표 고객들 사이의 입소문이 충분할 때는 TV나 라디오 혹은 신문에 광고를 싣는 전
통적인 형태의 광고에 돈을 덜 쓴다.

❏ Without ▆▆▆▆ marketing strategies in place, many businesses fail to
688 reach potential customers and are ultimately out-competed by better prepared
companies.

준비된 충분한 마케팅 전략이 없이는 많은 사업체가 잠재적인 고객들에게 다가가지 못하고 궁극적
으로 더 준비가 잘 된 회사에 경쟁력에서 밀리게 된다.

❏ We are so confident in our line of products that we are willing to guarantee you'll
689 find them ▆▆▆▆ to other brands, or we'll give you your money back.

저희는 저희 상품 라인에 대해 자신감을 가지고 있어서 여러분들이 다른 브랜드들보다 저희 것이
더 월등하다는 것을 알게 될 것이라고 보증합니다. 그렇지 않으면 환급해 드릴 것입니다.

❏ It is important for the public to carefully determine for themselves whether the
690 health claims made by a doctor on TV are ▆▆▆▆ or not.

일반 대중들이 TV에서 의사들이 말한 건강정보들이 믿을 만한지 그렇지 않은지를 스스로 신중하
게 결정하는 것이 중요하다.

684. remarkable	685. sleek	686. sturdy
687. suffice	688. sufficient	689. superior
690. trustworthy		

퀵 토익 보카 VOCA⁺³⁰

- ☐ **appliance** [əpláiəns]　　명 (가정용) 기기, 제품
　　　　　　　　　　　　　　　cf) home appliance 가전제품

- ☐ **based on**　　　　　　　~에 기반을 둔

- ☐ **brand-new**　　　　　　형 새것의 명 신품

- ☐ **brochure** [brouʃúər]　　명 안내 책자, 소책자

- ☐ **compact** [kámpækt]　　형 소형의

- ☐ **desirable** [dizáiərəbl]　　형 바람직한, 이상적인
　　　　　　　　　　　　　　　부 desirably 바람직하게

- ☐ **drag** [dræg]　　　　　동 끌다

- ☐ **flawless** [flɔ́:lis]　　　형 결함이 없는, 무결점의

- ☐ **fully** [fúlli]　　　　　　부 충분히, 완전히

- ☐ **handbill** [hǽndbil]　　명 광고지, 전단지

- ☐ **handmade** [hǽndmeid]　　형 수공의

- ☐ **inexpensive** [ìnikspénsiv]　　형 비싸지 않은

- ☐ **latest** [léitist]　　　형 최근의

- ☐ **leaflet** [lí:flit]　　　명 전단

- ☐ **long-lasting**　　　　오래가는, 오랫동안 쓸 수 있는

☐ **original** [ərídʒənl]　　　　　형 원래의, 처음의　명 시초, 기원

☐ **portable** [pɔ́ːrtəbl]　　　　　형 휴대용의

☐ **proper** [prápər]　　　　　　형 적당한, 타당한

☐ **provide** [prəváid]　　　　　동 제공하다, 마련하다

☐ **reasonable** [ríːzənəbl]　　　형 합리적인, 가격이 비싸지 않은

☐ **recline** [rikláin]　　　　　　동 뒤로 젖혀지다, 기대다

☐ **suitable** [súːtəbl]　　　　　형 적합한, 적절한

☐ **tidy** [táidi]　　　　　　　　형 깔끔한, 단정한

☐ **timely** [táimli]　　　　　　형 시기적절한, 때에 맞는

☐ **terrific** [tərífik]　　　　　　형 굉장한, 엄청난

☐ **up-to-date**　　　　　　　　최신의

☐ **user-friendly**　　　　　　사용하기 편한

☐ **vary** [vέəri]　　　　　　　동 다르다, 가지각색이다　형 various 다양한
　　　　　　　　　　　　　　　명 variety 다양성

☐ **widely** [wáidli]　　　　　　부 널리

☐ **worth** [wəːrθ]　　　　　　형 가치가 있는　명 가치

Day

24

MP3

여행
Tour

692 **accommodate**
★★☆
[əkámədèit]

동 수용하다,
숙박시설을 제공하다,
(부탁을) 들어주다

* accommodation 명 숙박시설

693 **airfare**
★☆☆
[ɛ́ərfɛ̀ər]

명 항공요금

694 altitude
★★☆
[ǽltətjùːd]

명 고도, 높이

695 approve
★★★
[əprúːv]

동 승인하다, 인정하다
* approval 명 인정, 승인

696 attraction
★★☆
[ətrǽkʃən]

명 관광지, 관광명소
* attract 동 끌다
* tourist attraction 관광명소

697 belonging
★★☆
[bilɔ́:ŋiŋ]

명 소지품, 소유물건

* personal belonging 개인 소지품

698 commission
★☆☆
[kəmíʃən]

명 수수료, 수당, 위원회

* commissioner 명 위원, 이사
* compartment 명 칸막이, 구획

699 confirm
★★★
[kənfɔ́:rm]

동 확인하다, 승인하다

* confirmation 명 확인, 확정

700 convenience

★★★

[kənvíːnjəns]

명 편리, 편의

* convenient 형 편리한

701 declare

★★★

[diklɛ́ər]

동 신고하다, 선언하다

* declaration 명 신고서, 선언, 발표
* customs declaration 세관신고

702 deluxe

★☆☆

[dəlʌ́ks]

형 고급의, 호화스러운

703 deny

★★★

[dinái]

동 거부하다, 부인하다

* denial 명 거부, 부인

704 depart

★★☆

[dipá:rt]

동 출발하다, 떠나다

* departure 명 출발

705 destination

★★★

[dèstənéiʃən]

명 목적지

706 exotic
★★☆

[igzátik]

형 이국적인, 이국풍의

707 historic
★★☆

[histɔ́:rik]

형 역사적으로 중요한

cf) historical 역사상의

708 immigration
★★★

[ìməgréiʃən]

명 출입국 관리소, 이민

* immigrate 동 이민가다, 이주하다
* immigrant 명 이주자

709
★★★
itinerary
[aitínərèri]

명 여행일정

710
★★☆
jet lag

명 (시차로 인한) 피로

711
★☆☆
land
[lænd]

동 착륙하다
명 땅, 육지

* landing 명 착륙
* land on ~에 착륙하다
반 take off 이륙하다

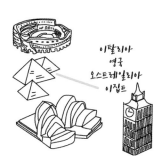

이탈리아
영국
오스트레일리아
이집트

712 landmark
★☆☆

[lǽndmà:rk]

몡 유명한 건물, 장소

713 nationality
★☆☆

[næʃənǽləti]

몡 국적

714 normal
★★★

[nɔ́:rməl]

혱 보통의, 평범한,
정상적인 (↔abnormal)

보통이 아냐…

715 obey
★★★
[oubéi]

동 복종하다, 따르다

* obedience 명 복종, 순종
* off-season 비수기

716 overwhelm
★★☆
[òuvərhwélm]

동 압도하다

* overwhelming 형 압도적인

717 realize
★★★
[rí:əlàiz]

동 깨닫다, 알아차리다,
실현하다

* realization 명 깨달음, 인식, 실현

718 recommend
★★★
[rèkəménd]

동 추천하다, 권하다

* recommendation 명 추천

719 turbulence
★☆☆
[tə́:rbjuləns]

명 난기류, 격동, 격변

720 valuable
★★★
[vǽljuəbl]

형 가치 있는
(반 valueless 무가치한)

명 귀중품

cf) invaluable 매우 가치 있는

☐ Some countries offer a registration system for their citizens traveling and living
691 ▮▮▮▮▮▮ so that they can be reached and notified in times of emergency.

어떤 나라들은 위급 상황 시에 연락하거나 공지할 수 있도록 외국을 여행하거나 외국에 사는 자국민들을 위한 등록 시스템을 제공한다.

☐ It isn't hard to find a number of hotels which are willing to ▮▮▮▮▮▮ guests along
692 with their pets, but you generally pay more for your stay.

반려동물과 함께하는 손님들에게 기꺼이 숙박을 제공하는 많은 호텔을 찾는 것이 어렵지는 않지만, 일반적으로 더 비싼 숙박료를 지급한다.

☐ The cost of ▮▮▮▮▮▮ is generally the highest in the summer months, while
693 January is typically the cheapest month to fly.

1월이 비행기를 타기에 가장 저렴한 달이지만 여름철 항공요금이 일반적으로 가장 비싸다.

☐ The thin air at the peak of Mount Everest, at an ▮▮▮▮▮▮ of 8,848 meters, makes
694 reaching the top of the mountain a very difficult and dangerous ordeal.

8,848m에 위치한 에베레스트 산 정상의 희박한 공기가 산꼭대기에 도달하는 것을 매우 힘들고 위험한 시련이 되게 한다.

☐ Read your travel insurance policy carefully. Some companies will not ▮▮▮▮▮▮
695 emergency medical claims if you were hurt while participating in an extreme sport
or activity.

여행 보험 약관을 주의 깊게 읽어라. 어떤 회사들은 극한 스포츠나 활동에 참가하다가 다쳤을 경우 응급의료비 청구를 승인하지 않을 것이다.

☐ Thailand's main ▮▮▮▮▮▮ include its beaches, national parks, ancient temples,
696 and traditional markets.

태국의 주된 관광지는 해변과 국립공원, 옛날 사원, 그리고 전통시장들이다.

☐ Despite being reminded to check for any personal ▮▮▮▮▮▮ before leaving the
697 bus, drivers often find valuables left behind such as wallets, electronic devices, and
even jewelry.

버스를 내리기 전에 개인 소지품을 점검할 것을 상기시켜줌에도 불구하고 기사들은 두고 내린 지갑, 전자제품, 심지어 보석도 종종 발견한다.

691. abroad	692. accommodate	693. airfare
694. altitude	695. approve	696. attractions
697. belongings		

698 The South Australian Tourism ▇▇▇▇▇ has recently released an application dedicated to green and responsible tourism.

남부 호주 관광 위원회는 최근 책임감 있는 녹색 관광을 위한 애플리케이션을 내놓았다.

699 Make sure your reservations are ▇▇▇▇▇ by calling 48 hours before departure.

출발 48시간 전에 당신의 예약을 전화로 확인해야 합니다.

700 For our customers' ▇▇▇▇▇, you can now check in from home and choose your preferred seat with our online seating plan.

고객 편의 차원에서 여러분은 이제 집에서 체크인 하고 저희 온라인 좌석 계획으로 선호하는 좌석을 선택할 수 있습니다.

701 Upon entering the United States you must ▇▇▇▇▇ items you bought duty-free, whether you bought them in an airport, on the plane, or on a ship.

미국에 입국하자마자 여러분은 공항이나 비행기 혹은 선박에서 산 면세품을 신고해야만 합니다.

702 The ▇▇▇▇▇ rooms at our hotel offer bigger beds, jetted bathtubs, and impeccable views of the city below.

저희 호텔의 고급 객실은 더 큰 침대와 제트 욕실, 그리고 아래의 흠잡을 데 없는 도시 풍경을 제공합니다.

703 The thief tried to ▇▇▇▇▇ that he had ever seen the pair of tourists before, but it was clear that he was lying.

도둑은 그 관광객 두 명을 보았다는 것을 부인하려 했지만, 그가 거짓말을 하고 있다는 것이 분명했다.

704 You must be checked in with a valid boarding pass and photo ID 30 minutes before the plane is scheduled to ▇▇▇▇▇.

비행기가 출발 예정된 30분 전에 탑승권과 사진이 있는 신분증을 가지고 체크인해야만 합니다.

705 Paris, London, and Rome have been for centuries the top ▇▇▇▇▇ for travellers in Europe.

파리, 런던, 그리고 로마는 수백 년 동안 유럽의 여행자들이 가장 많이 찾는 목적지이다.

706 Couples looking for an ▇▇▇▇▇ honeymoon destination need to look no further than Bali, Indonesia.

이국적인 신혼여행지를 찾고 있는 커플들은 인도네시아의 발리보다 더 좋은 곳을 찾을 필요가 없다.

698. Commission	699. confirmed	700. convenience
701. declare	702. deluxe	703. deny
704. depart	705. destinations	706. exotic

❏ Visitors to Montreal's ▮▮▮▮▮▮ city center often report feeling like they have been
707 transported to the cobblestone alleyways of Europe.

몬트리올의 역사적인 도심부를 가는 방문객들은 흔히 유럽의 조약돌을 깐 골목길로 공간이동을 한 것 같은 느낌을 받는다고 한다.

❏ While ▮▮▮▮▮▮ has increased drastically over the past 100 years, the percentage
708 of people living in the US who were born outside of the country was actually higher in 1900 than it is now.

지난 100년간 이민자들이 극적으로 증가했지만, 다른 나라에서 태어나 미국에 사는 사람들의 비율은 지금보다 1900년에 사실 더 높았다.

❏ Unfortunately the group's ▮▮▮▮▮▮ was so filled with trips to places outside of the
709 city that they never got a chance to experience the charms of Chaing Mai itself.

불행히도 그 그룹의 여행일정은 도시 밖의 장소들을 여행하는 것으로 채워져 있어서 그들은 치앙마이 그 자체의 매력을 경험할 기회를 가지지 못했다.

❏ Most experts agree that you can minimize the effects of ▮▮▮▮▮▮ by going to bed
710 earlier for a few nights before you travel if you are heading east, and go to bed later if your are travelling west.

대부분의 전문가는 당신이 동쪽으로 향한다면 여행 전 며칠 밤 동안 더 일찍 자고, 서쪽으로 간다면 더 늦게 잠으로써 시차로 인한 피로의 효과를 최소화할 수 있다는 데 동의한다.

❏ Before we ▮▮▮▮▮▮, we would like to thank all of our travellers for choosing to fly
711 with us today.

착륙 전에 오늘 저희와 함께 비행하는 것을 선택해주신 여행자분들 모두에게 감사드리고 싶습니다.

❏ Mount Fuji, one of the most recognizable ▮▮▮▮▮▮ in Japan, is best visited in the
712 months of July and August.

일본에서 가장 인정받는 장소 중의 하나인 후지산은 7월과 8월에 방문하는 것이 가장 좋다.

❏ While it is free for most people to enter Canada, visitors of certain ▮▮▮▮▮▮ are
713 still required to apply for travel visas.

대부분의 사람이 캐나다에 입국하는 것이 자유롭지만 어떤 국적의 방문객들은 아직도 여행 비자를 신청하는 것이 요구된다.

---

707. historic	708. immigration	709. itinerary
710. jet lag	711. land	712. landmarks
713. nationalities		

❏ It is a ▮▮▮▮▮ practice for hotels to require confirmation from prospective guests
714 in the form of credit card details.

호텔들이 그들의 잠재 고객들로부터 신용카드의 구체적 정보 형태로 확인을 요구하는 것이 보통 관행이다.

❏ It is important that you understand and ▮▮▮▮▮ all laws in the country you are
715 travelling in, even if those laws are different than those your home country.

비록 여러분 자신의 나라 법들과 다르더라도 방문하는 나라의 모든 법을 이해하고 따르는 것이 중요하다.

❏ The sheer number of people and the extreme poverty in India's largest cities can
716 ▮▮▮▮▮ even the most experienced travellers.

인도의 가장 큰 도시들에 사는 사람들의 순전한 숫자와 극도의 빈곤함은 가장 노련한 여행자들에 계조차 압도적일 수 있다.

❏ After returning from their charity work in Central America, the students were able to
717 ▮▮▮▮▮ how privileged their lives really were.

중앙아메리카에서의 자선활동에서 돌아온 후에 학생들은 그들의 삶이 정말로 얼마나 특권을 누리는 것인가를 깨달을 수 있었다.

❏ I wholeheartedly ▮▮▮▮▮ you try the local food in the places you visit - it can
718 really enhance your travel experience.

당신이 방문하는 장소의 지역 음식을 먹어보기를 진심으로 권합니다. 그것이 당신의 여행 경험을 정말로 높일 수 있기 때문입니다.

❏ The plane underwent such ▮▮▮▮▮ while flying over the mountains that several
719 passengers became physically ill.

비행기는 산 위로 비행하는 동안 난기류로 인한 심한 기체 흔들림을 겪어서 몇몇 승객들은 몸이 좋지 않았다.

❏ Each hotel room is equipped with a safe in which you may store your ▮▮▮▮▮
720 during your stay.

각 호텔 방은 여러분이 머무는 동안 귀중품을 보관할 수 있는 금고가 마련되어 있습니다.

714. normal	715. obey	716. overwhelm
717. realize	718. recommend	719. turbulence
720. valuables		

퀵 토익 보카 VOCA⁺³⁰

❏ aboard [əbɔ́:rd]　　　　　　　　튄 배에 승선하여, 배로

❏ airsickness [ɛ́ərsìknis]　　　명 비행기 멀미

❏ anchor [ǽŋkər]　　　　　　　명 (배의) 닻, 뉴스 앵커
　　　　　　　　　　　　　　　　통 닻을 내리다, 정박하다

❏ arrive [əráiv]　　　　　　　　통 도착하다(at) 명 arrival 도착

❏ berth [bə:rθ]　　　　　　　　명 (배, 기차 등의) 침대

❏ boarding pass　　　　　　　탑승권

❏ chamber [tʃéimbər]　　　　　명 방

❏ check in　　　　　　　　　　통 체크인하다 (반 check out)

❏ concierge [kànsiɛ́ərʒ]　　　명 (호텔의) 안내인

❏ corridor [kɔ́:ridər]　　　　　명 복도

❏ cruise [kru:z]　　　　　　　명 유람선 여행

❏ ferry [féri]　　　　　　　　　명 여객선

❏ harbor [há:rbər]　　　　　　명 항구 통 항구에 정박하다

❏ journey [dʒə́:rni]　　　　　　명 여행

❏ layover [leióuvər]　　　　　명 중간 체류 (=stopover)

☐ **memorial** [məmɔ́ːriəl]   명 기념비 형 기념하는, 추도의

☐ **mural** [mjúərəl]   형 벽에 그린 명 벽화

☐ **pack** [pæk]   동 짐을 꾸리다 명 짐

☐ **passenger** [pǽsəndʒər]   명 승객

☐ **recharge** [riːtʃáːrdʒ]   동 재충전하다 명 재충전

☐ **remains** [riméinz]   명 유물, 유적

☐ **remainder** [riméindər]   명 나머지 동 remain ~채로 남아있다

☐ **round trip**   왕복여행

☐ **route** [ruːt]   명 길, 경로, 노선

☐ **scenic** [síːnik]   형 경치가 좋은 명 scenery 경치, 풍경

☐ **souvenir** [sùːvəníər]   명 기념품

☐ **spectacular** [spektǽkjulər]   형 대규모의, 장관의
명 spectacle 장관, 볼거리

☐ **stroll** [stroul]   동 한가롭게 거닐다, 산책하다

☐ **terminal** [tə́ːrmənl]   명 종점, 종착지

☐ **voyage** [vɔ́iidʒ]   명 (장거리) 항해, 여행

Day

25

MP3

학교, 교육

School & Education

721 **accomplishment**
★★★

[əkámpliʃmənt]

명 성취, 완성

722 **acknowledge**
★★★

[æknálidʒ]

동 인정하다, 감사하다

* acknowledgement 명 인정, 승인

723 **advanced**
★★☆

[ædvǽnst]

형 선진의, 진보한, 고급의

* advance
　동 진보하다, 앞으로 나아가다
* advancement 명 발전, 진보

724 alumni
★☆☆

[əlʌmnai]

명 졸업생들, 동문들

* 단수) alumnus 졸업생

725 archaeologist
★★☆

[àːrkiálədʒist]

명 고고학자

* archaeology 명 고고학
* archaeological 형 고고학적

726 assess
★★★

[əsés]

동 평가하다

* assessment 명 평가

727 certificate
★★★

[sərtífikeɪt]

명 증서, 증명서

* certify
동 증명하다, 자격증을 교부하다

728 degree
★★☆

[digrí:]

명 학위, (각도, 온도의) 도

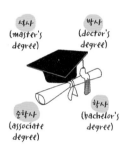

729 demoralize
★☆☆

[dimɔ́:rəlàiz]

동 사기가 저하되다,
의지를 꺾다

* demoralization 명 사기저하, 타락

730 diploma

★☆☆

[diplóumə]

명 졸업장

731 discovery

★★★

[diskʌ́vəri]

명 발견

* discover 통 발견하다

732 educate

★★★

[édʒukèit]

동 교육하다

* education 명 교육
* educator 명 교육자
* educational 형 교육적인

733 excavation
★★☆

[èkskəvéiʃən]

명 발굴, 땅파기

* excavate 동 발굴하다, 땅을 파다

734 experimental
★★★

[ikspèrəméntl]

형 실험의

* experiment 명 실험

쟤네가 실험군,
우린 대조군

지구 현장 학습단

735 field
★☆☆

[fi:ld]

명 분야, 현장

* field trip 현장학습

736 freshman
★☆☆
[fréʃmən]

명 (대학, 고등학교) 신입생

cf) sophomore 2학년생.
junior 3학년생, senior 4학년생

737 graduate
★★★
[grǽdʒuət]

동 졸업하다 (from)
형 대학원의
명 대학 졸업자

738 incumbent
★★☆
[inkʌmbənt]

형 현직의, 재직 중의

739 instructor
★★☆

[instrʌ́ktər]

명 강사

* instruct 동 가르치다, 강의하다
* instructional 형 교육상의

740 intermediate
★★☆

[ìntərmí:diət]

형 중간의, 중급의
동 중재하다, 사이에 들어가다

* intermediation 명 주개, 매개
* intermediary 형 중간의, 중개의

741 juvenile
★☆☆

[dʒú:vənl]

형 청소년의, 어린애 같은,
유치한

* juvenile delinquency
청소년 비행, 범죄
* juvie 명 소년원

Prep School

★★☆

preparatory
[pripǽrətɔ̀:ri]

형 준비의, 서론의

* prepare 통 준비하다
* preparatory school (영국의 7~13세의 아동이 다니는) 사립 초등학교, (미국의 대학진학 준비를 위한) 사립 고등학교

★★☆

proportion
[prəpɔ́:rʃən]

명 비율, 몫

2.5 등신?

1 시간 = 230 kcal

★★★

rationale
[ræʃənǽl]

형 이유, 이론적 설명, 근거

* rational 형 합리적인

745 reason
★★★
[ríːzn]

명 이유, 이성
동 판단하다, 추론하다

* reasonable
  형 이치에 맞는, 타당한

746 secondary
★★★
[sékəndèri]

형 이차적인, 부수적인,
중등교육의

* pursuit 명 추구, 쫓음, 추격

초등학교   중학교   고등학교

747 submission
★★★
[səbmíʃən]

명 제출, 순종, 복종

* submit 동 제출하다
* submissive 형 복종하는, 순종하는

748 throughout
★★★

[θruːáut]

전 도처에, ~동안, 내내

749 upscale
★★☆

[ʌpskèil]

형 고급의, 평균이상의

플랑크톤

750 vital
★★★

[váitl]

형 매우 중요한, 필수적인

* vitalize 통 활력을 주다
* vitality 명 활기, 활력

❏ His greatest ▮▮▮▮▮ was to become president of the Harvard Crimson, the
721 campus newspaper.

그의 가장 뛰어난 성취는 캠퍼스 신문인 하버드 크림슨의 대표가 된 것이었다.

❏ The dean ▮▮▮▮▮ the students' concerns about rising tuition fees and promised
722 that she would do everything she could to keep the program affordable for students.

학장은 오르는 등록금에 대한 학생들의 걱정을 인정하고 프로그램이 학생들에게 경제적으로 적당
하게 유지하도록 그녀가 할 수 있는 모든 것을 하겠다고 약속했다.

❏ The course description listed some fairly ▮▮▮▮▮ math and physics courses as
723 prerequisites for enrollment.

강좌 설명서는 몇몇 상급 수학과 물리학 과정을 강좌수강을 위한 전제조건으로 목록에 넣었다.

❏ McGill University counts a number of very successful individuals as ▮▮▮▮▮,
724 including Justin Trudeau, Prime Minister of Canada.

맥길 대학은 캐나다 총리인 저스틴 트루도를 포함하여 동문으로 매우 성공한 많은 사람을 열거한다.

❏ As a field ▮▮▮▮▮-turned-professor, Dr. Klein had a lot of practical knowledge to
725 pass on to her students.

현장 고고학자에서 교수가 된 클레인 박사는 그녀의 학생들에게 전달할 많은 실용적인 지식을 가
지고 있었다.

❏ It is our job at the admissions department to ▮▮▮▮▮ each student's application
726 and determine those who are most likely to excel in our programs.

각각의 학생들 원서를 평가하고 우리 프로그램에서 두각을 가장 잘 나타낼 사람들을 결정하는 것
이 우리가 입학처에서 하는 일이다.

❏ Professor Holden was awarded a ▮▮▮▮▮ from the Student's Union for having
727 been selected as the year's most popular instructor.

Holden 교수는 올해의 가장 인기 있는 강사로 선정되어 학생회로부터 증서를 받았다.

❏ Accelerated ▮▮▮▮▮ programs are not for everyone. They require greater focus
728 and more intense effort than traditionally-paced programs.

속성 학위 프로그램은 모든 사람을 위한 것이 아니다. 기존의 속도대로 운영되는 프로그램보다 더
많은 집중과 치열한 노력을 요구한다.

721. accomplishment	722. acknowledged	723. advanced
724. alumni	725. archaeologist	726. assess
727. certificate	728. degree	

☐ The student's became ▒▒▒▒▒ after learning how difficult last year's students had
729 found the exam.

학생들은 작년 학생들이 그 시험이 매우 어려웠다고 하는 것을 듣고 나서 사기가 저하되었다.

☐ For many career fields, it makes more sense to pursue a 2-year ▒▒▒▒▒ than a
730 4-year university degree.

많은 직업 분야에서 4년제 대학 학위보다 2년제 졸업장을 추구하는 것이 더 이치에 맞는다.

☐ Researchers at Harvard Medical School are being credited with a recent ▒▒▒▒▒
731 of how autoimmune diseases may be regulated.

하버드 의대의 연구진들은 자가 면역 질환이 어떻게 조절되는가에 대한 최근 발견으로 인정을 받고 있다.

☐ The guest speaker from Finland reminded the audience that it was just as
732 important to ▒▒▒▒▒ the teacher as it is to teach the student.

핀란드에서 온 초청 연사는 청중들에게 학생들을 가르치는 것만큼이나 교사를 교육하는 것이 중요하다고 상기시켰다.

☐ The ▒▒▒▒▒ work has begun for the campus' new student apartment building
733 which, when completed, will house 700 students.

캠퍼스의 새로운 학생 아파트 건물을 위한 굴착공사가 시작되었는데 그 건물은 완성되면 7백 명 학생들의 거처가 될 것이다.

☐ ▒▒▒▒▒ treatments were being tested and developed up until 2014, when the
734 medical department's funds were drastically cut.

2014년까지 실험적 치료가 테스트를 거치고 개발되고 있었는데, 그 해에 의학과의 자금이 급격히 삭감되었다.

☐ For our second-term ▒▒▒▒▒ trip we toured various war memorial sites in France
735 including Vimy Ridge, the Somme River Valley, and the beaches of Normandy.

두 번째 현장 학습으로 우리는 비미의 산등성이와 솜므강, 그리고 노르망디 해변과 같은 다양한 전쟁 기념 장소들을 여행했다.

☐ The 18-year-old ▒▒▒▒▒ was considered the best football quarterback in the
736 league in 2013 until an injury forced him to stop playing.

18세의 신입생은 부상으로 인해 경기를 못 하게 될 때까지 2013년 리그에서 최고의 풋볼 쿼터백으로 여겨졌다.

729. demoralized	730. diploma	731. discovery
732. educate	733. excavation	734. Experimental
735. field	736. freshman	

☐
737 Nearly 70% of Koreans aged 25-34 have ▮▮▮▮▮▮ from college, which in 2015 was the highest rate among OECD countries.

거의 25세에서 34세의 한국인들 70%가 대학을 졸업했는데 그것은 2015년에 OECD 국가 중에서 가장 높은 비율이었다.

☐
738 The ▮▮▮▮▮▮ Education Minister has come under fire recently for her husband's government lobbying activities shortly after she was elected.

현직 교육부 장관은 당선된 이후 곧바로 있었던 최근 그녀 남편의 정부 로비활동으로 인해 해고될 위기에 처하게 되었다

☐
739 The school was hoping to add 3 new ▮▮▮▮▮▮ to the Foreign Language Department, who would start teaching classes in the spring semester.

그 학교는 외국어 학과에 3명의 새로운 강사를 추가하기를 희망하는데 그들은 봄 학기에 수업을 시작할 것이다.

☐
740 The students always found it very difficult to transition from the introductory math course to ▮▮▮▮▮▮ algebra.

학생들은 항상 입문 수학 과정에서 중급 대수학으로 전환하는 것이 매우 어렵다고 생각했다.

☐
741 While the students all thought that Mark's comment was hilarious, their teacher thought it was quite ▮▮▮▮▮▮ and rude.

학생들은 모두 마크가 한 발언이 재미있다고 생각했지만 그들의 선생님은 그것이 꽤 유치하고 무례하다고 여겼다.

☐
742 In the US, many wealthy parents send their children to attend ▮▮▮▮▮▮ schools where students are groomed for Ivy League university placements.

미국에서 많은 부유한 부모들은 아이비리그 대학 과정을 위해 훈련되도록 자녀들을 사립 고등학교에 보낸다.

☐
743 A great ▮▮▮▮▮▮ of students in South Korea attend classes in private academies in addition to their public school studies.

한국에서 높은 비율의 학생들이 공교육에 추가로 사교육 기관의 수업을 듣는다.

737. graduated	738. incumbent	739. instructors
740. intermediate	741. juvenile	742. preparatory
743. proportion		

앞서 학습한 단어를 복습합니다. 빈칸에 해당하는 단어의 그림을 떠올려보세요.

☐ My instructor's ▩▩▩▩ for pushing us to find part time work in animal clinics
744 was that while we could learn most of the theory in the classroom, our practical
knowledge would come from the workplace.

우리가 동물병원에서 파트타임 일자리를 찾도록 한 강사의 근거는 교실에서 이론 대부분을 배울
수 있지만 실용적인 지식은 현장에서 나오기 때문이었다.

☐ One of the ▩▩▩▩ why many students loved Mr. Martin was because of his
745 careful and often humorous explanations of difficult topics.

많은 학생들이 마틴 선생님을 사랑했던 이유 중 하나는 어려운 주제에 대한 그의 신중하면서도 때
로는 유머러스한 설명 때문이었다.

☐ When choosing to pursue post ▩▩▩▩ studies, it can be wise to consider the
746 different universities that provide the major you are most interested in, and do your
research to find the school that will give you the most bang for your buck.

중등과정 이후의 학교를 선택하는 데 있어서 여러분이 가장 관심 있는 전공을 제공하는 다른 대학
들을 고려하고 들인 돈이나 노력보다 더 큰 가치를 줄 학교를 발견하기 위해 조사를 하는 것이 현
명할 수 있다.

☐ Her final project ▩▩▩▩ was marked very highly by her professors, who thought
747 it to be the work of an experienced researcher.

그녀의 기말 프로젝트 제출은 교수들에 의해 매우 높은 점수를 받았는데 그들은 그것이 노련한 연
구가의 작품이라고 생각했다.

☐ Each year, the magazine's special report is read by thousands of students and
748 parents to ascertain the quality of education provided by the dozens of universities
▩▩▩▩ the country.

해마다 그 잡지의 특별보고서는 전국 곳곳의 십 여 개 대학에 의해 제공되는 교육의 질을 확인하기
위해 수천 명의 학생들과 부모들이 읽는다.

☐ While ▩▩▩▩ teaching technology exists in many modern classrooms, many
749 teachers fail to effectively implement it into their lessons.

고급 교수 기술이 많은 현대화된 교실에 존재하지만 많은 교사는 그것을 수업에 효과적으로 실행
하지 못하고 있다.

☐ The principal reminded the teachers of the ▩▩▩▩ role they play in moulding
750 their students' futures.

교장은 교사들에게 학생들의 미래 틀을 형성하는 데 있어서 그들의 중요한 역할을 상기시켰다.

744. rationale　　745. reasons　　746. secondary
747. submission　748. throughout　749. upscale
750. vital

퀵 토익 보카 VOCA⁺³⁰

❑ childcare [tʃáildkɛər]　　　　　　명 보육, 육아

❑ credit [krédit]　　　　　　　　　명 학점, 신용, 칭찬, 인정

❑ curriculum [kəríkjuləm]　　　　　명 교과과정

❑ daycare center　　　　　　　　어린이집

❑ dean [diːn]　　　　　　　　　　　명 학장

❑ dropout [drápàut]　　　　　　　명 중퇴자

❑ fledgling [flédʒliŋ]　　　　　　　형 미숙한 명 신출내기

❑ grateful [gréitfəl]　　　　　　　형 감사하는 (반 ungrateful 배은망덕한)

❑ grieve [griːv]　　　　　　　　　통 슬퍼하다, 비통해 하다

❑ honorary degree　　　　　　　명예학위

❑ institution [ìnstətjúːʃən]　　　　명 기관, 학원, 단체

❑ lecture [léktʃər]　　　　　　　　명 강의 통 강의하다

❑ meager [míːgər]　　　　　　　　형 결핍한, 빈약한

❑ nomination [nàmənéiʃən]　　　　명 임명, 지명
　　　　　　　　　　　　　　　　통 nominate 지명하다, 임명하다

❑ philosophy [filásəfi]　　　　　　명 철학 명 philosopher 철학자

☐ **plenary** [plí:nəri] 형 전원 출석의, 완전한 부 plenarily 완전히

☐ **proponent** [prəpóunənt] 명 제안자, 지지자
동 propone 제안하다, 제의하다

☐ **preach** [pri:tʃ] 동 설교하다, 충고하다

☐ **primarily** [praimérəli] 부 주로

☐ **remembrance** [rimémbrəns] 명 추억 동 remember 기억하다

☐ **report card** 성적표

☐ **rush** [rʌʃ] 동 서두르다

☐ **scrutiny** [skrú:təni] 명 조사, 검사 동 scrutinize 조사하다
명 scrutinization 조사, 검사

☐ **search** [sə:rtʃ] 동 수색하다, 찾다

☐ **self-esteem** 자부심

☐ **semester** [siméstər] 명 학기

☐ **the Ministry of Education** 교육부 cf) the Education Office 교육청

☐ **transcript** [trǽnskript] 명 성적 증명서

☐ **trustee** [trʌstí:] 명 이사, 신탁 관리자, 수탁자

☐ **undergraduate** [ʌndərgrǽdʒuət] 명 대학생

Day

26

MP3

경제

Economy

751 abate
★★☆
[əbéit]

동 약해지다, 약화시키다

752 accelerate
★★☆
[æksélərèit]

동 촉진하다, 가속화하다

* acceleration 명 가속, 촉진

753 alert
★★★
[ələ́:rt]

명 경계, 경보
형 주의하는, 경계하는
동 경고하다

시금치

754 boost
★☆☆
[buːst]

명 힘, 부양책
동 신장시키다

755 currency
★★☆
[kə́ːrənsi]

명 화폐, 통화

756 descending
★★☆
[diséndiŋ]

형 하향의, 내려가는,
감소하는

* descend 동 내려가다
* descendant 명 후손

757 decline
★★★
[dikláin]

명 감소, 하락, 쇠퇴
동 줄어들다, 거절하다

* declination
명 기울, 경사, 쇠퇴, 사절

758 dominant
★★☆
[dámənənt]

형 지배적인, 우세한

* dominance 명 우세, 우월

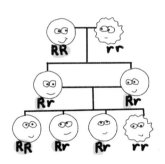

759 economical
★☆☆
[èkənámikəl]

형 경제적인, 절약하는

* economy 명 경제
* economics 명 경제학
* economic 형 경제의, 경제에 관한

760 figure
★★★
[fígjər]

명 숫자, 도표, 계산, 인물, 모습
동 숫자로 나타내다, 생각하다

761 flourish
★★☆
[flə́:riʃ]

동 번창하다

762 fluctuation
★★☆
[flʌktʃuéiʃən]

명 변동, 오르내림
* fluctuate 동 변동하다

763 foresee
★★★
[fɔːrsíː]

동 예견하다, 내다보다

764 framework
★★★
[freimwəːrk]

명 틀, 제도

765 interest
★★★
[íntərəst]

명 관심, 이자

* interest rate 이자율

766 intervene

★★☆

[ìntərvíːn]

통 개입하다, 간섭하다

* intervention 명 개입, 간섭

767 lower

★☆☆

[lóuər]

통 줄이다, 낮게 하다
형 아래쪽의, 하급의
　(반 upper)

768 optimistic

★★★

[àptəmístik]

형 낙관적인
　(반 pessimistic 비관적인)

* optimism 명 낙관론
* optimist 명 낙관주의자

769 plummet
★★☆
[plʌmit]

⑧ 급락하다

770 prosperity
★★★
[praspérəti]

⑲ 번영, 번창

* prosperous ⑱ 번영하는
* prosper ⑧ 번성하다

771 sluggish
★★☆
[slʌgiʃ]

⑱ 부진한, 느린

772 stable
★★★

[stéibl]

형 안정적인

* stability 명 안정성
* stabilize 동 안정되다, 안정시키다

773 stagnation
★★☆

[stægnéiʃən]

명 불경기, 침체

* stagnant 형 침체된

774 steady
★★★

[stédi]

형 꾸준한, 안정된

* steadily 부 꾸준히, 점차

초등학교

5초 지각

775 stringent
★★☆

[stríndʒənt]

형 엄격한,
(자금 사정이) 절박한

* stringency 명 엄격함, 자금의 곤란

776 surge
★☆☆

[sə:rdʒ]

명 급등
동 급등하다, 치솟다

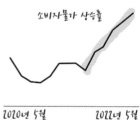

소비자물가 상승률

2020년 5월　　　2022년 5월

777 thrive
★★★

[θraiv]

동 번영하다, 번성하다

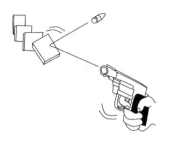

778 trigger
★★☆

[trígər]

동 야기하다, 유발하다

779 unprecedented
★★★

[ʌnprésidəntid]

형 전례 없는, 선례 없는

780 volatile
★★☆

[válətil]

형 (가격, 물가) 불안정한,
휘발성의

□ Fears of a bubble burst in the housing market has not ▓▓▓▓ demand for single
751 family homes so far this year.

주택시장의 거품붕괴에 대한 우려가 올해 지금까지 일인 가구 주택에 대한 요구를 약화하지는 않았다.

□ As the workplace becomes increasingly automated, some people see ▓▓▓▓
752 production, while other people simply see job losses.

업무현장이 점점 더 자동화됨에 따라 어떤 사람들은 단순히 일자리가 줄어드는 것을 보지만 다른
사람들은 생산이 촉진될 것을 본다.

□ Economic policy makers were on high ▓▓▓▓ as the over production of oil
753 threatened the high prices that had long been enjoyed.

경제 정책 입안자들은 석유의 과잉 생산이 오랫동안 유지되었던 높은 유가를 위협하자 크게 경계
하고 있었다.

□ The new leader's energy plan will give a much needed ▓▓▓▓ to the national economy.
754 새 지도자의 에너지 계획은 국가 경제에 꼭 필요한 부양책을 줄 것이다.

□ The best way to evaluate a currency's worth is to observe its value in relation to
755 other ▓▓▓▓ over time.

한 통화의 가치를 평가하는 가장 좋은 방법은 장기간 다른 통화들과 관련해서 그 통화의 가치를 관
찰하는 것이다.

□ The country's top three exports in ▓▓▓▓ order are refined oil, precious metals,
756 and automobiles.

그 나라의 주문이 감소하고 있는 세 가지 수출품은 정제유, 귀금속, 그리고 자동차이다.

□ The city of Detroit, once a major center of the automobile industry, has undergone
757 major ▓▓▓▓ over the past 30 years.

한때 자동차 산업의 중심지였던 디트로이트 시는 지난 30년간 커다란 쇠퇴를 겪었다.

□ The world's traditionally ▓▓▓▓ economies are being joined by emerging
758 countries such as Mexico, Indonesia, and Turkey.

멕시코, 인도네시아, 터키와 같은 떠오르는 국가들이 세계의 기존 지배적인 경제 국가들에 합류하고 있다.

---

751. abated	752. accelerated	753. alert
754. boost	755. currencies	756. descending
757. decline	758. dominant	

❑ Though it came at a higher price tag, my neighbor bought the hybrid car as he
759 figured fuel costs would make it more ▨▨▨▨ in the long run.

더 가격이 높지만, 나의 이웃은 연료비에 있어서 더 경제적일 것이라고 생각하여 하이브리드 자동차를 샀다.

❑ The supply curve, as shown in ▨▨▨▨ 2, shows a positive relationship between
760 the price of a good and the quantity that is supplied.

도표2에서 보여주듯이 공급 곡선은 상품 가격과 공급되는 양 사이의 긍정적인 관계를 보여준다.

❑ 1000 year old ruins which have been unearthed in Northen China give evidence to
761 the ▨▨▨▨ trade and economy in the area at the time.

북부 중국에서 발굴된 천 년 된 유물들은 그 당시 그 지역의 번창 하고 있던 무역과 경제의 증거를 제시한다.

❑ Wild ▨▨▨▨ in the stock market in recent months have benefited some, while
762 wiping away the investments of others.

최근 몇 달간의 주식 시장의 급격한 변동은 어떤 사람들의 투자를 날려버린 반면 다른 어떤 사람들에게는 이익을 주었다.

❑ We ▨▨▨▨ low interest rates to continue for the next several years given the
763 current rates of unemployment and inflation.

우리는 현재의 실업과 인플레이션이라면 향후 몇 년 동안 저금리가 지속될 것으로 예견한다.

❑ Just hours before the contract was set to expire, the plant workers and the board
764 of directors agreed on a new compensation ▨▨▨▨ including increased wages,
pension, and health benefits.

계약이 만료되기 몇 시간 전에 공장 노동자들과 이사회는 임금 인상과 연금, 그리고 의료보험을 포함한 새로운 보상 체계에 대해 동의했다.

❑ Even a minor increase in ▨▨▨▨ rates would cripple the ability of many home
765 owners to successfully make payments on their mortgages.

이자율의 작은 상승조차도 많은 주택 소유자들이 성공적으로 담보대출금을 지급하도록 하는 능력을 저해할 수 있다.

759. economical	760. figure	761. flourishing
762. fluctuations	763. foresee	764. framework
765. interest		

퀵 토익 보카 VOCA +Review

766. □ Following the Asian crisis in 1997, many regional central banks ▪▪▪▪▪ in foreign exchange markets, in part to rebuild foreign reserve stocks.

1997년 아시아 경제위기 이후에 많은 지방의 중심 은행들이 부분적으로 외화 준비금 보유를 재건 하기 위해 외환 거래 시장에 개입했다.

767. □ Many companies are calling for the government to ▪▪▪▪▪ the barriers to free trade, which would open global markets to their products.

많은 회사가 정부의 자유 무역 규제를 낮춰달라고 요구하고 있는데, 그것이 그들 상품에 대한 국제 시장을 개방시킬 것이다.

768. □ Traders are ▪▪▪▪▪ following the release of U.S. job data report, leading to strong gains in the dollar over the past week.

지난 한 주 달러의 강세를 가져온 미국의 일자리 데이터 보고 발표 이후 무역업자들은 낙관적이다.

769. □ The over supply of crude oil has caused prices to ▪▪▪▪▪, especially hurting North American companies who had grown accustomed to $100 per barrel prices.

원유의 과다 공급은 가격의 급락을 일으켰고 특히 배럴당 100달러 가격에 익숙해져 있던 북미 회 사들에 특히 타격을 주었다.

770. □ The free-trade corridor will usher in a new era of ▪▪▪▪▪, not just for Mongolia but for the entire central Asian region.

자유무역 지대는 몽골뿐 아니라 전체 중앙아시아 지역에 번영의 새로운 시대를 안내할 것이다.

771. □ Sales of the new smart phone since its release have been ▪▪▪▪▪, due in part to hardware issues and uncompetitive pricing.

부분적으로 하드웨어 문제와 경쟁력 없는 가격으로 인해 새로운 스마트 폰의 판매는 출시 이후 부 진했다.

772. □ Maximum employment, ▪▪▪▪▪ prices and moderate interest rates should be the primary goals of monetary policy makers.

고용 극대화, 안정된 물가와 적절한 이자율은 통화 정책 입안자들의 가장 중요한 목표가 되어야 한다.

773. □ Annual economic growth less than 2 or 3% is considered ▪▪▪▪▪ and typically triggers rising unemployment rates.

2 혹은 3%보다 낮은 연간 경제 성장은 불경기로 간주되고 주로 높은 실업률을 일으키게 된다.

766. intervened	767. lower	768. optimistic
769. plummet	770. prosperity	771. sluggish
772. stable	773. stagnant	

☐ The South Korean Won held ▆▆▆▆▆ on Monday morning as traders kept a close
774 eye on the developing tensions with the North.

한국의 원화는 무역업자들이 북한과의 긴장 상태 개선을 주의 깊게 지켜보면서 월요일 아침 안정
된 상태를 유지했다.

☐ ▆▆▆▆▆ environmental policies may have the effect of hampering business growth.
775 엄격한 환경 정책은 사업 성장을 방해하는 효과를 가져올 수도 있다.

☐ As home prices ▆▆▆▆▆, the city council is in deep discussion as to how to keep
776 low-income renters from being forced onto the streets.

주택 가격이 치솟자, 시 의회는 어떻게 저소득 세입자들이 거리에 나 앉게 하지 않도록 하는 방법
에 대해 깊이 있는 토론을 하고 있다.

☐ Researchers are looking to the field of organizational ecology to help explain why
777 some businesses fail while others ▆▆▆▆▆.

연구원들은 왜 어떤 사업이 번창할 때 다른 어떤 사업은 실패하는지를 설명하기 위해 조직 생태학
분야 쪽을 생각하고 있다.

☐ Several conditions may ▆▆▆▆▆ inflation including rising wages, declining
778 productivity and higher taxes.

몇몇 조건들이 임금 인상, 생산성 감소, 그리고 더 높은 세금 등을 포함하는 인플레이션을 일으킬
수 있다.

☐ Following the Korean War, South Korea experienced an ▆▆▆▆▆ economic boom
779 which has been referred to as the 'Miracle on the Han."

한국 전쟁 이후 한국은 "한강의 기적"이라고 일컫는 유례없는 경제 붐을 경험했다.

☐ When markets are ▆▆▆▆▆, it is especially important for investors not to panic
780 and to maintain proper perspective. Downturns and dramatic upswings are quite
often short-lived.

시장이 불안정할 때 투자가들은 겁먹지 말고 적절한 관점을 유지하는 것이 매우 중요하다. 경기 하
강이나 극적인 호전은 주로 수명이 짧다.

774. steady	775. Stringent	776. surge
777. thrive	778. trigger	779. unprecedented
780. volatile		

퀵토익 보카 VOCA⁺³⁰

□ **affair** [əfɛ́ər]　　　　　　　　　명 일, 사건

□ **announcement** [ənáunsmənt]　　명 안내방송　통 announce 안내방송하다

□ **blueprint** [blu:print]　　　　　명 청사진, 계획

□ **bond** [band]　　　　　　　　　명 채권

□ **boom** [bu:m]　　　　　　　　　명 갑작스러운 인기, 증가　통 번창하다

□ **decrease** [dikrí:s]　　　　　　통 줄이다, 감소하다 (반 increase)　명 감소

□ **depreciation** [diprì:ʃiéiʃən]　　명 가치 하락, 가격 저하

□ **depression** [dipréʃən]　　　　명 불경기

□ **downturn** [dauntə:rn]　　　　명 침체, 감소

□ **exceed** [iksí:d]　　　　　　　통 초과하다, 넘다

□ **financial** [finǽnʃəl]　　　　　형 재정의, 금융의

□ **fiscal** [fískəl]　　　　　　　　형 회계의, 재정상의

□ **foremost** [fɔ́:rmoust]　　　　형 선두의, 맨 앞에 위치한

□ **go bankrupt**　　　　　　　　파산하다

□ **inactive** [inǽktiv]　　　　　형 둔화된, 활발하지 않은

476 |

❏ **in demand**	수요가 있는
❏ **inflation** [infléiʃən]	명 물가상승, 통화팽창 (반 deflation 물가하락, 통화위축)
❏ **macroeconomy** [mӕkroui:kánəmi]	명 거시경제 cf) microeconomy 미시경제
❏ **market value**	시세, 시가
❏ **overheat** [óuvərhi:t]	동 과열되다, 과열시키다
❏ **overlook** [óuvərluk]	동 간과하다, 내려다 보다
❏ **recession** [riséʃən]	명 불경기, 경기 후퇴
❏ **recuperate** [rikjú:pərèit]	동 회복하다, 만회하다
❏ **setback** [setbӕk]	명 퇴보, 차질
❏ **share** [ʃɛər]	명 주식, 몫 동 나누다, 공유하다 cf) shareholder 주주, 출자자
❏ **statistics** [stətístiks]	명 통계, 통계학 형 statistical 통계의
❏ **supply** [səplái]	명 공급, 비품 동 공급하다
❏ **transfer** [trӕnsfə́:r]	동 옮기다, 환승하다 형 transferable 양도 가능한, 이동 가능한
❏ **variable** [vɛ́əriəbl]	형 변동이 심한
❏ **vicious cycle**	악순환

Day

27

여가, 스포츠

Leisure & Sport

781 activity
★★★

[æktívəti]

명 **활동**

* active 형 활동적인, 활발한

782 ambiguous
★★★

[æmbígjuəs]

형 **모호한**

* ambiguity 명 모호함

783 ambitious
★★☆

[æmbíʃəs]

형 **야망 있는, 야심 있는**

* ambition 명 야망, 야심

언젠가는…
꼭!

784 astronomer
★★☆

[əstrάnəmər]

명 천문학자

* astronomical 형 천문학의
* astronomy 명 천문학
* astrology 명 점성술

785 creative
★★★

[kriéitiv]

형 창의적인

* creativity 명 창의성
* create 통 창조하다, 창안하다

만유인력

786 define
★★☆

[difáin]

통 정의하다

* definition 명 정의, 뜻

787 disregard
★★☆

[dìsrigá:rd]

동 무시하다
명 무시

788 extreme
★★☆

[ikstrí:m]

형 극한의, 극도의

789 ferocious
★★☆

[fəróuʃəs]

형 사나운, 격렬한

* ferociously 부 사납게

790 gigantic
★☆☆ [dʒaigǽntik]

형 거대한

791 habitual
★★☆ [həbítʃuəl]

형 습관적인, 늘 하는
* habit 명 버릇, 습관

792 impressive
★★★ [imprésiv]

형 인상적인
* impress 동 인상을 남기다
* impression 명 인상
* impressionism 명 인상주의

킬러본능

793 **instinct**
★★☆
[ínstiŋkt]

명 **본능**

* instinctive 형 본능적인
* instinctively 부 본능적으로

794 **interested**
★★★
[íntərəstid]

형 **관심 있는, 흥미가 있는**
(반 uninterested)

* interest 명 흥미, 관심, 이자
* interesting 형 흥미 있는, 재미있는
* disinterested 형 무관심한

흥미진진

귀양살이

795 **isolate**
★★☆
[áisəlèit]

동 **고립시키다, 격리하다**

* isolation 명 고립, 격리

796 ledge
★☆☆ [ledʒ]

명 (절벽의) 선반 바위,
(건물의) 대석

797 means
★★★ [miːnz]

명 수단
* as a means of ~의 수단으로

798 monopolistic
★★★ [mənàpəlístik]

형 독점적인
* monopolize 통 독점하다
* monopoly 명 독점, 전매

799 opposite
★★★

[ápəzit]

형 정반대의

* opposition 명 반대, 항의
* oppose 동 반대하다

800 perpetual
★★☆

[pərpétʃuəl]

형 영구적인, 계속되는

* perpetually 부 영구적으로

801 pioneer
★☆☆

[pàiəníər]

명 개척자

애석하군

802
★★☆

pity
[píti]

몡 애석함, 유감

* pitiful 형 측은한, 한심한

803
★★☆

quit
[kwit]

동 그만두다

* quitter 명 포기자

804
★★☆

reclusive
[riklú:siv]

형 은둔한, 숨어사는, 적막한

* recluse 명 은둔자

805 rescue
★★★ [réskju:]

동 구조하다, 구하다
명 구조

806 resemble
★★★ [rizémbl]

동 닮다, 유사하다
* resemblance 명 닮음, 유사함

807 reservoir
★☆☆ [rézərvwà:r]

명 저수지

808 surround
★★★
[səráund]

동 둘러싸다, 에워싸다

* surroundings 명 환경

809 synonymous
★★☆
[sinánəməs]

형 동의어의, 같은 뜻의

* synonym 명 동의어
cf) homonym 명 동음이의어

help = aid

sad = sorrowful

injured = harmed

810 tragic
★★☆
[trǽdʒik]

형 비극의, 비극적인

* tragedy 명 비극

□ Leisure-related spending has risen dramatically in recent years as the baby
781 boomers focus on leisure ▮▮▮▮▮▮ following retirement.

베이비붐 세대들이 은퇴 이후에 여가 활동에 집중함에 따라 여가 관련 소비는 최근 극적으로 증가했다.

□ It is very difficult for the public to understand what constitutes a 'medical condition'
782 on travel health insurance applications, so the definitions for these terms need to
be less ▮▮▮▮▮▮.

대중들이 여행자 건강 보험의 '건강 상태'를 구성하는 것이 무엇인지 이해하는 것은 매우 어려우므
로 이러한 용어들의 정의가 덜 모호해질 필요가 있다.

□ One of the Challenge Tour's main purposes is to encourage ▮▮▮▮▮▮ amateur
783 golfers by offering a clear route into the professional game.

도전 투어의 주된 목표 중의 하나는 프로 게임으로의 분명한 경로를 제공함으로써 야심 있는 아마
추어 골퍼들에게 용기를 주는 데 있다.

□ David Levy has become one of the most well-known amateur ▮▮▮▮▮▮ of all time.
784 Levy discovered a comet, which made headlines when it crashed into the planet
Jupiter in 1994.

David Levy는 가장 유명한 아마추어 천문학자 중의 한 사람이 되었다. 그는 행성을 하나 발견했는
데 그것은 1994년 목성과 충돌하면서 신문의 머리기사가 되었다.

□ For ▮▮▮▮▮▮ entrepreneurs, it's tempting to spend most of their time designing
785 and producing things, and not enough time marketing and selling them.

창의적인 기업가들은 마케팅이나 판매에 충분한 시간을 쓰기보다는 대부분 시간을 물건을 디자인
하고 생산하는 데 쓰고 싶은 유혹을 받는다.

---

781. activities   782. ambiguous   783. ambitious
784. astronomers   785. creative

앞서 학습한 단어를 복습합니다. 빈칸에 해당하는 단어의 그림을 떠올려보세요.

☐ A devoted hobbyist can be ▓▓▓▓ as a person convinced that their hobby
786 deserves much of their time and money.

헌신적인 취미가는 자신의 취미가 시간과 돈을 많이 들일 가치가 있다고 확신하는 사람으로 정의
된다.

☐ Many sports have created rules to protect players and prevent injuries. A player
787 who displays deliberate, or reckless ▓▓▓▓ for the safety of other participants is
liable for legal action.

많은 스포츠는 선수를 보호하고 부상을 예방하기 위해 안전 규칙을 만들었다. 고의로 혹은 부주의
하게 다른 참가자들의 안전을 무시하는 선수는 법적 소송의 책임을 진다.

☐ When the human body undergoes intense stress, adrenaline hormones are released
788 which increase blood flow by boosting the heart rate. This is what ▓▓▓▓ sports
enthusiasts call an "adrenaline rush," and it can become addictive to certain people.

인간의 몸이 극도의 스트레스를 겪을 때 심장 박동수를 올림으로써 혈류를 증가시키는 아드레날린
호르몬이 분비된다. 이것이 극한 스포츠 열광자들이 "아드레날린 러쉬"라고 부르는 것이고 어떤 사
람들에게는 중독이 될 수 있다.

☐ When asked what they remember of their school's outdoor adventure programs, many
789 recalled legendary ski trips, ▓▓▓▓ paintball battles, and fantastic camp fires.

학교 야외 모험 프로그램에서 무엇을 기억하느냐는 질문에 많은 사람은 전설적인 스키 여행, 격렬
한 페인트 볼 전투, 멋진 캠프파이어를 떠올렸다.

☐ The outdoor recreation market is a ▓▓▓▓ business and a significant economic driver
790 in the United States. Americans spend $646 billion each year on outdoor recreation.

야외 취미활동은 거대한 사업이며 미국에서 중요한 경제 구동력이다. 미국인들은 야외 취미활동에
매년 6천4백6십억 달러를 쓴다.

786. defined　　787. disregard　　788. extreme
789. ferocious　　790. gigantic

퀵토익 이미지 보카 | 491

791 A study published in the Journal of Strength and Conditioning Research showed that making morning workouts [   ] helps lower blood pressure and relieve stress.

근력과 컨디셔닝 연구 저널에 발표된 한 연구는 아침 운동을 습관적으로 하는 것이 혈압을 낮추고 스트레스를 감소시키는 데 도움이 된다는 것을 보여주었다.

792 When signing up for volunteering in an orphanage in war-torn Congo, he thought it would be just an [   ] anecdote, but it turned into a life time of service.

콩고의 전쟁으로 폐허가 된 보육원에서의 자원봉사를 신청할 때, 그는 그것이 그저 인상적인 한 일화에 그칠 것으로 생각했지만, 그것이 평생의 활동이 되었다.

793 Athletes on the field don't have time to think deliberately. They have to react and make precise, high-speed decisions based on pattern recognition and a keen [   ].

필드에 있는 운동선수들은 신중하게 생각할 시간이 없다. 그들은 패턴 인식과 예리한 본능에 기반을 두어 반응하고, 정확하면서도 재빠른 결정을 해야만 한다.

794 The leisure activities which people are [   ] in can have a significant impact on their subjective notion of well-being, their happiness and their life satisfaction.

사람들이 관심을 두는 여가 활동들은 복지와 행복, 그리고 삶의 만족도에 대한 주관적인 개념에 상당한 영향을 미친다.

795 Because the location of the resort was quite [   ], we asked our hosts if we could have an evening meal at the lodge.

리조트의 위치가 꽤 동떨어져 있어서 우리는 주인에게 숙소에서 저녁 식사를 할 수 있는지 물었다.

791. habitual	792. impressive	793. instinct
794. interested	795. isolated	

☐ Three hikers who had been trapped overnight on a crumbling ▮▮▮▮▮▮▮ were
796 airlifted to safety after a lengthy rescue operation.

허물어지는 절벽 바위에서 밤을 보내며 갇혀 있던 세 명의 등산객이 오랜 구조 작전 끝에 헬기로
안전한 지역으로 이동되었다.

☐ Recreation activities that are either physically active or conducive to relaxation were found
797 to be effective as a ▮▮▮▮▮▮▮ of buffering the stress experienced with unemployment.

신체적으로 활동적이거나 안정에 도움을 주는 여가 활동들이 실업으로 인해 경험하는 스트레스를
완충하는 수단으로 효과가 있다고 밝혀졌다.

☐ ▮▮▮▮▮▮▮ competition is a market structure characterized by many firms selling
798 products that are similar but not identical. The competitive structure of the sporting
goods industry is that of monopolistic competition.

독점적 경쟁이란 비슷하지만 똑같지는 않은 상품을 파는 많은 회사에 의해 특징이 형성되는 시장
구조이다. 스포츠 상품 산업의 경쟁적 구조가 독점적 경쟁이다.

☐ Too much exercise, particularly long bouts of cardio such as marathon and triathlon
799 training can have the ▮▮▮▮▮▮▮ effect of what you want to achieve.

지나친 운동, 특히 마라톤이나 트라이애슬론 훈련과 같은 장시간의 유산소 운동은 얻고자 하는 것
과 반대의 효과를 줄 수 있다.

☐ She complained that she had to keep her face in a ▮▮▮▮▮▮▮ smile even though
800 her toes were constantly stepped on during the social dances.

그녀는 사교춤을 추는 동안 발가락이 계속해서 밟혔음에도 계속 웃음을 얼굴에 유지해야만 했다고
불평했다.

796. ledge	797. means	798. Monopolistic
799. opposite	800. perpetual	

❏ Years ago, women were discouraged from participating in team sports because it was
801 thought that competition would lead to "manly" behaviors. But thanks to ▨▨▨▨▨
athletes, women now have the freedom to participate and excel in any sport.

몇 년 전에는 여자들은 경쟁이 "남성스러운" 행동으로 이끌 것이라 생각돼서 팀 스포츠의 참가하지
못했다. 하지만 선구적인 운동선수들 덕분에 여자들은 이제 어떤 스포츠에도 참가하고 두각을 나
타낼 자유를 갖게 되었다.

❏ It's a ▨▨▨▨▨ we had the best record in the league and yet we still couldn't win
802 this match. The team, however, has fought well and now has to think about the
next game against Chelsea.

리그에서 최고의 성적을 거두었지만 이번 경기에서 이기지 못했다는 것은 유감이다. 하지만 팀은
잘 싸웠고 이제 첼시와의 다음 경기에 대해 생각해야 한다.

❏ The likelihood of him being able to take part in any physical activities seemed
803 impossible, but Terry Fox didn't ▨▨▨▨▨. He showed his incredible resilience a
mere six weeks after his surgery.

어떤 신체 활동에 참가할 가능성이 불가능한 것 같았지만 Terry Fox는 그만두지 않았다. 그는 수
술 후 단지 6주 만에 믿을 수 있는 회복력을 보여주었다.

❏ Drug use and erratic behavior forced the world famous tennis player out of the
804 spotlight. After her retirement, she chose to live a ▨▨▨▨▨ life.

약물 사용, 돌발 행동은 이 세계적으로 유명한 테니스 선수를 스포트라이트 밖으로 몰아내었다. 은
퇴 후에 그녀는 은둔생활을 선택했다.

❏ Ithaca firefighters ▨▨▨▨▨ four people who were trapped on a rock ledge at
805 Ithaca Falls on Wednesday afternoon.

수요일 오후 이타카 소방대원들은 이타카 폭포의 바위 턱에 갇혀있던 네 명의 사람들을 구조했다.

---

801. pioneering   802. pity   803. quit
804. reclusive   805. rescued

◻ A group of sportsmen decided to revive the traditional Native-American game that
806 had drawn enthusiastic crowds until the 1930s: lacrosse. The game ▨▨▨▨
hockey in many ways.

한 체육인 그룹이 1930년대까지 열광적인 관중을 끌어모았던 전통 미국 원주민 게임 라크로스를
부활시키기로 했다. 그 경기는 하키와 많은 면에서 닮았다.

◻ As extreme drought has depleted major ▨▨▨▨ across Texas, the fish
807 population has crashed prompting authorities to strictly ban recreational fishing.

심한 가뭄이 텍사스 전역의 주된 저수지들을 고갈시킴에 따라 물고기 개체 수가 급감했고 관계 당
국이 낚시를 엄격하게 금지하도록 했다.

◻ Boxing legend Muhammad Ali was ▨▨▨▨ by family members at a Phoenix
808 hospital where he was fighting for his life.

권투 전설 무하마드 알리는 생사와 싸우면서 피닉스 병원에서 가족들에 의해 둘러싸여 있었다.

◻ Although many use the term "pro bono work" as ▨▨▨▨ to "volunteering," the
809 actual term translates to "for the public good" and can include a professional
helping a client at a reduced fee as well as for no fee.

비록 최근에 많은 사람이 "프로 보노 일"을 "자원봉사활동"과 동의어로써 사용하지만, 실제 그 용어
는 "대중의 이익을 위해"라고 번역되고 무료로 뿐만 아니라 할인된 비용으로 고객을 전문적으로 도
와주는 것을 포함할 수 있다.

◻ Boating with family and friends is a pleasurable leisure activity, but a lot can go
810 wrong out on the water, turning a fun day of recreational boating into a ▨▨▨▨
nightmare.

가족이나 친구와 함께 하는 보트 타기는 즐거운 여가활동이지만 물에서는 많은 것들이 잘못될 수
있고, 이는 보트 타기의 즐거운 하루를 비극적인 악몽으로 바꿀 수가 있다.

806. resembles   807. reservoirs   808. surrounded
809. synonymous   810. tragic

퀵 토익 보카 VOCA⁺³⁰

- [ ] **alacrity** [əlǽkrəti]　　　　명 민첩함　형 alacritous 민첩한

- [ ] **career** [kəríər]　　　　명 직업

- [ ] **combine** [kəmbáin]　　　　통 결합시키다　명 combination 조합, 결합

- [ ] **consolidate** [kənsáledèit]　　　　통 굳히다, 통합하다
  명 consolidation 굳힘, 통합

- [ ] **dodge** [dadʒ]　　　　통 피하다

- [ ] **enlightening** [inláitniŋ]　　　　형 깨우치는, 밝혀주는
  통 enlighten 깨우쳐주다, 계몽시키다

- [ ] **experienced** [ikspíəriənst]　　　　형 노련한　통 experience 경험하다　명 경험

- [ ] **fascination** [fæsənéiʃən]　　　　명 매력
  통 fascinate 사로잡다, 매력을 느끼게 하다

- [ ] **frequent** [frí:kwənt]　　　　형 빈번한　부 frequently 빈번하게, 자주
  명 frequence 빈도, 주파수

- [ ] **handy** [hǽndi]　　　　형 편리한

- [ ] **hospitality** [hàspətǽləti]　　　　명 환대

- [ ] **influence** [ínfluəns]　　　　명 영향, 영향력　형 influential 영향력 있는

- [ ] **knit** [nit]　　　　통 뜨개질 하다

- [ ] **laughter** [lǽftər]　　　　명 웃음

- [ ] **leisurely** [lí:ʒərli]　　　　형 한가한, 여유로운

❑ lodging [ládʒiŋ]	명 숙소
❑ onset [ənset]	명 시작, 개시
❑ outdoor [autdɔ:r]	형 야외의 (반 indoor)
❑ pastime activity	여가활동
❑ pottery [pátəri]	명 도자기류 명 potter 도예가
❑ professional [prəféʃənl]	형 전문적인
❑ refresh [rifréʃ]	동 생기를 되찾게 하다 명 refreshment 원기회복, 가벼운 음료
❑ rely [rilái]	동 ~에 의존하다 (on)
❑ season [sí:zn]	명 계절, 기간
❑ sequel [sí:kwəl]	명 (영화, 책 등) 속편
❑ suppose [səpóuz]	동 추정하다, 생각하다 부 supposedly 추정상, 아마도
❑ telescope [téləskòup]	명 망원경
❑ temperature [témpərətʃər]	명 기온, 온도
❑ thrilled [θril]	형 전율감 느끼는, 스릴 있는 명 thrill 전율, 황홀감
❑ unusual [ʌnjú:ʒuəl]	형 평범하지 않은, 이상한

Day

28

MP3

주거생활

Residential life

811 **avenue**
★☆☆ [ǽvənjù:]

명 (거리) ~가

812 **curb**
★☆☆ [kə:rb]

명 연석
동 제한하다, 억제하다

813 **down payment**
★★☆ [daun péimənt]

명 할부금의 착수금, 계약금

814 dwelling
★★☆

[dwéliŋ]

명 주거지, 주택

* dwell 동 거주하다
* dweller 명 거주자, 주민

815 embrace
★★☆

[imbréis]

동 받아들이다, 포옹하다

* embracement 명 수락

816 imminent
★★☆

[ímənənt]

형 임박한, 목전의,
곧 다가오는

817
humidity
★★★

[hju:mídəti]

명 습도, 습기

* humid 형 습기가 많은

818 **inhabit**
★★★

[inhǽbit]

동 ~에 살다, 거주하다

* inhabitant 명 거주자

819 **insert**
★★☆

[insə́:rt]

동 넣다, 삽입하다

* insertion 명 삽입

820 insulation

★★☆

[ìnsəléiʃən]

[형] 단열재, 절연체

* insulate [동] 단열하다

821 landscape

★★☆

[lǽndskeip]

[동] 조경하다
[명] 조경, 풍경

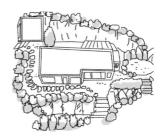

822 lease

★★☆

[liːs]

[명] 임대차 계약
[동] 임대하다, 임차하다

823 magnificent
★★☆
[mægnífəsnt]

형 훌륭한, 뛰어난

824 mobility
★★☆
[moubíləti]

명 이동성

* mobile 형 움직이는, 기동성이 있는

825 mortgage
★★★
[mɔ́ːrgidʒ]

명 담보 대출금, 융자금

826 native
★☆☆ [néitiv]

형 토착의, 원주민의

827 outage
★☆☆ [áutidʒ]

명 공급중단, 정전, 단수

828 overcrowded
★☆☆ [óuvərkráudid]

형 너무 붐비는,
인구가 과밀한

829 **porch**
★☆☆
[pɔːrtʃ]

명 현관, 출입구

830 **relics**
★★☆
[rélik]

명 유물, 유적

831 **remote**
★★☆
[rimóut]

형 외딴, 먼

* remote control
원격 조종기, 리모컨

832 renew
★★☆
[rinjúː]

통 갱신하다, 재건하다

* renewal 명 갱신
* renewable 형 갱신 가능한

833 residence
★★★
[rézədəns]

명 주택, 거주지

* reside 통 거주하다
* resident 명 거주자, 주민
* residential area 주거지역

834 rural
★★☆
[rúərəl]

형 시골의, 전원의 (반 urban)

835 tangible
★★★ [tǽndʒəbl]

형 유형의, 실재하는,
만질 수 있는

* tangible assets 유형재산

836 thrifty
★★★ [θrífti]

형 절약하는

* thrift 명 검소, 절약

837 tranquil
★★☆ [trǽŋkwil]

형 고요한, 평온한

* tranquilize 통 안정시키다
* tranquilizer 명 안정제

838 unoccupied
★★☆

[ʌnákjəpaid]

형 (집이나 건물들이)
비어 있는

839 utility
★★★

[juːtíləti]

명 (전기, 가스, 수도 등)
공익설비, 유용성

* utilize 동 이용하다, 활용하다

840 versatile
★★☆

[və́ːrsətl]

형 다재다능한,
용도가 다양한

* versatility 명 다재 다능

❑ They explored every ▩▩▩▩ in an attempt to understand what was causing the
811 problem.

그들은 무엇이 문제를 일으키고 있는지 이해하고자 하는 시도로 모든 거리를 돌아다녔다.

❑ On the way home, he fell off his bicycle when his front wheel bumped against the
812 ▩▩▩▩.

집에 오는 도중에 그는 앞바퀴가 연석에 부딪혔을 때 자전거에서 자빠졌다.

❑ Previously home buyers could buy any house under $1 million with just a 5%
813 ▩▩▩▩, but now they have to abide by new minimum ▩▩▩▩ rules.

전에는 주택 구매자들은 100만 달러 미만의 주택을 5%의 할부 착수금으로 살 수 있었지만, 지금은
새로운 최소 착수금 지급 규정을 지켜야만 한다.

❑ Rural areas became less desirable as places to a raise a family, so many families
814 moved to cities. As a result, the number of families in urban areas far outnumbered
available ▩▩▩▩ units.

시골 지역은 가정을 이루고 살기에 덜 바람직했기에 많은 가족이 도시 지역으로 이사했다. 그 결과
도시 지역의 가족 수가 이용 가능한 주택 수를 훨씬 넘어서게 되었다.

❑ American culture has ▩▩▩▩ many customs and values of the people that have
815 immigrated in the U.S.

미국 문화는 미국에 이민 온 사람들의 많은 풍습과 가치를 받아들였다.

❑ Canada's housing market seems the most overvalued in the world. That's why a
816 lot of pundits are predicting the ▩▩▩▩ collapse of the housing market.

캐나다의 주택 시장은 세계에서 가장 과대평가된 것 같다. 그래서 많은 전문가는 주택 시장의 임박
한 폭락을 예상한다.

❑ High ▩▩▩▩ levels can have a negative effect on your home. Mold and
817 mildew are sure to develop, and humidity can seep into every pore of the house,
compromising its structural integrity.

높은 습도는 집에 부정적인 영향을 미칠 수 있다. 곰팡이와 흰곰팡이가 필 수 있고 습기가 집 안 구
석구석까지 스며들어 구조적 견고함을 위태롭게 할 수 있다.

❑ Sometimes coyotes can be found in human ▩▩▩▩ places such as suburban
818 neighborhoods, but usually do not cause any harm to the residents there.

가끔 코요테들이 교외 지역과 같은 사람들의 거주지에서 발견되기도 하지만 대개 거기 사는 주민
들에게 어떤 해도 끼치지 않는다.

811.	avenue	812.	curb	813.	down payment
814.	dwelling	815.	embraced	816.	imminent
817.	humidity	818.	inhabited		

☐ You have to either ▮▮▮▮▮ or swipe your security passcard into the slot to gain
819 entry into the apartment.

아파트에 출입하기 위해서는 보안 통과카드를 홈에 넣거나 통과시켜야 합니다.

☐ The most common and widely available type of ▮▮▮▮▮ comes in the form of
820 batts or rolls. It consists of flexible fibers, most commonly fiberglass.

가장 흔하고 널리 사용되는 단열재 유형은 솜이나 롤형태로 되어 있다. 그것은 유연한 섬유로 되어
있는데 가장 흔한 것은 섬유 유리이다.

☐ A residential ▮▮▮▮▮ can look like a million bucks without costing much money.
821 Shop cooperatively. Buying in bulk is less expensive if you share the costs with
gardening friends or neighbors.

주택 조경은 그렇게 많은 돈을 들이지 않고도 수백만 달러 가치가 있는 것처럼 보일 수 있다. 협동
해서 쇼핑 해라. 정원 가꾸기 친구들이나 이웃들과 비용을 분담한다면 대량구입이 덜 비싸다.

☐ If you leave your apartment before your ▮▮▮▮▮ is up without the written
822 permission of your landlord, you may be charged the full rent for the remaining
months on your ▮▮▮▮▮.

임대차 계약이 종료되기 전에 집주인의 서면 허가 없이 아파트를 떠나면, 임대계약의 잔여 달 동안
의 집세를 내야 할 수 있다.

☐ We visited Thomas Jefferson's Monticello. The house was ▮▮▮▮▮; the
823 architecture so stunning!

우리는 토마스 제퍼슨의 몬티첼로를 방문했다. 집은 매우 멋졌고 건축은 매우 아름다웠다!

☐ ▮▮▮▮▮ homes originated in the 1940s as temporary residence for construction
824 workers. Many such homes have nice yards, decks and porches. Still, they are
generally perceived as being lower quality than a traditional home.

이동주택은 1940년대에 건설 노동자들을 위한 일시적 거처에서 기원했다. 많은 주택이 멋진 정원,
갑판, 그리고 현관문을 가지고 있지만, 일반적으로 전통 주택보다 더 질이 낮다고 인식되고 있다.

☐ For most people, a home ▮▮▮▮▮ is the biggest loan they have and represents
825 one of life's largest commitments.

대부분의 사람에게 주택 담보 대출금은 아마 그들이 받는 가장 큰 융자금이고 평생 가장 큰 책무
중 하나를 나타낸다.

819. insert	820. insulation	821. landscape
822. lease	823. magnificent	824. Mobile
825. mortgage		

❏ Historically, ▨▨▨ Americans lived in traditional housing structures such as
826 teepees and longhouses. Today, however, they live in houses just the same as
you and I.

역사적으로 미국 원주민은 티피나 롱하우스와 같은 전통 주택 구조에서 살았다. 하지만 오늘날
그들은 여러분이나 나와 똑같은 집에서 살고 있다.

❏ Squirrels have probably caused more power ▨▨▨ than cyber-criminals. They
827 cause about 10-20% of all power ▨▨▨, according to The Washington Post.

다람쥐가 아마도 사이버 범죄자들보다 훨씬 더 많은 전력 공급중단을 일으켰을 것이다. 워싱턴 포
스트에 따르면 다람쥐들이 정전의 10~20%를 일으킨다.

❏ Urban sprawl refers to the migration of a population from ▨▨▨ towns and
828 cities to low density residential areas.

도시 확산현상은 과밀한 시내나 도시로부터 인구 밀도가 낮은 주거지로 사람들이 이주하는 것을
말한다.

❏ Generally small extensions such as sun rooms and ▨▨▨ on your house are
829 exempt from the requirements of building regulations.

일반적으로 집에 온실이나 현관과 같은 작은 증축 건물들은 건축 관리규정대상의 예외이다.

❏ In a country as old as Italy, you never know what you'll find while digging beneath
830 the streets. Workers upgrading Rome's subway system uncovered the rare
▨▨▨ of a Roman barracks.

이탈리아처럼 오래된 나라에서는 거리 밑을 파면 무엇을 찾을지 절대 모른다. 로마 지하철을 업그
레이드하던 근로자들은 로마 시대 막사의 희귀한 유물들을 발견했다.

❏ Their houses are located in a ▨▨▨ area and are relatively far from the market.
831 The dwellers try to fill their needs from agricultural activities such as collecting
forest products.

그들의 집은 외딴곳에 있으며 상대적으로 시장과 멀다. 거주자들은 숲의 생산물을 줍는 것 같은 농
업 활동으로 그들이 필요한 것들을 채우려 한다.

❏ When a residential lease ends, it is automatically ▨▨▨. The tenant, and
832 anyone else who has a right to stay in the rental unit, benefit from this automatic
renewal.

거주 임대차 계약이 종료되면 자동으로 갱신된다. 세입자와 그 임대용 거처에 있을 권리를 가진 사
람은 누구나 이 자동 갱신의 혜택을 받는다.

826. Native	827. outages	828. overcrowded
829. porches	830. relics	831. remote
832. renewed		

833 Located a few steps from the main campus, the Student ▮▮▮▮ is a home away from home for students.

중앙 캠퍼스에서 몇 발자국 떨어진 곳에 학생 거주지는 학생들에게 내 집처럼 편안한 곳이다.

834 Living in ▮▮▮▮ settings can certainly provide peace and serenity, but it puts inhabitants farther away from many basic services, including schools, hospitals and shopping centers.

시골에 사는 것은 확실히 평화와 조용함을 줄 수 있지만, 거주민들을 학교, 병원, 쇼핑 센터와 같은 많은 기본 서비스에서 멀어지게 할 수 있다.

835 "▮▮▮▮" means something that can be touched. Tangible assets can include furniture, cash, vehicles, buildings, and machines.

"실재하다"는 만질 수 있는 무엇인가를 의미한다. 유형재산은 가구, 현금, 차량, 건물, 기계 등을 포함할 수 있다.

836 Although money has never been lacking, my grandmother has been frugal all her life. I respect her desire to live a ▮▮▮▮, uncomplicated life.

비록 돈이 부족하지는 않았지만, 우리 할머니는 평생 검소하게 사신다. 나는 그녀의 절약 하면서 복잡하지 않은 삶을 살고자 하는 열망을 존중한다.

837 Many people choose to escape the bustling city for the ▮▮▮▮ lifestyle of the countryside.

많은 사람이 시골의 고요한 삶의 방식을 위해 혼잡한 도시 생활에서 탈출을 선택한다.

838 Hundreds of thousands of homes across the UK are ▮▮▮▮, despite widespread concern about a housing shortage.

주택 부족에 대한 퍼진 우려에도 불구하고, 영국 전역에 걸쳐 수 십만 가구가 비어있다.

839 Condo fees typically cover common area maintenance, repairs and sometimes ▮▮▮▮ in each unit.

콘도 비용은 주로 공동지역 관리, 수리, 그리고 가끔 각 주거 단위의 공익설비 비용을 포함한다.

840 ▮▮▮▮ furniture has been gaining in popularity among those who either live alone or in small spaces because having too many pieces of furniture in the house is not practical for them.

혼자 살거나 작은 공간에 사는 사람들에게 너무 많은 가구를 집에 두는 것은 실용적이지 않기 때문에 용도가 다양한 가구가 그들에게 인기를 끌고 있다.

833. Residence	834. rural	835. Tangible
836. thrifty	837. tranquil	838. unoccupied
839. utilities	840. Versatile	

퀵 토익 보카 VOCA⁺³⁰

- ❑ agency [éidʒənsi]
  명 대행사, (정부)기관, 대리점
  명 agent 대리인, 중개상

- ❑ apart [əpáːrt]
  부 따로 떨어져

- ❑ detergent [ditə́ːrdʒənt]
  명 세제

- ❑ dilapidated [diláepədèitid]
  형 허물어진, 허름한
  동 dilapidate (건물을) 헐게 하다

- ❑ domicile [dáməsàil]
  명 거주지, 주소 동 주소를 정하다

- ❑ floor [flɔːr]
  명 층, 바닥

- ❑ forfeit [fɔ́ːrfit]
  동 몰수하다, 몰수당하다, 박탈당하다
  명 몰수품

- ❑ housing price
  주택가격

- ❑ janitor [dʒǽnitər]
  명 건물 관리인

- ❑ landlord [lǽndlɔːrd]
  명 집주인

- ❑ living expenses
  생활비

- ❑ location [loukéiʃən]
  명 위치, 장소 동 locate 위치시키다

- ❑ neighborhood [néibərhùd]
  명 지역, 동네 명 neighbor 이웃

- ❑ noise [nɔiz]
  명 소음 형 noisy 시끄러운

- ❑ nuisance [njúːsns]
  명 골칫거리, 귀찮은 일

☐ **outskirt** [áutskə:rt] 　　　　명 외곽, 변두리

☐ **overly** [óuvərli] 　　　　부 지나치게, 과도하게

☐ **petty** [péti] 　　　　형 사소한, 하찮은

☐ **prevalence** [prévələns] 　　　　명 보급, 유행
　　　　형 prevalent 널리 퍼진, 유행인

☐ **railing** [réiliŋ] 　　　　명 난간

☐ **rent** [rent] 　　　　명 임대료 동 임대하다

☐ **rub** [rʌb] 　　　　동 문지르다

☐ **rustic** [rʌ́stik] 　　　　형 시골풍의, 투박한

☐ **satellite town** 　　　　위성도시, 대도시 근교 도시

☐ **shingle** [ʃíŋgl] 　　　　명 지붕널, 지붕에 대는 판자

☐ **space-saving** 　　　　형 공간절약의

☐ **spot** [spat] 　　　　명 장소, 얼룩 동 발견하다, 파악하다

☐ **tenant** [ténənt] 　　　　명 세입자

☐ **vacate** [véikeit] 　　　　동 (집, 방을) 비우다

☐ **wardrobe** [wɔ́:rdroub] 　　　　명 옷장

Day

29

음식, 식당
Food & Restaurant

841 artificial
★★★
[àːrtəfíʃəl]

혱 인공의, 인위적인

* artificially 부 인공적으로
* artificial additives 인공 첨가물

842 additive
★★☆
[ǽditiv]

몡 첨가물

* add 동 첨가하다

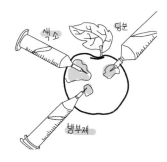

843 book
★☆☆
[buk]

동 예약하다

* booking 몡 예약

844 cancel
★☆☆
[kǽnsəl]

통 취소하다

* cancellation 명 취소

845 cater
★★☆
[kéitər]

통 음식을 공급하다,
제공하다

* caterer 명 출장 연회 업체
* catering 명 출장 연회업

846 cuisine
★★☆
[kwizíːn]

명 요리, 조리법

847 **culinary**
★★☆
[kjú:lənèri]

형 요리의

848 **decaffeinated**
★★☆
[di:kǽfənèitid]

형 무 카페인의

849 **devour**
★★☆
[diváuər]

동 게걸스럽게 먹다

850 ferment

★★★

[fə́:rment]

동 발효시키다

* fermentation 명 발효

851 formal

★★★

[fɔ́:rməl]

형 공식적인, 형식적인

* form 명 형식
* formally 부 공식적으로

852 garnish

★☆☆

[gá:rniʃ]

동 (음식을) 장식하다
명 장식물

853 gourmet
★★☆
[gúərmei]

명 미식가
형 맛있는, 미식가의
* gourmet food 고급음식

854 hospitality
★★★
[hàspətǽləti]

명 환대, 친절한 대접
* hospitable 형 환대하는

855 hygiene
★★★
[háidʒiːn]

명 위생

856   indigenous
★★★   [indídʒənəs]

형 지역의, 토착의, 토속의

857   ingredient
★★☆   [ingríːdiənt]

명 요리 재료

858   mandatory
★★★   [mǽndətɔ̀ːri]

형 의무적인, 법에 정해진

859 **leftover**
★★☆
[leftóuvər]

명 남은 음식
형 남은

860 **mature**
★★★
[mətjúər]

형 숙성된, 어른스러운, 성숙한
(반 immature 미숙한)
동 숙성하다

* maturity 명 성숙함, 숙성

861 **perishable**
★★☆
[périʃəbl]

형 잘 상하는, 부패성의
명 썩기 쉬운 것

* perish 동 죽다, 소멸하다

862 polite
★★★

[pəláit]

형 공손한, 예의바른
  (반 impolite)

* politely 부 공손하게

863 pour
★☆☆

[pɔːr]

동 따르다, 붓다

864 raw
★★☆

[rɔː]

형 날것의, 익히지 않은

865 sift
★☆☆

[sift]

동 (체로) 치다, 거르다

866 spacious
★★★

[spéiʃəs]

형 넓은, 널찍한

867 stir
★☆☆

[stəːr]

동 휘젓다, 뒤섞다

★★☆

stuffed
[stʌft]

형 배부른, 잔뜩 먹은
동 채우다, 포식하다

* stuff 명 물건, 일
* stuffed animals 봉제동물인형

869
★★☆

tab
[tæb]

명 계산서

* pick up the tab 돈을 지불하다

870
★☆☆

vegetarian
[vèdʒətɛ́əriən]

명 채식주의자

cf) vegan 비건, (달걀 유제품도 안
먹는) 채식주의자

☐ ▇▇▇▇▇ food coloring and preservatives found in many products have been
841 found to increase hyperactivity in children.

많은 농산물에서 발견되는 인공 식품 색소와 방부제가 아이들의 과잉행동을 증가시키는 것으로 밝혀졌다.

☐ Much attention has been paid to the safety of food ▇▇▇▇▇, from trans fat to food
842 dyes.

불포화 지방산에서부터 식용색소까지 음식 첨가물의 안전성에 많은 관심이 주어지고 있다.

☐ If you would like to ▇▇▇▇▇ a table at a restaurant during a popular dining time
843 such as weekend evenings, be sure to call at least a week ahead.

주말 저녁과 같은 인기 있는 저녁 식사 시간에 식당에 자리를 예약하고자 한다면 일주일 전에 미리 전화를 걸어라.

☐ In case you wish to ▇▇▇▇▇ a table reservation, or if you plan on arriving late,
844 please contact the restaurant as soon as possible.

테이블 예약을 취소하거나 늦게 도착할 계획이라면 가능한 빨리 식당에 연락을 취해주세요.

☐ Diversify your clientele by exploring ways your restaurant can effectively ▇▇▇▇▇
845 to single diners.

여러분의 식당이 손님 한 명 한 명에게 효과적으로 음식을 공급할 수 있는 방법들을 모색함으로써 고객층을 다양화시켜라.

☐ Jamaican ▇▇▇▇▇, while having been influenced by Indian, European, African
846 and Chinese culinary traditions, is a unique stewpot of exciting flavors.

자메이카 요리는 인도, 유럽, 아프리카 그리고 중국 요리의 전통에 영향을 받았지만 흥미 있는 풍미를 가진 독특한 스튜이다.

☐ Le Cordon Bleu, one of the world's most highly regarded ▇▇▇▇▇ schools,
847 provides training from top chefs in classic French cooking techniques.

세계에서 가장 높이 평가받는 요리 학교 중의 하나인 르 코돈 블루는 최고 프랑스 요리 기술에서 제일가는 요리사로부터의 훈련을 제공한다.

☐ If you must drink coffee in the evening, by switching to ▇▇▇▇▇ coffee you can
848 reduce the chances that you'll struggle to fall asleep.

저녁에 커피를 마셔야 한다면 카페인이 없는 커피로 바꿈으로써 잠이 들려고 애쓰지 않을 수 있다.

841. Artificial	842. additives	843. book
844. cancel	845. cater	846. cuisine
847. culinary	848. decaffeinated	

□ We watched the boys ▨▨▨▨ their food, as if they had not had a proper meal in
849 weeks.

우리는 그 소년들이 마치 몇 주 동안 제대로 된 음식을 못 먹은 것처럼 음식을 게걸스럽게 먹는 것을 지켜보았다.

□ Just about any kind of vegetable and fruit can be ▨▨▨▨ by lacto bacteria, but
850 fruit takes much less time to ▨▨▨▨ given its higher sugar content.

어떤 종류의 채소나 과일도 락토 박테리아에 의해 발효가 될 수 있지만, 과일은 더 높은 당을 함유하고 있어서 발효시간이 훨씬 더 적게 든다.

□ In a ▨▨▨▨ dining experience you will be presented with a number of different
851 forks, spoons and knives; the rule of thumb here is to start your meal with those on the outside and work your way in.

공식 만찬을 경험할 때 수 많은 다른 포크, 숟가락과 나이프를 주게 될 것이다. 이럴 경우 대부분 바깥쪽에 있는 것으로 식사를 시작하고 안쪽으로 옮겨가면 된다.

□ ▨▨▨▨ can be used with foods to provide visual impact, and in other cases
852 provide added or contrasting flavor.

장식물은 시각적 효과를 제공하기 위해 그리고 다른 경우는 맛을 더하거나 대조되는 맛을 제공하기 위해 음식에 사용될 수 있다.

□ The increase in the ▨▨▨▨ food market since the early 2000s in the U.S. can be
853 attributed to rising incomes, the globalization of tastes, and a growing concern for health and nutrition.

미국에서 2000년대 초기부터 맛있는 고급 음식 시장의 성장은 수입의 증가, 맛의 세계화, 그리고 늘어나는 건강과 영향에 대한 관심에서 기인할 수 있다.

□ By remembering the names of repeat customers, restaurant hosts can greatly
854 increase their guests' perception of ▨▨▨▨.

단골들의 이름을 기억함으로써 식당 주인들은 손님들의 환대에 대한 인식을 많이 증가시킬 수 있다.

□ Those in the food and beverage industry must stay on top of the strict regulations
855 of workplace ▨▨▨▨ enforced by state authorities.

음식과 음료 산업 종사자들은 주 정부에 의해 법으로 정해진 엄격한 직장 내 위생 규정을 잘 알고 있어야 한다.

---

849. devour
852. Garnishes
855. hygiene

850. fermented, ferment
853. gourmet

851. formal
854. hospitality

☐ Those staying at the Katabo Eco-Resort will have all-inclusive privileges including
856 meals at our restaurant which feature a wide range of ▨▨▨▨ culinary delights.

카타보 친환경 리조트에 머무르는 분들은 다양한 토속 요리의 즐거움을 특징으로 하는 우리 식당
의 식사를 포함한 모든 포괄적인 특권을 누릴 것입니다.

☐ The 100-mile diet involves preparing or purchasing only those foods with ▨▨▨▨
857 from within a 100 miles of one's home.

100마일 식단은 집에서 100마일 이내에서 온 요리 재료로 만든 음식만을 준비하거나 사는 것을 포
함한다.

☐ Regular inspections ensure that ▨▨▨▨ hygiene conditions in restaurants and
858 food processing facilities are being met.

정기 검사는 식당과 음식 가공 업체의 의무적인 위생 조건이 지켜지고 있는지를 확인한다.

☐ A household may reduce its food waste in a number of ways including storing
859 perishable foods properly and saving ▨▨▨▨ foods for later meals.

가정은 상하기 쉬운 음식은 적절하게 보관하고 남은 음식들은 나중의 식사를 위해 모아놓는 것을
포함한 많은 방법으로 음식물 쓰레기를 줄일 수 있다.

☐ Many couples seek out restaurants which cater to ▨▨▨▨ clientele only; they do
860 not wish to dine in family restaurants typically made more chaotic by young children.

많은 커플은 성인 고객들에게만 음식을 제공하는 식당을 찾는다. 왜냐하면, 그들은 대개 어린아이
들에 의해 더 시끄러운 패밀리 레스토랑에서 식사하고 싶지 않기 때문이다.

☐ Shoppers at most grocery chains are first directed to the outside aisles where the
861 ▨▨▨▨ and more profitable goods such as vegetables, fruit, eggs and milk, are
located.

대부분의 식료품 체인점에서 쇼핑하는 사람들은 채소, 과일, 달걀, 우유 등 상하기 쉽고 더 수익을
올릴 수 있는 물건들이 있는 바깥쪽 통로로 우선 향하게 된다.

☐ It is important to be ▨▨▨▨, yet firm, when expressing a complaint to a manager
862 over a meal served to you in a restaurant.

식당에서 받은 식사에 대해 매니저에게 불평을 표현할 때는 공손하지만 확고한 것이 중요하다.

---

856. indigenous	857. ingredients	858. mandatory
859. leftover	860. mature	861. perishable
862. polite		

앞서 학습한 단어를 복습합니다. 빈칸에 해당하는 단어의 그림을 떠올려보세요.

☐ The waiter ▓▓▓▓▓ a small taste into my glass. I swirled it, sniffed it, nodded and
863 smiled. Then he ▓▓▓▓▓ around the table, returning to fill my glass last.

웨이터는 내 잔에 맛을 보도록 와인을 조금 따랐다. 나는 그것을 빙빙 돌리고 냄새를 맡고 고개를
끄덕이고 웃었다. 그러자 그는 테이블을 돌며 와인을 따르고 내 잔을 마지막으로 채웠다.

☐ Some vegetables are healthier eaten ▓▓▓▓▓, while other foods, such as
864 asparagus, require cooking to unlock their health benefits.

어떤 채소들은 익히지 않고 먹는 것이 더 건강에 좋지만, 아스파라거스와 같은 다른 음식들은 건강
상의 이로움을 드러내기 위해 익히라고 요구한다.

☐ When you ▓▓▓▓▓ the flour, you break up any lumps making it easier to mix with
865 other ingredients, such as when preparing a cake batter or forming dough.

케이크 반죽을 준비하거나 밀가루 반죽을 만들 때 밀가루를 체로 치면 덩어리들을 잘게 깨뜨려서
다른 재료들과 더 쉽게 섞이게 된다.

☐ While the conference center's cafeteria was ▓▓▓▓▓ and comfortable, its food
866 offerings changed very little throughout the week we stayed there.

회담 장소의 식당은 넓고 안락했지만, 음식 제공은 우리가 거기 머무르는 그 주 동안 변화가 거의
없었다.

☐ When you ▓▓▓▓▓ with a small metal spoon, less of the food gets mixed and
867 more of the ingredients in your pot may become burned.

작은 금속 숟가락으로 휘저으면 음식이 덜 섞이게 되고 솥에 있는 더 많은 재료가 탈 수 있다.

☐ The menu's featured item was steamed pumpkin ▓▓▓▓▓ with an assortment of
868 grilled vegetables, seafood and tomato sauce.

주된 메뉴 아이템은 구운 채소, 해산물, 그리고 토마토소스가 어우러진 것으로 채워진 삶은 호박이
었다.

☐ When friends meet for a meal in the U.S., the ▓▓▓▓▓ is typically split, sometimes
869 evenly, other times on the basis of who ate what.

미국에서 친구들이 식사를 위해 만나면 계산은 가끔 똑같이 나눠서 내거나 어떤 경우는 각자 자신
이 먹은 것을 낸다.

☐ Many who decide to pursue a ▓▓▓▓▓ diet do so to minimize animal suffering, or
870 for the health benefits associated with cutting meat from one's diet.

채식주의 식단을 추구하기로 하는 많은 사람은 동물의 고통을 최소화하기 위해서나 식단에서 고기
섭취를 줄임으로써 얻는 건강상의 이점을 때문에 그렇게 한다.

863. poured	864. raw	865. sift
866. spacious	867. stir	868. stuffed
869. tab	870. vegetarian	

퀵 토익 보카 VOCA⁺³⁰

☐ **appetizer** [ǽpitàizər]　　　명 에피타이저, 전채 요리

☐ **banquet** [bǽŋkwit]　　　명 연회, 축하연

☐ **batter** [bǽtər]　　　명 반죽

☐ **bewilder** [biwíldər]　　　통 당황하게 하다

☐ **bill** [bil]　　　명 계산서, 청구서　통 청구하다

☐ **boil** [bɔil]　　　통 끓이다

☐ **cloakroom**　　　(식당, 극장의) 외투 보관소, 휴대품 보관소

☐ **compartment** [kəmpáːrtmənt]　　　명 (기차 안 칸막이를 한) 객실,
　　　(가구 등의 물건 보관용) 칸

☐ **diner** [dáinər]　　　명 식당 손님, 작은 식당

☐ **entertain** [èntərtéin]　　　통 즐겁게 하다, 대접하다
　　　형 entertaining 즐거운, 유쾌한

☐ **flavor** [fléivər]　　　명 맛, 풍미

☐ **grab a bite**　　　간단히 먹다

☐ **grain** [grein]　　　명 곡물, 곡식

☐ **grind** [graind]　　　통 갈다, 가루로 만들다

☐ **gulp** [gʌlp]　　　통 꿀꺽 삼키다, 마시다

☐ **homemade** [hóumimeid]   휑 집에서 만든

☐ **intake** [inteik]   휑 섭취량

☐ **lick** [lik]   통 핥다

☐ **preheat** [pri:hí:t]   통 (오븐 등을) 예열하다, 미리 가열하다

☐ **reservation** [rèzərvéiʃən]   휑 예약, 보류
                                        reserve 통 예약하다 휑 비축물

☐ **saturated fat**   포화지방

☐ **scorch** [skɔ:rtʃ]   통 태우다, 그을리다

☐ **seating** [sí:tiŋ]   휑 좌석배열

☐ **serving** [sə́:rviŋ]   휑 (음식의) 1인분

☐ **sip** [sip]   통 음료를 홀짝이다, 조금씩 마시다
               휑 한 모금

☐ **slurp** [slə:rp]   통 소리내어 마시다

☐ **spice** [spais]   휑 양념, 향신료

☐ **sprinkle** [spríŋkl]   통 뿌리다

☐ **taste** [teist]   통 맛보다, 맛이 나다 휑 맛

☐ **tray** [trei]   휑 쟁반

Day

30

MP3

고객서비스
Customer Service

871 array
★☆☆
[əréi]

명 진열, 배열
동 진열하다, 배열하다
* solar array 태양 전지판

872 avid
★★☆
[ǽvid]

형 열심인, 열렬한
* avidly 부 열심히

873 belated
★★☆
[biléitid]

형 뒤 늦은

874 collate
★★☆

[kəléit]

동 대조하다, 맞추어 보다

* collation 명 대조, 확인

875 courier
★☆☆

[kə́:riər]

명 운반원, 배달원, 택배회사

유전적 결함

876 defect
★★★

[dí:fekt]

명 결함, 결점

* defective 형 결함 있는, 불완전한

877 **definitive**
★★☆ [difínətiv]

형 최종적인, 완성된

* definitively 부 최종적으로

878 **discretion**
★★☆ [diskréʃən]

명 신중함

* discrete 형 신중한, 조심스러운

879 **discrete**
★★☆ [diskríːt]

형 (다른 것들과) 별개의

880 distinguish
★★★
[distíŋgwiʃ]

동 구별하다, 구분하다

881 duration
★★☆
[djuréiʃən]

명 지속, (지속) 기간

882 envious
★★★
[énviəs]

형 부러워하는, 질투하는

* envy 동 질투하다, 부러워하다

883 favor
★★★
[féivər]

명 호의, 친절, 부탁
동 지지하다

* favorite 형 마음에 드는, 좋아하는
* favoritism 명 편애, 편파

884 guarantee
★★☆
[gærəntíː]

명 약속, 확약
동 보증하다

885 gratitude
★★★
[grǽtətjùːd]

명 고마움, 감사

886 greet
★★★
[gri:t]

동 인사하다

887 inconvenience
★★★
[ìnkənví:njəns]

명 불편

* inconvenient 형 불편한

호텔 10,000m

888 irretrievable
★★☆
[ìritrí:vəbl]

형 회복할 수 없는,
돌아오게 하는

889 label
★☆☆ [léibəl]

명 가격표, 라벨

890 negligible
★★☆ [néglidʒəbl]

형 하찮은, 사소한

소비자 만족도

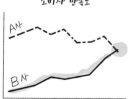

891 outpace
★☆☆ [autpéisi]

동 따라가 앞서다, 앞지르다

892 package
★☆☆

[pǽkidʒ]

몡 포장, 포장물, 상자, 일괄

* pack 통 포장하다, 싸다

893 parallel
★★★

[pǽrəlèl]

통 ~와 유사하다, 병행하다
몡 유사함
혱 평행의
뷔 평행으로

평행주차

894 pledge
★★☆

[pledʒ]

통 맹세하다, 약속하다
몡 맹세, 약속, 서약

895 reflect
★★★
[riflékt]

동 반영하다, 반사하다,
투영하다

* reflection 명 반사, 반영

896 refund
★★☆
[rifʌnd]

명 환불, 환불금
동 환불하다

897 replenish
★★☆
[ripléniʃ]

동 다시 채우다, 보충하다

reversible
★★★

[rivə́:rsəbl]

형 뒤집을 수 있는,
거꾸로 할 수 있는

* reverse 형 반대의, 명 반대, 뒤
동 거꾸로 하다

899
subcontract
★★☆

[sʌbkántrækt]

동 하청을 주다
명 하청계약

* subcontract 명 하청업체

900
swap
★★☆

[swap]

동 교환하다
명 교환

퀵토익 보카 VOCA +Review

❑ Please visit our website to browse through the wide ▨▨▨▨▨ of accommodation
871 options available in each city.

각 도시에서 이용할 수 있는 폭넓은 숙소 옵션들의 배열을 둘러보기 위해 저희 웹사이트를 방문해
주세요.

❑ The companies which display an ▨▨▨▨▨ concern for customer service are
872 typically rewarded with a great reputation and strong sales.

고객 서비스를 위한 열띤 관심을 보이는 회사들은 주로 좋은 평판과 강한 판매로 보상을 받는다.

❑ When sending a ▨▨▨▨▨ email response, make sure that your message shows
873 your sincerity. It will help salvage your professional reputation and make the
recipient more understanding of the delay.

뒤늦은 이메일 답변을 보낼 때는 메시지가 당신을 진심을 보여주도록 해라. 그것이 당신의 전문적
명성을 구하고 수신자가 늦어진 것을 이해하는 데 도움을 줄 것이다.

❑ Specialized software can be helpful to ▨▨▨▨▨ and analyze data from customer
874 feedback forms.

전문화된 소프트웨어가 고객 피드백 양식으로부터 자료를 대조하고 분석하는 데 도움이 될 수 있다.

❑ By delivering your products via ▨▨▨▨▨, you can rest assured that they will safely
875 and speedily reach their destinations.

운반원을 통해 상품을 배달함으로써 당신은 그 상품들이 안전하고 빠르게 목적지에 도착할 것이라
는 확신을 가질 수 있다.

❑ While the company spokesman recognized the ▨▨▨▨▨ in the latest line of smart
876 phones, they have yet to officially instate a recall.

회사 대변인이 최신 스마트 폰 출시라인에서 결함을 인정했다 하더라도 공식적으로 리콜을 선언해
야 한다.

❑ A ▨▨▨▨▨ rule in dealing with customer complaints is to first listen to them
877 without becoming defensive.

고객 불만을 처리하는 최종적인 원칙은 우선 방어적인 자세가 되지 않고 그들의 말을 듣는 것이다.

❑ It is within the company's ▨▨▨▨▨ to initiate a voluntary recall and not by mandate
878 from the Customer Product Safety Commission.

자발적 리콜을 시작하는 것은 고객 상품 안전 위원회로부터의 명령에 의한 것이 아닌 회사의 신중
함 속에서이다.

871. array	872. avid	873. belated
874. collate	875. courier	876. defect
877. definitive	878. discretion	

❏ Each customer feedback form should be treated as a ▮▮▮▮▮▮ packet of
879 information telling the company what it is doing well, and where it needs to improve.

각각의 고객 피드백 양식은 회사에 무엇이 잘 되고 있고 어디가 개선될 필요가 있는지를 말해주는 별개의 정보 꾸러미로서 취급되어야 한다.

❏ The mattress company has ▮▮▮▮▮▮ itself by offering a 100-day free trial after
880 which it will come pick up the mattress free of charge if you are not completely satisfied.

그 매트리스 회사는 100일간의 시험 사용을 하고 그 이후에 완전히 만족하지 않을 경우 비용 없이 매트리스를 수거하리라는 것을 제공함으로써 차별화를 두었다.

❏ Many hotels offer guests a complimentary newspaper each morning, however
881 visitors at this London hotel receive an iPad for the ▮▮▮▮▮▮ of their stay.

많은 호텔이 손님들에게 무료로 아침마다 신문을 제공하지만 이 런던 호텔의 방문객들은 머무르는 동안 아이패드를 받는다.

❏ According to a study, many airline passengers become ▮▮▮▮▮▮ and dissatisfied
882 when they see others, such as those in business class, being treated at a higher level of service.

연구에 따르면, 비행기 승객들은 비즈니스 클래스에 있는 다른 사람들이 더 높은 수준의 서비스를 받는 것을 볼 때 질투심을 느끼고 불만족하게 된다.

❏ When a salesperson goes out of his way to help a customer, it creates a
883 subconscious desire for the customer to return the ▮▮▮▮▮▮.

판매원이 고객을 돕기 위해 더 수고스러움을 감내할 때 그 고객은 호의를 되돌려 주고자 하는 무의식적인 욕구를 갖게 된다.

❏ We believe in our products so strongly that we ▮▮▮▮▮▮ them against defects in
884 workmanship and materials for 50 years.

저희는 저희 제품에 대한 믿음이 강하므로 기술과 재료에 대한 결함에 대해 50년간 보증합니다.

❏ One way companies can express ▮▮▮▮▮▮ to their customers is to send greeting
885 cards or small gifts during important holidays.

회사들이 고객들에게 감사를 표하는 한 가지 방법은 인사카드나 작은 선물을 중요한 명절에 보내는 것이다.

879. discrete	880. distinguished	881. duration
882. envious	883. favor	884. guarantee
885. gratitude		

❏ Travelers arriving at the Oceanview Resort are ▮▮▮▮▮▮ with friendly smiles,
886 helping hands, and cool beverages as they step off the bus.

오션뷰 리조트에 도착하는 여행객들은 버스에서 내리면 친절한 미소와 도움을 주는 손길, 그리고 시원한 음료로 인사를 받습니다.

❏ Approximately half of the online subscribers found the login procedure to be an
887 ▮▮▮▮▮▮.

온라인 구독자들의 거의 절반이 로그인 절차가 불편하다고 생각했다.

❏ Once customers have left having had a poor experience in your store, they are
888 often ▮▮▮▮▮▮, and will often convince others from visiting your business as well.

상점에서 고객이 좋지 않은 경험을 가지고 떠나면, 종종 그들을 다시 돌아오게 할 수 없고 다른 사람들이 당신의 사업장을 찾지 않게 설득하기도 할 것이다.

❏ By providing detailed instruction manuals and ▮▮▮▮▮▮ on all parts, the furniture
889 company makes its products easy to assemble.

자세한 설명 매뉴얼과 모든 부품에 붙은 라벨을 제공함으로써 가구 회사는 그들의 상품을 쉽게 조립할 수 있게 만든다.

❏ Many renters have shared stories of being charged outrageous repair fees for
890 ▮▮▮▮▮▮ damage incurred during use.

많은 세입자는 사용 기간 동안 일어난 사소한 손상으로 인해 과도한 수리비를 청구받는다고 이야기를 공유했다.

❏ Companies are advised to anticipate customer needs and provide self-service
891 options in order to ▮▮▮▮▮▮ competitors.

경쟁자들을 앞지르기 위해서 회사들은 고객의 욕구를 예상하고 셀프서비스 옵션들을 제공할 것이 권장된다.

❏ If you receive a ▮▮▮▮▮▮ which has been damaged, quickly take a picture so that
892 you have a record of how the package looked when it arrived.

손상된 소포를 받는다면, 소포가 도착했을 때 어떠했는지 보여주는 기록을 남기기 위해 재빨리 사진을 찍어라.

❏ The increase in sales experienced by the manufacturing giant ▮▮▮▮▮▮ its efforts
893 in addressing and alleviating quality concerns of its customers.

그 거대 제조사가 경험한 판매 증가는 소비자들의 품질에 대한 우려를 처리하고 경감시키는데 들인 노력과 병행한다.

886. greeted	887. inconvenience	888. irretrievable
889. labels	890. negligible	891. outpace
892. package	893. paralleled	

❏ Our customers are our partners. We [blank] to you that we will provide the
894 highest quality products to meet your needs.

고객들은 저희의 파트너입니다. 저희는 당신의 필요를 충족시키기 위해 최상의 상품을 제공할 것을 맹세합니다.

❏ The level of service RT Telecom provides [blank] the highest appreciation we
895 have for each of our customers.

RT 텔레콤이 제공하는 서비스 수준은 고객들 한 명 한 명에 대해 우리가 갖는 최고의 감사함을 반영한다.

❏ You may request a [blank] within 30 days by visiting Student Services.
896 [blank] are sent by cheque and may take 3-6 weeks to arrive.

학생 서비스 센터를 방문해서 30일 이내에 환불을 요구할 수 있다. 환불은 수표로 보내지고 도착하는데 3-6주 걸릴 수 있다.

❏ The car manufacturer began a campaign of charity events to help [blank] the
897 goodwill it had lost after a series of damaging lawsuits.

손실을 입힌 일련의 소송 이후 잃어버린 고객 호감도를 다시 채우는 데 도움이 되기 위해 그 자동차 제조회사는 자선행사 캠페인을 시작했다.

❏ [blank] train seats offer passengers the option of privacy or socializing with other
898 travelers.

거꾸로 할 수 있는 기차 좌석은 승객들에게 프라이버시나 다른 여행객들과 사교할 수 있는 선택권을 제공한다.

❏ Most construction companies [blank] a portion of their projects, but that does
899 not make them less responsible for the overall quality of work and the satisfaction
of their customers.

대부분의 건설 회사들은 자신들의 프로젝트 일부를 하청을 맡기지만 그것이 전반적인 작업의 질이나 고객 만족에 대해 책임감을 덜 갖게 만드는 것은 아니다.

❏ It's your right to [blank] auto insurance companies whenever you like, but be
900 warned that you may be charged a penalty fee for early cancellation.

원할 때마다 자동차 보험회사를 바꾸는 것은 당신의 권리이지만 초기 취소는 위약금이 부가될 수 있다는 사실을 주지하십시오.

894. pledge	895. reflects	896. refund, Refunds
897. replenish	898. Reversible	899. subcontract
900. swap		

퀵토익 보카 VOCA⁺³⁰

☐ cardholder [kɑ:rdhóuldər]　　명 카드소유자

☐ change [tʃeindʒ]　　명 잔돈　동 바꾸다

☐ cumbersome [kʌmbərsəm]　　형 다루기 어려운, 번거로운

☐ distrustful [distrʌstfəl]　　부 신용하지 않는, 의심이 많은
　　동 distrust 신용하지 않다

☐ fastidious [fæstídiəs]　　형 꼼꼼한, 세심한, 까다로운

☐ filthy [fílθi]　　형 지저분한, 더러운

☐ fleetingly [flí:tiŋli]　　부 순식간에, 휙 지나가듯

☐ fondness [fándnis]　　명 애호

☐ food poisoning　　식중독

☐ grievance [grí:vəns]　　명 불평, 불만

☐ guideline [gáidlàin]　　명 지침

☐ imperfection [ìmpərfékʃən]　　명 결점, 단점

☐ limited edition　　한정판

☐ loath [louθ]　　형 싫어하는, 혐오스러운

☐ lost and found　　분실물 보관소

- ❑ **marvelous** [máːrvələs]   형 훌륭한, 놀라운

- ❑ **platter** [plǽtər]   명 (큰 서빙용) 접시

- ❑ **price match**   경쟁업체와 같은 가격으로 물건 값 조정하기

- ❑ **prior** [práiər]   형 이전의 prior to ~의 앞의, ~이전에

- ❑ **rashly** [rǽʃli]   부 성급하게 형 rash 성급한, 무분별한

- ❑ **rebound** [ribáund]   동 회복하다, 되돌아오다

- ❑ **fridge** [fridʒ]   명 냉장고 (=refrigerator) cf) freezer 냉동고

- ❑ **refurbish** [riːfə́ːrbiʃ]   동 개장하다, 일신하다
명 refurbishment 일신, 쇄신

- ❑ **rehearsal** [rihə́ːrsəl]   명 리허설, 연습

- ❑ **sanitize** [sǽnitàiz]   동 위생처리하다, 살균하다
명 sanitizer 소독제, 살균제

- ❑ **self-checkout**   셀프계산대

- ❑ **sincerely** [sinsíərli]   부 진심으로

- ❑ **sparingly** [spέəriŋli]   부 드물게 형 sparing 절약하는, 부족한

- ❑ **tiresome** [táiərsəm]   형 성가신, 짜증나게 하는

- ❑ **undeservedly** [ʌndizə́ːrvidli]   부 부당하게 형 undeserved 부당한

퀵

토익

900+
단기 완성

이미지 보카